书乡放谈——"书骨精"王波系列

# 图书馆学及其左邻右舍

王波 编著

海洋出版社

2014年·北京

## 内容简介

　　作者长期致力于将"书学"大范畴下的三个亲缘学科——图书馆学、出版学、阅读学进行打通式、一体化研究。该书以图书馆学为家，以出版学为左邻，以阅读学为右舍，形象地展示了作者以图书馆学为大本营，左右出击出版学、阅读学，所取得的部分研究成果，可谓"书学"领域的"三国演义"。适合关注图书馆学、出版学、阅读学的相关行业的从业者、学者和学生阅读。

**图书在版编目（CIP）数据**

图书馆学及其左邻右舍/王波编著．—北京：海洋出版社，2014.3
（书乡放谈．"书骨精"王波系列）
ISBN 978 - 7 - 5027 - 8816 - 2

Ⅰ．①图… Ⅱ．①王… Ⅲ．①图书馆学 Ⅳ．①G250

中国版本图书馆 CIP 数据核字（2014）第 037737 号

责任编辑：杨海萍
责任印制：赵麟苏

海洋出版社　出版发行

http：//www.oceanpress.com.cn
北京市海淀区大慧寺路 8 号　邮编：100081
北京旺都印务有限公司印刷　新华书店北京发行所经销
2014 年 3 月第 1 版　2014 年 3 月第 1 次印刷
开本：787 mm×1092 mm　1/16　印张：24.75
字数：309 千字　定价：48.00 元
发行部：62132549　邮购部：68038093　总编室：62114335
海洋版图书印、装错误可随时退换

# 出版说明

杨柳春风一杯酒

江湖夜雨十年灯

凡事，因热爱而执着，因执着而快乐，因快乐而感动。

因为出版事宜，和王波有过两次接触，最大的感受是他对图书馆事业的执着和热爱。

王波服务于北京大学图书馆，是书架间的求道人和得道者。他好学不辍、视野开阔、思维敏锐，以"书骨精"的名号在网络空间仗剑纵横。他关于图书馆学的各种观点和研究，在网络间碰撞、沟通、交流、提升、发散，成为同道热议的话题，得到图书馆界众多人士的肯定和赞赏。

海洋出版社长期致力于图书馆学、情报学类图书的出版。2007年，我社出版了王波的《阅读疗法》（21世纪图书馆学丛书第二辑），这是国内第一本关于"阅读疗法"的专著；2010年，我社又出版了王波的《快乐的软图书馆学》（21世纪图书馆学丛书第三辑）。这两本书极受读者青睐，很快脱销，给了我们不小的惊喜，至今订数不断。经论证，准备再版。

今年，我社计划出版王波的另外两部作品——《可爱的图书馆学》、《图书馆学及其左邻右舍》，列入21世纪图书馆学丛书第四辑。

然而，陆续有读者反映，他们愿意看到一个更全面更立体的王波。我们对王波现象和王波的著作进行了重新论证和研究。最后决定将王波的《阅读疗法》、《快乐的软图书馆学》再版，与《可爱的图书馆学》、《图书馆学及其左邻右舍》组成"书乡放谈——'书骨精'王波系列"单独出版，以期为读者、为图书馆事业输送更大的正能量。

也希望更多的"书骨精"崛起，作为出版者，我们愿意为更多的图书馆界精英服务，推出更多好书，为图书馆界的研究和发展作出更大贡献。

海洋出版社

2014 年 2 月

# 书　缘

## ——读《图书馆学及其左邻右舍》感言

## 王锦贵

　　《三字经》开宗明义："人之初，性本善。性相近，习相远。"幼年时代天真烂漫，人人皆有一颗纯朴善良的童心。随着年龄增长，何以品性行为却渐行渐远了呢？质言之，与后天社会实践有关，也可以说与后天教育中所读之书有关。

　　书者，知识物化之载体，信息交流之舟楫，文明进步之重器。书籍出现前，世间信息懵懵懂懂：无论何时何地出现何等重要事件，也无论何人何故萌生何等深刻感受，最终都不免重蹈于一个难以逾越的怪圈：或因口耳相传之直观行为，渐渐遮蔽了事物的本来面目；或因只言片语之著录形式，慢慢模糊了当初的因果关系。书籍出现后，往日混沌局面大为改观：无论是悠久的物质文明，还是灿烂的精神文明，都能在很大程度上借助于书籍的记录和转载，源源不断地流传开来。作为凝聚劳动智慧的结晶，书籍堪称人类至尊至贵的良师益友，在世界文明发展史上具有划时代意义。

　　如果说外国文人有爱书积习，则国人之爱"国书"，堪称有过之而无不及。中文书以象形、会意的汉字写成，古色古香，魅力无穷。放眼人头攒动的"中国图书城"里，写书、购书、藏书、读书，川流不息的文化行为传承井然，熙熙攘攘，烘托起一道道五彩缤纷的风景线；考察反映人类文明的"世界图书大厦"，唯有中文书具备今人与古人直接对话的奇异功能，犹如一趟风驰电掣于时空隧道中的文化专列，满载货物而又从未停歇。试问：当中文书系统再现中华五千年文明时，又有谁能否认她自身存在的神圣价值和功不可没呢？

对一般人来说，出一本普通的书已属不易。如果能出一本以"书"为主题，涉及"书"的诸多范畴，其性质又是个人文集的书，可以说尤为不易。王波的《图书馆学及其左邻右舍》就是这样一本书：它不单是"以'书'为主题、涉及'书'的诸多范畴"的个人文集，并且可圈可点，悦人心目。我读此书有一个感觉：字里行间似有缕缕清风不时袭来，于灵犀相通处碰撞共鸣，不能不令人由此及彼，浮想联翩。于是，从本书选题到目录排序，从书里书外到读书治学，一波又一波的思潮在脑海里不息气地涌动起来。

思绪一：谋篇布局。但凡拿到一本新书，一般人最先关注的大抵首先是目录，然后才是该书正文。可见，目录地位之显，犹如新人初见之第一印象。翻开《图书馆学及其左邻右舍》的目录，可谓方寸之内，雁行有序。显而易见，除了附录、后记外，该书主体是前后十七篇文章。若从诠释和反映该书内容序列上看，居于"跋"处的《半生学问总关书》可谓点睛之笔。该书所涉内容虽然广博，但题以类分，布局相当巧妙。从一定意义上说，该书之次第编排犹如兵家布阵："左"有图书出版为先锋，"右"有图书阅读为殿军，图书馆学则以其重要功能位居中军大帐。纵观上述之兵种序列，"三军将士"虽然很多，却是左右离不开一个"书"字。

对比当下学术领域现状，本书显然暗合了与"书"有关的"三位一体"：书籍出版、图书馆功能、图书阅读。但是这样的布局，并不等于作者的心安理得。对于"那种把关于书的学问大卸几块，分为出版学、图书馆学、阅读学等，每门学科各管一片的做法"，作者明确表示了"深不以为然"的态度。

对于作者的这种观点，我是深表赞同的。答案并不复杂：单从一个学科的独立发展看，构筑起清晰的此疆彼界，自然是可以理解的。然而，如果着眼于漫漫人生的读书治学，过分倡导专业领域里那一堵堵固有篱笆并强调"民至老死不相往来"，何止是狭隘片面、坐井观天，更是固步自封而贻误后学。当年庄子对人类的认识能力相当悲观，曾发出过"以有涯逐无涯，殆已"的哀叹（《庄子·养生主》）。然而，实践毕竟是检验真理的唯一标准：人类社会越发展，综合性需求越强烈，复合型人才也越需要。当今一日千里的社会发展，不仅凸显了人类认识能力的可塑性，也证明了人类探索未知世界的无限性。联系目前之学术分野，正所谓学科"有涯"而学"无涯"。

思绪二：文字功夫。不论是一本书，还是一篇文章，究竟能不能引人入胜，作者的表达能力非同小可。当年孔子曾谆谆告诫世人："言而无文，行而不远。"（《左传·襄公二十年》）唐代史学评论家刘知几在史家"三长"中，也将"史才"一款列为榜首。何谓"史才"？其中固然包含了编纂能力，但同时还指向了文字表达能力。从历史上看，无论是用孔夫子重视文采的标准去考核，还是以刘知几强调的表达能力来衡量，在司马迁身上都得到了最鲜明也最有力的验证。《史记》之所以被史界尊为"史家之绝唱"，又被文学界奉为"无韵之离骚"，这与作者将语言文字驾驭至炉火纯青的程度有很大关系。一篇短短的《项羽本纪》，不仅把主人公塑造得千载之下令人动容，还由此催生了近五十个千古不朽的成语典故；位列书末的《货殖列传》更是让人拍案叫绝，在展示经济奇迹的平台上警句迭出，妙语连珠，涌动着多少神来之笔！难怪"唐宋八大家"的文学泰斗们，无不从司马迁的土壤中汲取过营养；在历代后学的必读书目里，《史记》的名字也总是赫然其中。

反思当下书海中推出的很多"热销书"，真正让人愿读、爱读，乃至卒读而不倦者，实在并不多见。推究其中原因，文字方面不失为重要问题之一。《图书馆学及其左邻右舍》固然不能与前贤名著相提并论，但是扑面而来的书卷气不失为一个特色：文字洋洋洒洒而不袭套路，在铺陈有序中迸发意外灵感。据我所知，王波平素即注意自身文化修养，尤其与古典名著有深厚缘分，从司马迁的《史记》里就曾获益匪浅，他甚至还为此写过读后感之类的文章。或许是得益于先贤遗泽的滋润和传统文化的修养，王波的著作读来不仅没有枯燥乏味的感觉，倒是常能体会到"风行水上，自然成文"的雅趣。不论是在他常规出版的《阅读疗法》中，还是在他振臂一呼的网络图书馆学"读者沙龙"里，抑或是在新浪网博客平台的频频发声中，都会看到作者灵动笔触的不时闪现。每当此时，常常令人不经意间滋生"品茗者尽享茶趣，啜饮一口，齿颊留香"的味道。

思绪三：思想境界。由于每个人的文化修养不同，即使同样题目的书，也会有很大差异。拜读许多不朽经典著作，其思想境界多有一个相似点：既能"入乎其里"，又能"出乎其外"。"入乎其里"，系指专业领域的登堂入室；"出乎其外"，系指专业以外的鸟瞰俯视。要真正做到这种"入里出外"的境界，自然远非一日之功。"入里"不易，"出外"更难。要"入里"，就必须辛勤耕耘属于专业范畴的那块悠久的黑土地。要"出外"，则不止要博览，还要沉思。所谓"博览"，就是要突破专业范畴，拓宽眼界和视角。假如学历史的仅限于传统的若干史料，学图书馆学的只关注分类典藏的"一亩三分地"，表面上似乎是一条"短平快"的"入里"之道，实则恰恰为"只见树木，不见森林"的近视行为提供了温床。所谓"沉思"，就是要重视不同领域在彼此交叉中的深层思考。只有交叉搭界，才能互相碰撞。只有互相碰撞，才容易爆发灵感，有所发现，有所突破。很显然，以"入里出外"境界所写之书，既有可人的"信、达、雅"风范，又有独辟蹊径和鞭辟入里之功，读起来自然犹饮积年老酒，余味隽永，是真正意义的精神大餐。

王波以往出版的书和一些文章，之所以能引起业内外的关注，其中有个重要原因：即他已经冲破了图书馆学专业那种合理不足、古板有余的旧式藩篱，因而能站在业内崭新的基点上，既可合情合理地巡视"左邻"，又可入木三分地解析"右舍"。《图书馆学及其左邻右舍》有两个显著特点：其一，涉猎广博。相对于传统的图书馆学，作者大大拓宽了原有之狭小空间。从专业领域看，不仅涉足了出版学，还步入了阅读学；从文化层面看，不仅涉足了中国文化范畴，还步入了外国文化领域；从使用手段上看，不仅通过常规渠道发表和出版个人论著，还利用网络平台全新形式持久发声、反映心得。其二，理念创新。这里所谓"创新"，并非定性为"只有此家，别无分店"之第一人，而是说经由王波的别样视角及其条分缕析的深入演绎，一个全新的思想观念开始在学人脑海中实实在在地落地生根。例如图书馆学领域里的《快乐的软图书馆学》、《大学图书馆即将发生第三次革命》以及《论图书馆无障碍设计》，出版学领域里的《论出版学与编辑学的兴起及二者关系》、《从"买卖心不和"到"和而不同"——对出版人才培养和就业问题的三方观察》，阅读学领域里的《阅读疗法》、《阅读疗法在英国》等等，无不在相关领域里烙下一定的痕迹。

思绪四：治学心得。细细想来，笔者与本书作者确实有诸多缘分。姑且不论"闻道有先后"的师生之谊，即使在书缘选题上也有鲜明共同点。王波之书缘，在《图书馆学及其左邻右舍》中已略窥一斑。笔者之书缘，可追溯于艰苦的少年时代：从小学、初中到高中，十二年间的十二册语文书呵护有加，俨然是一套反映二十世纪五六十年代（1953－1965）的语文系列小丛书。当然，爱书、藏书也好，购书、读书也好，都是人生治学的初级阶段。在古代重要哲学命题"知行观"里，知与行既对立又统一："知"，就是学习和认识，属于治学之前期准备；"行"，就是应用和实践，属于治学之最终结果。长沙岳麓书院有一条"为学之序"的语录，与此颇有呼应之妙："博学之，审问之，慎思之，明辨之，笃行之"。在这条语录中，最醒目者是五个关键词——学、问、思、辨、行。窃以为前四个字，均属于不同阶段的"认识"；唯有最后的"行"字，才是"治学之最终结果"。

从一定意义上说，无论是写书，还是写文章，都属于表达"心得"的学以致用。然而同为致用"心得"，影响却大不相同。只有那种经过缜密研究，认真提炼自己心路智慧的由衷感受，才可能启迪学界、遗泽后人。胡适先生深谙治学之道，曾对宋人李若谷"勤、谨、和、缓"的治学方法感同身受。于是他在1943年5月30日致王重民先生的信件中，将自己多年治学的经验和体会深入浅出地娓娓道来（《胡适王重民往来书信集》）。阅读当年胡适先生一席话，曾使多少后学犹如醍醐灌顶，获益匪浅，以至于彼此转载者难以统计。尽管如此，谁也无权为写心得者划界。无论出自何人的"心得"，只要是真正的有感而发，都应该理直气壮地说出来。在《图书馆学及其左邻右舍》一书中，也可以看到作者的"治学心得"。例如在王波看来，"学者的价值，或者说是学术论文的价值主要体现在三个层次"。第一个层次是"接着讲"，这是冯友兰的观点。另外，还有两个层次——"换着讲"和"讲得好"。所谓"换着讲"，"就是有些问题先贤是讲过的，有些材料前人是用过的，但是因为换了研究方法和切入的角度，通过对材料的重组、阐释和再发现，得出更新、更全、更系统、更深刻的认识。"所谓"讲得好",就是学者在传播学术层面上,"通过对文笔的追求和修炼,将学术话题讲得好,便于读者接受。"或许在准确度和深层次方面,王波的体会尚不能与冯先生的"接着讲"相提并论,但是对于他多年累积、发自肺腑的这种"心得",我还是表示认同的。

《图书馆学及其左邻右舍》的作者中年伊始,便有论文集出版面世,实在可喜可贺。当然,有句老话说得客观:"金无足赤,人无完人"。在本书鼎足而立的"三军将士"序列中,有些选题固然是有意为之,有些则是机缘巧合而为之,至于相当重要而未能触及者还有不少。从这个意义上说,作者今后还有进一步缜密谋划和奋力耕耘的巨大空间。

我与本书作者俱喜书法,虽然至今未偿其愿,但拟写的内容却是早已想好了。适值本书付梓之际,特将"早已想好"的文字附此以表心迹。唐代大家虞世南有诗甚佳,其名曰《蝉》:"垂緌饮清露,流响出疏桐。居高声自远,非是藉秋风。"是赞许,是期盼,更是共勉。

2014 年 1 月 29 日于北京中海枫涟山庄

# 目录 Contents

## 右舍：阅读学

图书馆学及其左邻右舍

左邻：出版学

# 天子出版家曹丕

　　出版家指的是在图书生产领域统揽全局、高瞻远瞩、屡有建树、出类拔萃的领军人物。他们应具备超前的预见能力、远大的战略眼光、深刻的出版理念、杰出的组织才能、高超的策划水平等多方面的综合素质，从而能够在图书出版史上留下生命力永久的图书品种，或者是留下里程碑式的规模宏大的出版物，或者是留下万古流传的经典名著……他们的出版成就应能够代表当世的图书生产水平，他们的出版思想和实践应能够对后世的出版事业产生深远的影响。对照这个标准，魏晋南北朝时期尽管操笔染翰者无以计数，然而能获得出版家之誉的不过寥寥数人，魏文帝曹丕则是其中的杰出代表。

　　曹丕天性好学，博学能文，他登上帝位后，不改近书之习，不废向学之志，反而更加自由地发展自己的兴趣，利用皇权充分放大自己在图书生产方面的天才和能力，发起、策划、组织撰修了许多名垂史册的重要图书，以政治家"经天纬地"的气魄、才能和权威不断在图书世界里开疆拓土，创造辉煌的纪录，把出版家的称号授予他可谓是实至名归。

## 一、编撰最早的总集

一般认为，总集是在我国历史上诗文著作增多，品类多样化以后出现的，《四库全书总目》称："文集日兴，散无统纪，于是总集作焉。"那么总集起源于何时？《隋书·经籍志》云："总集者，以建安之后，辞赋转繁，众家之集，日以滋广。晋代挚虞，苦览者之劳倦，于是采摘孔翠，芟剪繁芜，自诗赋下，各为条贯，合而编之，谓为《流别》。"① 根据这则史料，文献学家们多判定西晋挚虞的《文章流别集》为最早的总集。然而细读这段文字，可以发现在晋代挚虞之前还提到了一个时间点，那就是"建安"，"众家之集"就是从这个时候开始"日以滋广"。这个关于总集的源点的设定是有依据的，因为在建安二十三年（公元 218 年），魏太子曹丕就编辑了一本多人诗文集，被《三国艺文志》称为《建安七子集》，可以说该书便是总集的滥觞，曹丕就是总集的开创者。至于《建安七子集》为什么没能被公认为是总集之发端，可能是因为其既无明确的书名，又流传不远，后人无实物可以确判，只能舍此而求彼。所谓创始者难为功，曹丕不能毫无争议地得到总集创始者的荣誉，可能就属于这种情况②。

建安七子是汉献帝建安时期活跃在文坛上的七位文人，他

---

① 王锦贵：《常用社科文献信息源》，1 版，20 页，北京，北京图书馆出版社，2000 年。

② 孟昭晋：《曹丕与图书》，见《北京大学百年国学文萃·语言文献卷》，1 版，498 页，北京大学出版社，1998 年。

们是孔融、徐干、应玚、陈琳、刘桢、阮瑀和王粲。曹丕与这七位文士都有交往，对他们的文采十分敬佩。可是在建安二十二年（217），中原爆发疫情，曹植记其景象为"家家有僵尸之痛，室室有号泣之哀，或阖门而殪，或举族而丧"①。一年之中，徐干、应玚、陈琳、刘桢皆因疫俱亡，没有染疫的王粲也于这一年的春天死在征吴途中。加上孔融和阮瑀已在多年前辞世，七子无存。朋友们转瞬间全部离去，对曹丕打击很大，他回忆起不久前的欢聚，不由感叹"何图数年之间，零落略尽，言之伤心"②。痛定思痛，他想出了"撰其遗文，都为一集"的办法来表达对亡友的怀念③。

　　或许是因为第一个编这类多人合集的缘故，曹丕似乎并没有给集子命名，书成后流传也不远，姚振宗细心搜讨文献的记载，将这本书考据出来，在《三国艺文志》中将其列于三国著述总集类之首，拟书名为《建安七子集》。但是有的学者根据218年曹丕写的《又与吴质书》，认为所谓《建安七子集》实际上只收录了六人的作品，莫如叫做《邺下六人集》④。原因是，《又与吴质书》从内容看，很像是交代编辑上述集子的缘起，但其中只对与曹丕同辈的徐干、应玚、陈琳、刘桢、阮瑀和王粲等一一加以评说，没有论及年辈较长、去世又较久的孔融。

　　曹丕编撰的总集虽然失传了，但他编撰总集这个事实是没有疑义的，这一贡献在中国出版史上不应该被忽视。

---

　　① 　孟昭晋：《曹丕与图书》，见《北京大学百年国学文萃·语言文献卷》，1 版，498 页，北京大学出版社，1998 年。
　　② 　陈寿：《三国志》，2 版，608 页，北京：中华书局，1982 年。
　　③ 　陈寿：《三国志》，2 版，608 页，北京：中华书局，1982 年。
　　④ 　孟昭晋：《曹丕与图书》，见《北京大学百年国学文萃·语言文献卷》，1 版，498 页，北京大学出版社，1998 年。

## 二、策划、组织编撰第一部类书《皇览》

关于类书的起源也有多种说法，一种观点认为类书源于杂家，《吕氏春秋》和《淮南子》是其创始之作；一种观点则认为《尔雅》实开类书之先河。但是如果把"述而不作"和"以类相从"作为判断类书的标准，《吕氏春秋》和《淮南子》皆非单纯的抄撮资料，而是杂有议论，《尔雅》虽然明分部类，目的则是为训释字词，三书都很难称得上是真正的类书。另外还有一种观点是宋代王应麟提出的，他在《玉海》第五十四卷中说："类书之事，始于《皇览》。"此论赢得了广泛认同，殆为定谳。

《皇览》的发起者、策划者和组织者便是曹丕。《三国志·文帝纪》载："帝好文学，以著述为务。自所勒成，垂百篇。又使诸儒撰集经传，随类相从，凡千余篇，号曰《皇览》。"①《三国志·刘劭传》载："劭受诏集五经群书，以类相从，作《皇览》。"② 《三国志·魏志·杨俊传》裴松之注引鱼豢著《魏略》：王象"受诏撰《皇览》，使象领秘书监，象从延康元年始撰集，数岁成，藏于秘府。合四十余部，部有数十篇，通合八百余万字。"《皇览》是以"撰集经传、随类相从"这种类书特有的编撰方式编成的，所以它是一部比较典型的大型类书，被推为类书之祖，可谓名副其实。

关于编撰《皇览》的缘起，从《三国志·文帝纪》所保存的延康元年秋七月庚辰令可窥得一二，令曰："轩辕有明台之议，放勋有衢室之问，皆所以广询于天下也。百官有司，其务以职尽规谏，将率陈军法，朝士明制度，牧守申政事，缙绅

---

① 陈寿：《三国志·魏志·文帝纪》，2版，88页，北京：中华书局，1982年。
② 陈寿：《三国志·魏志·刘劭纪》，2版，618页，北京：中华书局，1982年。

考六艺，吾将兼览焉。"① 此时，曹丕刚刚接受汉献帝刘协的禅让称帝，便在庚辰令中借黄帝、尧舜旧事，告诫百官各司其职，接受自己的"兼览"，俨然一派皇帝风范。这个命令可以说是敲山震虎，发出了要臣下向自己尽忠的信号，编撰《皇览》则是要求"缙绅考六艺"的具体安排，是新皇上任的头几把火之一。通过编修《皇览》，曹丕达到了多重目的。首先，他借修《皇览》之机，把名儒集中到一起，并对其中的一些骨干加以提拔。如此一来，素有忠君传统的儒士为官缄口、为事压身，在改朝换代之际，面对新君竟殆无反对之声。其次，西汉时期，特别是汉武帝之后，儒学大盛，皇帝往往视儒家经传为必修课，多有亲自讲述经义、回答诸儒诘难的才学，也经常组织群儒辩驳议论。然而到了汉末，由于政治腐败、宦官专权，太学生激抨时政，遭到两次血腥镇压，使儒学遭到巨大打击。挟天子以令诸侯的曹操又重法度、破传统，更使得儒学衰微，一落千丈。"讲论大义，侃侃无倦"的曹丕在对待儒学的态度上则与父不同，他向往西汉时儒学繁荣的景象，所以登基后修孔庙、开太学、立石经，采取了一系列为儒学"拨乱反正"的举措，撰修《皇览》可视为系列举措中的一项。第三，封建王朝的君臣在论证统治政策合理性的时候，素来就有从经传中断章取义、予取所求的传统，仿佛只有引经据典，发议论、作判断、下命令、办事情才能有理有据、有气势、有文采、有说服力②。曹丕乃禅代称帝，在预谋篡位的数月间曾百般利用谶纬书大造舆论，深知文字的厉害。加上在父王统治的时候，答对就是考察人才的一种方式。曹操一度在立谁为太子的问题上有所犹豫，曾以答对的方法了解曹丕、曹植

① 陈寿：《三国志·魏志·文帝纪》，2 版，608 页，北京：中华书局，1982 年。
② 孟昭晋：《曹丕与图书》，见《北京大学百年国学文萃·语言文献卷》，1 版，498 页，北京大学出版社，1998 年。

的政治才干，曹植本来就才思敏捷，有七步作诗之能，更何况背后还有高才杨修这样的支持者，所以往往是曹操题目一出，曹植便应声而答，曹丕险些得不到太子之位。这前后的经历，不能不使曹丕对断章取义、以类相从的类书产生特殊的爱好。编制一部《皇览》，一来可以广收与己有利的资料，继续为巩固帝业造势；二来可以作为资政参考，无论是策问群臣还是颁发政令，事先都可以从中寻找依据。《皇览》有颇为实用的价值，确有修撰的必要。最后，不能忽视的是曹丕出身于文学之家，与父亲曹操、弟弟曹植并称"三曹"，以文采享名于世，年轻时交往的也多是雅好文学的翩翩才俊，称帝后诏修《皇览》可谓秉性使然，顺理成章。

同为开创性的工作，曹丕编撰首部总集在出版史上被承认的程度只能说是赢得了少数票，诏修第一部类书则赢得的是多数票。然而不管能否赢得开创者的荣誉，在写本书时代能够发起、策划和组织两部大型图书的编撰，曹丕已经足以赢得出版家的称号。可惜的是，《皇览》同《建安七人集》一样，流传得并不久远，本有千卷之多，到梁时只存 680 卷，到隋时只存 120 卷，到《唐志》时已不见著录，至宋代已遗失，目前我们只能在一些辑佚材料中窥其一斑。亡佚得如此之快，与它的编撰宗旨和内容不无关系。该书的编撰宗旨是"宜皇王之省览"，从书名上就标明为皇帝专用，读者对象的极端狭窄，限制了其流传和复制，失传乃在意料之中，广泛流传则是宫廷管理松弛的表现，反属不正常。该书的内容是"撰集经传"，偏之于雅正，定位于"帝王之学"，这与后世编的定位于"类事之学"的类书相比，可读性要差些。另外，《皇览》编成后，仿作并起，如《史林》、《四部要略》、《法宝联璧》等，同类书出版太多，物不稀便难为贵，《皇览》的价值自然逐渐降低，等一些内容更丰富、功能更齐全的类书陆续问世，便完成了自己的历史使命，在新陈代谢规律的作用下，慢慢地淡出了图书史的舞台。

## 三、增刻黄初石经

曹丕称帝后意在复兴儒学，奉孔子祀，修复孔庙，又在京城重开太学。鱼豢的《魏略·儒宗传序》记录了当时的情况："从初平之元，至建安之末，天下分崩，人怀苟且，纲纪既衰，儒道尤甚。至黄初元年之后，新主乃复始扫除太学之灰炭，补救石碑之缺坏，备博士之员录，依汉甲乙之考课。申告州郡，有欲学者，皆遣送太学。太学始开，有弟子数百人。"① 曹丕下令补救的石碑乃是受董卓之乱而被毁坏的熹平石经，既然是补救缺坏，最好的方式莫若修旧如旧，曹丕也正是这样做的。此次修补仍然全部采用原来的字体隶书，依旧被称为"一字石经"，书法出自当时的书法大家邯郸淳等人之手。后代学者通过研究发现，经过这次补救竟然多出了两部石经，一是毛诗，一是郑氏尚书，理由是这两本书在后汉根本就没有被官办学校所采用过，更不可能在熹平年间被刊于石上，唯一的合理的解释就是在黄初年间借修复石经的机会增刻的，所以姚振宗在补修的《三国艺文志》中明确著录："黄初一字石经两部"②。

刻立石经不仅可以起到规范文本、平息学术纷争的作用，也是图书按需复制或者说是自助复制思想的萌芽。石经还像竖立起来的巨型雕版，人们在观览石经时，在其上覆纸捶拓，快速得到复本，这种方式催生了雕版印刷术的发明。可以说，石

---

① 陈寿：《三国志·魏志·王肃传》裴注所引，2 版，420 页，北京：中华书局，1982 年。
② 二十五史刊行委员会：《二十五史补编》，1 版，3279 页，北京：中华书局，1955 年。

经的刻立在出版史上具有多重意义。曹丕主动承担起接力者的责任，发扬光大了刻立石经这种文献传播方式。因其垂范在先，后嗣自然努力仿效。魏明帝曹睿将曹丕的著作《典论》刻立为石经。魏齐王曹芳将《古文尚书》、《春秋》和部分《左传》刻立为石经，每字皆以古文、小篆、隶书三种字体并写三遍，所以称为"三字石经"，又因为此项工程开展在公元240～248年间，年号为"正始"，又称"正始石经"。后来这两部石经的刻立虽然功劳不能算在曹丕头上，但多少都受到了曹丕刻立石经的影响，黄初石经的价值在于它的承前启后性。由于它的出现，使石经这种特殊的文献形式形成了系列和链条，如果说"熹平石经"是中国文化的一个风景点的话，那么黄初石经的出现则使这个风景点变成了一道风景线。

## 四、写作《典论》

编辑学者化、出版家学者化是出版事业对从业者亘古不变的要求，要达到这个要求，亲身从事创作是不二途径。从出版家的角度来论说曹丕，显然不能忽视他在创作方面的贡献。

曹丕父子都是对时间的流逝极为敏感的政治家和文学家，曹操的名诗《短歌行》有句云："对酒当歌，人生几何？譬如朝露，去日苦多。"就充分流露出了对人生苦短的无奈和感慨。曹丕充分遗传了父亲这方面的气质，尤其是当遭遇到瘟疫突起、挚友竞殁的磨难时，他对生命脆弱、人生短暂、何以不朽的思考和追问的深刻程度一点也不亚于父亲。

夺取曹丕五位良朋的公元217年的大瘟疫，除促使曹丕编辑《建安七人集》悼怀亡友外，也激发了他对生命的警悟，他更加深入地思考幸存者何以度过余生，怎样实现人生价值，从而赢得不朽等人类生而面对的终极问题。一段时间里，他在与朋友的书信里表达的都是对这些问题的思考。他在与王朗书中写道："生有七尺之形，死惟一棺之土，唯立德扬名，可以不朽，其次莫如著篇籍。疫疠数起，士人彫落，余独何人，能全其寿？"[①] 他在《又与吴质书》中写道："观古今文人，类不获细行，鲜能以名节自立。而伟长独怀文抱质，恬淡寡欲，有箕山之志，可谓彬彬君子矣。著《中论》二十余篇，成一家之业，辞义典雅，足传于后，此子为不朽矣。"又写道："德琏常斐然有述作意，才学足以著书，美志不遂，良可痛惜。""既痛逝者，行自念也。""少壮真当努力，年一过往，何可攀援。"[②] 从这些书信可以看出，曹丕对人生问题的思考实际已有了答案，他认为著述是除立德之外的又一不朽方式，他深为有著书之才，而生命短暂未偿宏愿的好友应玚（字德琏）感到惋惜，结合自身，他觉得应该以徐干（字伟长）和他著的《中论》为榜样，抓紧时间创作自己的作品。在瘟疫这个突发事件带来的紧迫感的鞭策下，曹丕花了 5 年时间，终于在公元 222 年写成《典论》一书，此时曹丕的身份已经由太子转为皇帝。

《典论》写成后，曹丕比较满意，曾作为外交礼品赠人，史载他"以素书所著《典论》及诗赋饷孙权，又以纸写一通与张昭"[③]。从这件事可见当时魏国和吴国之间关系的微妙，同时也可以得知当时书的载体是帛、纸并用，价值高的帛书用来送人君，至于臣僚就只能受赠通行的纸书。或许是由于紧迫感过于强烈，写作仓促，《典论》各篇的质量参差不齐，未能像曹丕向往的《中论》那样比较完整地流传下来。《典论》到底有多少篇已不可考，至今可知的有 13 篇。其中以《论文》

---

① 陈寿：《三国志》，2 版，88 页，北京：中华书局，1982 年。
② 陈寿：《三国志》，2 版，608 页，北京：中华书局，1982 年。
③ 陈寿：《三国志》，2 版，1125 页，北京：中华书局，1982 年，。

和《自叙》流传最广。《论文》是曹丕对他的"文章不朽观"的系统的阐发，基本观点与他在大疫之后与朋友的书信中所表述的差不多，但更为精确和严密，最为称道的点睛之笔是："盖文章经国之大业，不朽之盛事。年寿有时而尽，荣乐止乎其身，二者必至之常期，未若文章之无穷。"① 在这里，曹丕充分阐发、肯定了著述活动的意义和图书文献的价值，他呼吁有志之士切莫"遂营目前之务，而遗千载之功"，号召他们抓紧时间成一家之言。这段精辟的论述不仅对个人有警醒作用，激励文士奋发努力，勤奋著述；对生产、流通、收藏和管理图书的机构而言也有指导意义，是它们认识自身工作价值的理论基础。《自叙》是曹丕《典论》中完整传世的另外一篇，这是一篇优美的散文，文中有"及长而备历五经四部"句，而这个时候由魏晋间郑默、荀勖开创的经、史、子、集四部分类法尚未问世，因此可以说曹丕是四部分类思想的引导者、首倡者，也许后人正是从曹丕的这句话中得到启悟，发明了应用久远的四部分类法。

从曹丕《典论》的流传情况可以看出，凡是体验最切、感悟最深、有真知灼见的文章才能万古流传，真正不朽，而缺乏生活和思想基础，在浮躁心态下仓促拼凑的文章则会被时间无情地淘汰，这或许是曹丕下笔之时所百虑一疏的。曹丕的《典论》在传播方面虽然没有完全达到他想象的程度，但创作的经历和创作中所形成的系统思想对他策划、组织编撰其他图书具有相当积极的意义。正是抱着坚定的"文章不朽"观，曹丕发起的图书编撰工程才能有不凡的气魄，无论是《皇览》还是"黄初石经"，都是规模较大、精益求精的项目，最终都青史留名，堪称不朽。应该说"文章不朽"观既是曹丕的人

---

① 孟昭晋：《曹丕与图书》，见《北京大学百年国学文萃·语言文献卷》，1 版，499 页，北京大学出版社，1998 年。

生观、文学观，也是他的出版观，如此远大的出版观和无上的皇权相结合，终于造就了一位颇有实绩的伟大的天子出版家，魏乃至三国的出版事业都因为曹丕而顿生亮色。

一般认为，曹丕倡导"文章不朽观"的《典论》开创了文学的自觉时代，同样也可以说，曹丕的《典论》开创了出版的自觉时代。从此，人们从事出版的目标更加明确，行动上更加积极，出版事业找到了它存在的价值和意义，生产和传承不朽的文明成为它永远不变的宗旨和目标，出发点和归宿皆系于此。

## 五、加强出版机构

秦汉时期，因为图书不多，政府对图书事业的管理也比较粗放，文书、档案、图书等互相关联的工作没有特别明确的分工，这方面的管理有时候归尚书，有时候归中书。汉代独尊儒术后，儒家经典在政治生活和学术活动中的地位日益突出，设立专门的机构对图书事业进行管理越来越显得必要。东汉桓帝时，"初置秘书监官"，设"秘书监一人，秩六百石"，"掌典图书古今文字，考核异同"[1]。公元 213 年，曹操称魏王后，设立整套官职，"置秘书令，典尚书奏事，即中书之任也。兼掌图书秘记"[2]。这两次机构调整，反映了文书、档案、图书的管理呈现分化的趋势，逐渐向专业化对口管理的方向转变。

曹丕称帝后，为了赢得士族的支持，巩固自己的统治地位，推行九品中正制，大范围提高士族的品位和官阶。由于原有的政府机构设置不足以让更多的士族分享权力，就只能通过

① 范晔：《后汉书》，4 版，306 页，北京：中华书局，1987 年。
② 孟昭晋：《曹丕与图书》，见《北京大学百年国学文萃·语言文献卷》，1 版，501 页，北京大学出版社，1998 年。

细分政府机构职能的方法来安插更多的官员。在这样的背景下，曹丕对图书事业的管理机构也进行了一次大幅度的调整，"置中书令，典尚书奏事，而秘书改令为监"，"掌艺文图籍"。① 这一改革实际是将秘书令的权力和职能一分为二，机要文书剥离出去归中书令管，艺文图籍专归秘书监管。如此一来，图书事业有了专门的对口管理的机构，政府对这个方面的注意力更加集中，管理的力度逐渐加强，官员编制增多，专业化程度提高，比过去更容易有所作为。

曹丕对秘书监相当重视，任用的官员皆为上佳之选，如秘书监王象文采温雅，人称儒宗，秘书郎刘劭也以才学见称。此外，秘书丞严苞、何桢、薛夏等也非等闲之辈，皆以博学多才闻名当时。曹丕与这些人的关系都比较亲密，他令王象领秘书监，主修《皇览》，拜为散骑侍郎，迁为常侍，封列侯，重视尤加。当何桢未按曹丕的意愿被任命为秘书丞时，曹丕"案主者罪"，把阻挠者治罪以示不满②。曹丕因为经常与薛夏在一块切磋学问，两人私交甚厚，曹丕居然放下皇帝的架子，对薛夏以朋友相称、嘘寒问暖，不拘君臣之礼，史载："文帝又嘉其才，黄初中为秘书丞，帝每与夏推论书传，未尝不终日也。每呼之不名，而谓之薛君。夏居甚贫，帝又顾其衣薄，解所御服袍赐之。"③ 曹丕去世前不久，还在考虑进一步重用薛夏。

在知人善用的曹丕的特别关照下，秘书监成了名副其实的典籍富集之所和人才荟萃之署，为有计划地撰修一系列大型图书提供了文献保障和组织保障，创造了优越条件。曹丕各项出版成就的取得与他对秘书监的改革和对人才的遴选是分不开

---

① 沈约：《宋书》，3 版，1246 页，北京：中华书局，1987 年。

② 孟昭晋：《曹丕与图书》，见《北京大学百年国学文萃·语言文献卷》，1 版，502 页，北京大学出版社，1998 年。

③ 陈寿：《三国志·魏书·王肃传》注引《魏略》，2 版，421 页，北京：中华书局，1982 年。

的，重视出版机构的建设，出版人才的选拔、培养，以及出版人才知识结构的互补优化，可以说是曹丕成为一个优秀出版家的宝贵经验，值得后世出版事业的管理者认真领会和学习。

曹丕在出版史上的贡献丝毫不亚于他在诗歌史、文学批评史上的贡献，他的出版思想和出版实践至今仍有现实意义，对待他在出版方面的遗产应该像对待他的诗歌和文论一样，在长期研究中不断加以吸收、消化和利用。

# 天子出版家萧衍*

　　萧衍（公元 464～549 年），字叔达，南兰陵中都里人（今江苏省武进县西北），汉相萧何的第 24 代孙。萧衍与南齐同族，曾任齐之雍州刺史，镇守襄阳。后乘齐内乱，于公元 502 年起兵，禅代称帝，建立梁朝。萧衍博学能文，勤政爱民，生活简朴，在任改定"百家谱"，重用士族，发展文教，梁朝一度呈现盛世之象。但由于他晚年信奉佛教，大建寺院，人称"皇帝菩萨"。他曾四次戏剧性地舍身同泰寺，每次又都被众臣以巨资赎回，以致全国百姓因他的重佛而付出沉重的代价，"肌肉略尽"，"骨髓俱罄"。大同二年（公元 547 年），萧衍接受东魏大将侯景归降。次年冬，侯景反叛，引兵渡江，攻破都城，萧衍于围困中饥病而死，卒谥武，庙号高祖。萧衍自幼酷爱读书，至老手不释卷，博通经史，著作颇丰，有《孝经义》、《中庸讲疏》、《大品》、《净名》、《三慧诸经义记》等书。萧衍还以多才多艺著称，琴棋书画皆通。他精乐律，曾创制

　　* 原载于《图书与情报》2004 年第 6 期

"准音器"4具，名"通"，又制长短不同的笛子12支，以应12律。兼能书法，尤善草隶。

萧衍在位48年，是南朝统治最长的一位皇帝，也是历史上有名的读书皇帝。虽然从政治角度看，梁武帝不是英明一世的雄主，他在年轻时颇有勇略，起兵夺取帝位，天下初定后便逐渐对政治丧失了兴趣，专注于学术、宗教、文学艺术，晚年因佞佛和纳降侯景最终丢掉了江山社稷，历来为史家所诟病。然而从文化建设的角度看，梁武帝却是一位有为可敬的文化创造者。他不仅终其一生保持书生本色，潜心学问，孜孜不倦，著述颇丰，还利用九五之尊的权威，领导、组织、策划出版了一些皇皇巨著和传世名作。下面分述他在图书出版史上的主要贡献。

## 一、策划识字课本《千字文》

大凡帝王都希望自己的后代能受到最好的教育，能有盖世的才华接下治国安邦的大任，永续万世基业。作为开国君主的萧衍自然也不例外，萧衍很希望皇嗣在太平时期早读书、多读书，可是却难以找到一本理想的启蒙课本。当时通行的识字课本是东汉史游的《急就章》，有一定影响的还有三国朱育的《幼学篇》、晋代杨方的《少学》等多种，但这些课本缮写随便，书体不定，只有识字功能，没有书法之美，从学者识字和习书不能兼得，这在书法为才艺之一，颇受社会重视的写本书时代无疑是个缺憾。酷爱王羲之书法的萧衍有一天突发奇想，他令一位名叫殷铁石的拓书人，从王羲之"飘若浮云，矫若游龙"的手迹中拓下1,000个互不重复、各不相干的字，每纸一字，然后一字一字地教给皇子，达到了既教皇子识字，又教皇子临摹世上一流书法的目的，可谓一举两得。然而，过了一段时间，萧衍感觉这 1,000 个字杂乱无章，内容无内在联系，不但难以记忆，而且小孩只可以据此识字，而学不到有意义的句子和其中所蕴含的知识。萧衍寻思，倘若将这 1,000 字连缀成一篇文章，岂不更妙。于是，他又召来自己信赖的员外散骑侍郎周兴嗣，陈述了自己的想法，并令周兴嗣将这 1,000 个字编撰成一篇通俗易懂的启蒙读物。

周兴嗣接受任务后不敢怠慢，回家便将王羲之的这 1,000 个字的拓片一一摊在桌上，逐字揣摩，反复吟读……就这样，他苦思冥想了一整夜，直到东方既白，金鸡报晓，终于茅塞顿开，文思泉涌，谋篇成功。他乐不可支，边吟边书，将这 1,000 个字联缀成一篇内涵丰富的四言韵书。这就是流传至今已 1,400 多年的《千字文》。相传，周兴嗣因一夜成书，用脑过度，次日已鬓发皆白。

《千字文》以"天地玄黄，宇宙洪荒"开头，以"谓悟助者，焉哉乎也"结尾。全文共 250 句，每四字一句，字不重复，句句押韵，前后贯通，内容涉及天文、地理、历史、农耕、园艺、饮食起居、修身养性以及封建纲常礼教等各个方面。萧衍读后，拍案叫绝。即令送去刻印，刊之于世。周兴嗣因出色地编撰了《千字文》，深得萧衍的欢心，萧衍对他优渥有加，赏以金银玉帛，赐以高官显位，派其佐撰国史。

《千字文》嘉惠杏坛数千年，沾溉的总角童稚无以计数，梁以后的文人学士无不知晓，流通的数量在封建社会的出版史上位居前列，可以说是一本畅销书、长销书，所产生的社会效益不可估量。仅此一本书，萧衍就足以在出版史上留下大名。

以今天的眼光看，《千字文》是地道的策划出来的图书，它经历了两次创意，第一次，萧衍将一流书法和识字有机地联系起来，创造性地想到把王羲之书法作品中不重复的字拓下集为一帖，编成独一无二的识字课本。第二次，萧衍又有了把这些字编排成有意义的文字的巧思，终于编撰出了既是法帖又有识字功能和教育意义的新型识字课本。在这两次创意中，萧衍不仅出点子，还知人善用，分别选准学有专长的得力臣子去创作和编辑，其图书创意和知人善用的才能达到了完美统一，拿今天的概念来衡量，萧衍无愧是中国历史上优秀的"策划编辑"之一。

## 二、组织编撰以《华林遍略》为代表的大型类书

南北朝时期，尤其是齐梁间，无论是文人学士游宴，还是达官要人集会，甚至君臣朝中议事，均喜欢以博闻强记相高，常常用征事（亦叫策事或隶事）的方式展示、考察彼此的学问，互相标榜，较量胜负，一时蔚为风气。所谓征事，就是围绕着某一事物，尽可能地答出与其有关的经义、典故等一切现存文献中与之相涉的片断，答出的越多越好，最多者便为胜者。征事、隶事的风气史不绝书，一些大臣为了比赛谁读书更多，往往以征事的方式互相较劲，例如陆澄在尚书令王俭面前声称自己读书很多，王俭不服，比赛隶事，陆澄竟比王俭多说出 100 多条，王俭方才心服①。王俭还喜欢拿出巾箱、几案、服饰等物，让人就物隶事，多者便赢得该物，陆澄也从王俭那里赢得过物品②。

这个时候未开科举，策事还是皇帝选拔人才常用的方法。萧衍下决心组织编撰类书《华林遍略》就是在一次策事时埋下了伏笔。据《南史·刘峻传》载："初，梁武帝招文学之士，有高才者多被引进，擢以不次。峻率性而动，不能随众沉浮。武帝每集文士策经史事，时范云、沈约之徒皆引短推长，

---

① 李延寿. 南史·刘峻传. 北京：中华书局，1973：1219~1220
② 李延寿. 南史·陆澄传. 北京：中华书局，1975：1189

帝乃悦，加其赏赉。会策锦被事，咸言已罄。帝试呼问峻，峻时贫悴冗散，忽请纸笔疏十余事，坐客皆惊，帝不觉失色。自是恶之，不复引见。"① 这则史料告诉我们，萧衍曾广召文士，不少有才华的人都被举荐上来，萧衍经常召集他们"策经史事"，范云、沈约等人每次都表现得比较活跃，令萧衍十分满意。个性突出的刘峻则不会随机应变，讨萧衍的欢心。有一次，萧衍以"锦被"为题让文士们隶事，别人都说完了，萧衍试着又问了一下刘峻，寒酸而又憔悴的刘峻起初表现得漫不经心、无精打采，一会儿忽然又要来纸笔，竟补充了 10 余条。刘峻的"一鸣惊人"令在坐的人另眼相看，但却并未赢得萧衍的欣赏，萧衍或是厌其神态，或是厌其表现过分，令自己失颜，从此以后对刘峻反而留下了不好的印象，不再召见他。

然而就是这个让萧衍厌恶的刘峻，却被萧衍的弟弟萧秀看中了，"安成王秀好峻学，及迁荆州，引为户曹参军，给其书籍，使抄录事类，名曰《类苑》"②。《类苑》的修成让气量不够宽宏的萧衍受到了刺激，因为《类苑》不仅是自己的弟弟发起的，而且是由其门人、自己不屑的刘峻编修的，况且《类苑》编成后，竟不无狂妄地声称"天下之事，毕尽此书，无一物遗漏"③。这使得萧衍这位嗜好读书，在文化建设方面好大喜功的一国之君深感失颜。原来早在梁开国之初，为了显示本朝"文章之盛，焕乎俱集"，萧衍就曾仿效魏文帝曹丕诏修《皇览》的做法，诏令太学博士刘杳领修类书《寿光书苑》，该书编到天监 7 年杀青，共 200 卷，乃统辑秘阁四部资料而成，因为编书的机构为寿光省，故而以"寿光"入书名。《寿

---

① 李延寿. 南史·刘峻传. 北京：中华书局，1973：1213
② 姚思廉. 梁书·刘峻传. 北京：中华书局，1973：702
③ 杜宝. 大业杂记. 转引自张涤华. 类书流别（修订本）. 北京：商务印书馆，1985：22

光书苑》的编修本来是萧衍在文治方面的得意之笔，谁知不知趣的安成王竟让刘峻领修了《类苑》，该书虽然篇幅上没有越制，只有120卷，不及《寿光书苑》，说"天下之事，毕尽此书"未免夸大其词，但其内容却比《寿光书苑》要精，大有取而代之的势头，这一点让博览群书的萧衍敏锐地发现了，自然不悦，甚至不能容忍，出于维护皇帝的尊严和功盖魏文帝的梦想不至于被拦腰斩断，所以他很快就启动了编撰更大型类书的计划，"即命诸学士撰《华林遍略》以高之"①。时为太子詹事的徐勉被任命为领修，何思澄、顾协、刘杳等学者参与其间，在名为"华林园"的编书场所，用了8年时间方编成了700卷的大型类书《华林遍略》。该书的内容全面覆盖了《类苑》，篇幅是其数倍，终于挽回了萧衍的面子，基本实现了他编纂一部篇幅空前的大类书的愿望。

从表面上看来，《华林遍略》是萧衍与臣下意气之争的产物，实际上萧衍在文化建设上素有雄心、期有作为才是《华林遍略》诞生的深层原因，刘峻及其《类苑》只是一条导火索而已。除了《寿光书苑》和《华林遍略》，萧衍诏修的类书还有《长春义记》100卷、《法宝联璧》300卷等。

《华林遍略》因为迎合了当时隶事盛行的风气，问世后广受欢迎，不仅在梁传播，还被民间书商作为奇货运到了北朝，东魏的中书监高澄就曾从扬州书商那里诈抄了一部。《华林遍略》流传广，影响大，为后世多种类书的蓝本。北齐的《修文殿御览》、隋朝的《长洲玉镜》、唐朝的《艺文类聚》都是在该书的基础上修成的。

《华林遍略》的问世具有重要的文化意义。首先，它继承和发扬了由《皇览》所开创的类书这种著作体裁，进一步巩

① 李延寿.南史·刘峻传.北京：中华书局，1973：1220

固了类书在文献家族中的地位。如果说曹丕是类书的始作俑者，那么萧衍可称类书的繁衍者，他多次诏修类书的行为使类书的编纂逐渐演化为一种文化传统，被后世沿袭下来，代有新著，力作不断，以致蔚为大观。其次，它拓展了以《皇览》为代表的类书的内容，将其由"撰集经传"专供皇帝参阅的课本扩大为服务类事、排比众书的万有文库。而且它也没有像《皇览》那样明确地标上"御览"的标签，等于默许类书流出"皇家之学"的藩篱。它在民间的传播，使类书逐渐演变成为新型的大众学习参考用书。第三，它的流通进一步助长了当时隶事、策问的风气，加快了选官方式由魏晋时期的考察门第向考察知识转移的步伐，激发了寒门子弟的学习热情，某种程度上为隋唐的开科取士埋下了伏笔，奠定了基础。

类书作为中国特有的一种文献类型，对中国封建社会的政治、文化、教育、科学都起到了无可替代的作用，是中华文明中独具魅力的一部分。在类书由政治向教育、由皇室向平民不断拓展功能和读者对象的过程中，萧衍起到了承前启后的作用，他在图书出版方面所表现出来的魄力和竞争精神令人敬佩、堪励后人。

## 三、复制图书，充实国藏

萧衍不仅在新书的策划、编撰方面充满激情、颇有作为，对传统经典的复制和收藏也极为重视。作为经历战争、起于乱世的皇帝，他对汉末书遭厄运、礼乐崩坏、国异家殊的局面深以为憾，对齐末兵火下青编素简一同煨烬的惨景十分惋惜。为防止悲剧不再重演，他认为国家藏书必须多置复本，分存异处，以备不测，于是他多次组织大规模的抄书活动。天监初年（公元502年），萧衍命张率主持抄写乙部典籍；天监二年，张率已升职为司徒主簿，又奉旨主持了甲部图书的抄写；天监七年，张率再次应诏主持抄写丙部和丁部图书。这样四部图书便均有了复本。萧衍还接受沈约的建议，召集了五名旧学士，令他们各自荐一名助手分抄五礼，遣沈约、张充和徐勉参与此事。并规定在抄写的过程中，如有不明确的地方，"莫不网罗经诰"，依石渠、白虎故事，请制旨断决。天监十一年（公元512年），五礼抄成，共1176卷，8019条，其副本及五经典书各一通，缮写校定完毕后，列于秘阁，正本颁行天下。这四次抄书，断断续续进行了数年，可见规模之大，亦可见萧衍在图书复制问题上一以贯之的政策和持之不懈的恒心。

这种由国家发起的图书复制行为具有垂范作用，鼓励、引导和推动了社会上图书复制和发行业的崛起，尤其对京师建康抄书、卖书风气的形成具有积极的影响。这些复制的图书充实国藏后，成为国家宝贵的基础学术资源和出版资源，在由政府主持的大型图书的编撰过程中，发挥了相当大的作用。如果这些基本的传统经典都不完备，梁朝根本不可能编出以《华林遍略》为代表的一系列包罗万有的大型类书。萧衍能做到推陈出新皆不偏废，可见他深谙继承方能创新的出版规律，善于处理积累与发展的辩证关系。正是由于出版资源雄厚，梁朝在图书生产方面才拥有了可持续发展的能力，保持了长期繁荣，不仅北朝不可企及，在南方六朝中也遥遥领先。

## 四、勤于著述，著作等身

萧衍在图书出版方面发挥了多种角色的作用，他不仅是策划者、组织者，还是一位富有成果的创作者和编撰者。萧衍一生迷恋图书，博学多才，早在齐朝时，已经和王融、谢朓、沈约、任昉等八位知名的文士，并称为"西邸八友"。就学术和才艺而言，萧衍在东晋和南朝的皇帝中是比较突出的，与那些开国皇帝相比更称得上是出类拔萃。萧衍高寿，享国长久，创作条件优越，加上他个人异常勤奋，即便在冬天也是四更即起，把灯披览，冻裂双手，亦不放弃，因而著述等身。《梁书·武帝纪》称萧衍著有《制旨孝经义》等二百余卷，《文集》一百二十卷。据《隋书·经籍志》所列，萧衍的著作不仅品类多，而且涉及的面相当广泛，计有《周易大义》、《尚书大义》、《毛诗大义》、《礼记大义》、《孔子正言》、《通史》、《梁武帝诗赋集》、《梁武帝杂文集》、《净业赋》、《乐论》、《黄钟律》、《梁主兵法》、《围棋赋》、《梁武连珠》等等。凡是萧衍感兴趣的方面，如儒学、史学、文学、佛学、音乐、兵法、围棋等，皆有著述，萧衍的多才多艺通过这些论著得到了充分展示。不过，在萧衍论著中占绝大多数的、能够反映他学术水平的还是释经编史、注解佛书之作。他认为："二汉登贤，莫非经术，服膺雅道，名立行成。魏晋浮荡，儒教沦歇，风节罔树，抑此之由。"① 遂亲撰《五经讲疏》、《孔子正言》等书，并使名儒孔子祛为其检阅群书，以为义证。书成之后，除收入秘阁后，还立于国学，并置《正言》助教 2 人，学生 20 人，后又加置博士 1 人，按照朝廷所需，研究、阐释、宣讲经文，即所谓"正先儒之迷，开古圣之旨"②。

萧衍在图书创作方面的积极表现，一方面在图书出版领域起到了表率、示范作用，上行下效，带动了广大文士的创作热情。另一方面，萧衍论著的主题相当广泛，除传统的选题外，还有兵法、音乐、围棋、回文诗等边缘性、娱乐性的选题，这表明当时的图书品种已经达到了多样化。在萧衍的示范下，民

---

① 姚思廉．梁书·列传第四十二·儒林（简体本）．北京：中华书局，1999：459

② 姚思廉．梁书本纪第三·武帝下（简体本）．北京：中华书局，1999：64

间这类选题的图书还会跟风而起，大幅度增长。另外，学问和著述是相辅相成的，萧衍通过大量著述，不仅表达了学术思想，也在创作中提高了学术水平，史载他在礼学、佛学方面都有相当高的造诣，每逢众臣遇到学术问题，需要制旨断决时，萧衍都能说得有理有据，令满朝叹服。当然，萧衍对传统学术的概况、经典图书的内容和范围也是相当了解的，这种深厚的学术根底使他在组织大型图书的编撰时能够以专家的姿态指挥若定、游刃有余，能够把不同选题的图书，正确地交给长于此项的人才。萧衍亲历创作，体验著述的甘苦，对图书结撰过程中可能遇到的困难有切身的了解，这对指导全国的图书生产也大有益处。

## 五、修订政策性图书，加强文治

萧衍十分重视图书的政治作用，及时诏修了一些政策性图书，强化文治。在称帝之初，为使梁王朝长治久安，萧衍立即着手制定法律及典章制度。天监元年（502），他得知济阳蔡法度藏有南齐武帝时删定朗王植之的《集注张杜旧律》，凡1，530条，未曾施行过，且字迹已经磨灭，便将此书抄付秘阁，并以蔡法度为尚书删定朗，修订王植之的旧律。同时，又命王亮、王莹等，广集旧律，参与修订。次年，修成新律，即为《梁律》，凡20篇，2，529条，又有《令》30卷，《科》30卷。《梁律》的修成为梁朝的法制建设打下了坚实基础。

此外，为笼络和安抚士族，赢得他们的支持，萧衍在禅代之前就许诺修订《百家谱》，以明确高门大族的地位，确保他们的利益。登上帝位后，他积极地践行诺言，令王僧孺入直西省，以官藏谱谍书为依据，重修《百家谱》，以改变"齐宋二代，士庶不分，杂役减缺"的状况。

以上两本书的修订是作为政治行为而不是文化行为来开展的，由此可见图书出版对于治国安邦是不可或缺的。这两个事例在出版史上的意义，就在于进一步昭示了图书所具有的重要作用，彰显了图书出版的价值和力量。

## 六、发展教育，扩大读书人口

图书出版是一个系统工程，尤其与社会教育发展水平息息相关，如果一个国家的教育落后，文盲众多，读书人口上不去，读书风气不浓厚，对图书的需求不旺盛，出版就会缺乏发展的动力。令人钦敬的是，萧衍对教育十分重视。他不仅关心基础教育，有策划编撰《千字文》之举，对高等教育更是大力倡导。他认为图书既是开展学术研究及编撰大型图书的资粮，也是兴办文化教育事业、延揽人才的根本，图书出版和发展教育相辅相成。天监三年（504），萧衍亲自策试秀才，自称："闭户自精，开卷独得。九流、《七略》，颇尝观览；六艺、百家，庶非墙面。"敦促诸生远利禄而勤读书，"犹其寂寞，应有良规"。天监四年（505），他又诏开5馆，因此时《梁律》已成，即在刘宋儒、玄、文、史四馆基础上，增设律学，并广建馆舍，招纳后进，成绩合格者，即委派官职。结果，一年之内，各地学子怀经负笈云集京师。随着藏书日益丰富，萧衍又仿效宋、齐总明观、学术馆的模式，"置集雅馆以招远学"，"开士林馆以延学士"，并在二馆置放部分藏书，供学者研读。当时的著名学者朱异、贺琛、孔子祛等都曾奉诏赴各馆讲学，萧衍本人也曾亲临学馆讲学听讲，一时之间，建康学风大盛。在萧衍的积极推动下，读书向学的风气逐渐从首都蔓延向乡村，举国上下都弥漫着墨的气息，一个书香社会在梁朝初步建成了。《隋书·经籍志》称："梁武敦悦诗书，下化其上，四境之内，家有文史。"① 茅屋中的陆倕、孤贫的臧严、砍柴的孔子祛、寄人篱下的刘峻等为数不少的生活在下层的文士，在相当艰苦的环境里居然都有书可读，并通过发奋苦读，终于崛起于寒门庶族，生动地反映了当时图书出版的繁荣和读书风气的浓厚，以及教育至上、知识改变命运的良性社会环境。

中国历史上不乏"敦悦诗书"的皇帝，但像萧衍这样具有异乎寻常的文化凝聚力、号召力和推展力的则十分罕见，在马上得天下的开国皇帝中更属稀有。这种本领是萧衍特有的魅力，惹得与南朝对峙的东魏丞相高欢也不无妒意，他说："江东复有一吴儿老翁萧衍者，专事衣冠礼乐，中原士大夫望之以为正朔所在。"② 可见，萧衍的文化号召力不仅作用于梁，还辐射到了北朝。萧衍在文化教育上的巨大影响力和出色驾驭能力，使他能够兼顾并有效地促进与图书出版相关的文化和教育事业的协调发展，尤其是教育的普及，扩大了读书人口，播下了读书种子，营造了书香社会，大规模地扩大了图书发行和流通的范围，提高了图书发行和流通的数量，从这个意义上讲，萧衍堪称图书营销的大师。

萧衍统治梁朝将近半个世纪，与图书出版发生了千丝万缕的联系，他在图书出版方面的贡献难以详述，例如他晚年一心向佛，对寺院流连忘返，多次设坛讲经，这些行为对佛经的出版无疑具有促进作用。另外，萧衍在文化学术方面富于理性，容忍争鸣，摒弃专制，即便像范缜写出《神灭论》猛烈抨击

---

① 魏徵. 隋书·志第二十七·经籍一（繁体点校本）. 北京：中华书局，1973：907

② 李百药. 北齐书·列传第十六·孙搴陈元康杜弼（简体本）. 北京：中华书局，1999：239

他虔信的佛教，萧衍也不施加迫害，而是亲率群臣与之辩难，自己还专门写了《敕答臣下神灭论》一文，颇有平等论争的风度。这对于封建专制社会习惯了顺从与阿谀的皇帝而言，并不容易做到。萧衍在文化建设上的理性态度，维护了出版自由，有利于图书出版突破禁区、扩大品种，这和他在图书出版事业上的具体贡献相比，意义更加重大。

# 翻译家鸠摩罗什

魏晋南北朝时期佛教兴盛，佛经翻译成为图书生产、文化交流的一项重要内容，造就了一批著名的翻译家，如竺法护、道安、鸠摩罗什、法显、真谛等，其中尤以鸠摩罗什和真谛贡献最大，被认为是北方和南方佛经翻译的两大家。金庸小说蕴含着丰富的传统文化知识，《天龙八部》中  的反派武学高僧鸠摩智，很可能就是以鸠摩罗什为原型而创造的文学形象。

鸠摩罗什（343～413），汉语名字叫童寿，龟兹人，出身为印度世袭高位的婆罗门族。鸠摩罗什一家与佛教似乎结有宿缘，其父鸠摩罗炎本该遵从父命继承相位，却毅然抛弃荣华，苦修向佛，他东渡葱岭，远投龟兹，被龟兹王迎为国师，后被逼和龟兹公主结婚，生下鸠摩罗什兄弟二人。罗什母亲当年以公主之尊热烈追求鸠摩罗炎，迫使其还俗，没想到自己身怀六甲时却忽然对梵语无师自通，萌生向佛之心，终于在结婚 4 年后背叛丈夫，绝食 6 天，决意出家。鸠摩罗什 7 岁便随同母亲剃度进入佛门，9 岁学经。12 岁时他随母亲回龟兹，中途在沙勒停留一年。沙勒国王听从当地僧人的建议，为了勉励国内僧众，兼以对龟兹王表示友好，特举行大会，请罗什升座讲法，年轻的罗什从此扬名。随后，罗什又随母北行，经过龟兹北境的温宿时，又以论议挫败当地一个有名的道士，声誉更隆，龟兹王亲自来迎他归国。不久，罗什的母亲只身前往印度，临行特勉励他到中国弘法，他毅然引为己任，表示即便忍受炉镬之苦也要使大化东传。

符秦建元十五年（379），中土僧人僧纯、昙充等从龟兹游学归来，宣扬龟兹佛教盛况，特别提到才智过人、尤通大乘佛教的鸠摩罗什。这个时候高僧释道安正在长安积极推动译经事业，听说罗什享誉西域，就一再劝符坚迎罗什来华弘法。建元十八年（382），符坚派吕光等出兵西域，特别叮嘱道："朕闻西国有鸠摩罗什深解法相，善闲阴阳，为后学之宗，朕甚思之。贤哲者国之大宝，若克龟兹，即驰驿送行。"要求吕光攻下龟兹后，火速把罗什迎送入关。建元二十年（384），吕光攻陷龟兹，也找到了罗什，但因为他不信佛，对罗什的造诣和价值不甚明了，又见他年纪轻轻，便不以为然。更深层的原因是，符坚临行交代的话使吕光对罗什预先有了嫉妒之心，他不但没有礼遇罗什，尊皇命将其迎送入关，反而想方设法戏弄罗什，他让昔日被龟兹人视为活佛，出入乘金车，踩着王公贵族脊背升座讲法的罗什骑着劣马、乘着牛车穿行于闹市，企图以这种方式粉碎罗什的自尊心。他还把灌醉的罗什和龟兹公主关在同一密室，诱迫罗什犯了大戒。

很快一年过去了，吕光还未把罗什带入中原，短命的前秦便随着符坚在建元二十一年（385）的被杀而灭亡，吕光失主，便干脆割据凉州，登基称帝，建立了后凉，罗什也就成了后凉的子民，留置凉州。后来姚苌取代苻坚称帝于长安，慕罗什高名，也曾虚心邀请，而吕光父子对罗什预测吉凶的才能有所领教，认为其还有些利用价值，不放其东行。罗什被留在凉州达十七年之久，空有满腹经纶，却苦无机会弘传。但他天资过人，在凉州与汉人交往，长期接触汉语，深有领会，为他以后的译经事业奠定了有利条件。后来姚兴嗣位，于弘始三年（401）出兵西攻凉州，凉主吕隆兵败投降，罗什才被迎入关，此时他已经五十八岁了。

姚兴对罗什十分敬重，待以国师之礼。宗室显贵也都信奉佛法，对罗什更是尊崇有加。长安此时佛教已盛，名僧群集，但对罗什都很钦服，拥戴他犹如众星捧月。弘始四年（402），罗什应姚兴的邀请，主持长安西郊的逍遥园译经道场，开始译经，他生命中的辉煌时刻终于到来，中国历史上第一次由国家组织的大规模译经活动也就此拉开了帷幕。罗什对翻译事业有高度的责任感，译经谨慎不苟。其译经的程序是，每译一经，先亲自在澄玄堂当众解析，然后手持胡本口译为汉语，旁有一僧对照旧译本核对，如确认是胡本谬误，则用天竺本加以校正，如发现旧译本用词不确切，就加以改正，直至参与译经的僧团中的数百众僧详加审定，均无异议，才笔录下来。最后还需全面校正一遍，方能形成定稿。在罗什的主持下，先译出《阿弥陀》等经，接着又译出《大智度论》和《百论》。姚兴对旧译的《大品般若》不满意，劝请罗什重译。弘始六年（404），罗什校定了《大品般若》译文，译出《十诵律》的大半，并重治《百论》译文。以后相继又译出《佛藏》、《菩萨藏》等经。从弘始八年（406）起，罗什迁住大寺，陆续译出《法华》、《维摩》、《华手》及《小品般若》等经，《中》、《十二门》等论，最后又应请译出《成实论》。他前后所翻译的佛经，据《出三藏记集》卷二所载，共三十五部，二百九十四卷，比较可信。后来《开元录》著录为七十四部、三百八十四卷（内缺本二十二部、八十二卷），这个数据沿袭的是《历代三宝记》的记录，可能混入了一些伪托的经论，须加辨别。罗什本人精通佛理，译经的程序又严谨科学，所以译出的佛经质量很高，佛教界以罗什的译经为分水岭，把此前的译经称为"旧译"，把罗什的译经称为"新译"，而"新译"一出便引得人们交口称赞，几乎完全取代了"旧译"。就翻译的数量而言，罗什稍逊于唐僧玄奘，而系统深入地用汉语传播佛经却是从罗什开始的。罗什带来的大乘空宗理论，可谓唯心主义的极至，以丰富的内涵极大地启发了中国哲学界，使魏晋的玄学讨论上升到更高的层次。客观地说，中国佛教正是从罗什才真正开始的。

罗什译经采取的是意译的译法，以便使中原僧众易于接受理解。为了保留经籍的文学趣味，他的翻译在力求不失原意之外，更注意保存原本的语趣。由于罗什既博览印度经典，对梵文极有根柢，又因留华日久，对汉文颇有素养，同时对文学具有高度的欣赏力和表达力，故能创造出一种读起来使人觉得具有外来语与华语调和之美的文体。因此他所译经论，中原僧众都很喜欢诵读，对后来的佛教文学也产生了一定影响。

罗什在翻译上的成就，也与长安先期的译业基础、以及当时参加译场的许多得力助手分不开。长安在苻秦时代，由于高僧释道安在此奖励译事，译场初具规模，已渐成为译经的重镇。到了罗什入关，姚秦奉佛更盛于前，译经事业得到了朝廷的全力支持，译场得以扩充，成为国立译场。曾经参加前期译事的名僧等，此时都参加罗什主持的新译场，成为得力的助手。同时还不断有来自各地的名僧加入译场。他们既精教理，兼善文辞，故能各展所长，相得益彰。此外，与罗什合作的还有西域僧人，罗什遇到翻译困难时经常向他们请教。

罗什来华后专注于翻译，著作不多。系统的著述相传有《实相论》二卷，现已佚。他曾注《维摩经》，又有答庐山慧远及王稚远问的文章多篇，现存后人所集他答慧远问大乘深义十八科三卷，题为《大乘大义章》。此外，《广弘明集》收载他答姚兴《通三世论》书一篇。其他口义散见于关中诸疏。至于答王稚远问二十四项，现仅存略目，载于《出三藏记集》所辑收的陆澄《法论目录》中。

罗什的门人号称三千。当时名僧云集长安，多趋于他的门下。罗什译经，常边讲边译，参加译场的诸助手便成了罗什的亲授弟子。其中最著名的有僧肇、僧睿、道融、昙影等，后世有四杰、八俊、十哲之称。

罗什为人神情开朗，秉性坦率，平时虚己善诱，专以大乘教人。他具有文学才能，尝为《维摩经》译文作注，出言成章，不待删改；所作赠法和慧远偈文，都辞理婉约，韵味深长。在来华的外国译师中，他对中土语文最为精通。他虽届高年，仍从事传译，未尝停歇。弘始十五年（413）四月，因微疾，罗什骤卒于长安大寺，时年七十。他对自己一生翻译的经卷的质量非常自信，临终遗言，所出经论三百余卷，惟《十诵》一部未及删订，自信诸译所传非谬，可供后世流通。

罗什的一生留下了一些极具戏剧性和传奇色彩的故事，例如，罗什早年曾因被吕光设计而犯了男女大戒，尚情有可原，但到了晚年的时候，鸠摩罗什又接受姚兴的关照，收下了其所赠的美女 10 名，再次破戒。当人们怀疑他是否还是佛学大师的时候，他当众吞下一钵铁针，声称谁若能做到，便也可以取妻生子，并以出淤泥而不染为自己开脱。另据说，罗什圆寂前曾当众声称：自己一生所讲经论皆有所本，句句无误，焚身之时当以舌头为证，薪灭形碎，唯舌不烂。相传罗什肉身火化后果然如此，现存甘肃武威的罗什寺塔，便是葬其舌的地方。

神秘和渊博相互映衬、人性和佛性彼此交织，罗什身上的这些容易给人留下深刻印象的气质，注定使他成为历史上难以被忘却的大师和活佛。

# 魏晋南北朝图书流通的方式 *

　　魏晋南北朝期间山河破碎、南北对峙、政权交迭、兵接祸连，在政治上给中国历史留下是战马征尘、君臣弄权、百姓流离的乱世景象，但是在文化学术上，局面却非同政局一般纷乱不堪，反而在某些方面有不虞之盛。一方面，政权割据和不断对抗打击了封建政权的专制统治，使思想文化在较为宽松的环境下发展；南北分裂和谋求统一虽然造成了社会生产力下降，但却促进了民族融合和文化交流，知识分子也因为地域流迁而养成了个性自由和思想多元的时代特点。另一方面，自东汉蔡伦改进造纸术后，纸业勃兴，轻薄、廉价的纸张逐渐代替竹木和简帛成为记录文字的载体，有力地扩大和提高了学术文化传播的规模与速度。

　　学术文化繁荣的表现之一便是图书出版事业的发展。这一时期由于玄学兴起，人物潇洒，创造力活跃，不但涌现了一批目光敏锐、非常重视图书选题的编辑家和出版家，开发出了总

---

　　* 原载《图书馆杂志》2003 年理论学术年刊

集、类书、谱牒、佛经汉译本等前代所未有或稀缺的图书类型，而且与之相适应，图书的发行和流通呈现出初兴的气象，进入了前所未有的新阶段。

这个时期，图书流通的商业渠道是设肆出售和流动贩卖，同时为克服图书商业发行的不足，还有佣书和自抄、皇帝赐读、政府购求、多方借读、前辈遗赠、民族交流、战争劫掠等流通方式作为补充。

## 1 设肆出售

魏晋南北朝时期，城市市场的内部结构和组织形式，仍沿用前代的列肆制度。同类商品陈列在同一行列内称为一"肆"，这与后世一个店铺称为一"肆"，含义是不同的。不但大的店铺要列肆销售，即使小贩也要按所售商品的类别，把货摊摆在相应的肆中进行交易。当时市场中常见的肆有马肆、酒肆等，都市的大市里还有出售珍贵珠宝的金肆、玉肆等，还有将商品进一步细分而形成的帽肆、葱肆等。当然，市场上也有专门销售图书的书肆，梁朝的任昉在《答刘居士诗》中云："才同文锦，学非书肆"①，这是魏晋南北朝时期关于书肆的最为明确的记录。另据《梁书·傅昭传》载，傅昭十一岁"随外祖于朱雀航卖历日"②。朱雀航所在的城市建康，是当时南方新兴的最大的商业都会，特别是在梁时经过改建和扩建，规模十分宏大，《金陵记》记载："梁都之时，户二十八万。西石头城，东至倪塘，南至石子岗，北过蒋山，南北各四十

---

① 叶德辉. 书林清话. 沈阳：辽宁教育出版社，1998：27
② 姚思廉. 梁书·列传第二十·傅昭传. 见百纳本二十四史. 上海：商务印书馆，1936：392

里。"① 如以每户 5 口人计算，则有一百四十万人，实为罕见的大都会。朱雀航可能是建康摆摊贩卖日历等日用图书的书肆。

需要注意的是，既然肆是出售同类商品的一排店铺的统称，专卖书籍的店铺此时能够衔接成行，自成为肆，可见图书发行已达到相当的规模。书肆不仅贩书，而且容人阅览，不少贫寒好学之士就是通过在书肆里"观书"实现求学的愿望。据《魏书·崔亮传》载，崔亮"居贫，佣书自业。时陇西李冲当朝任事，亮族兄光往依之，谓亮曰：安能久事笔砚而不往托李氏也。彼家饶书，因可得学。亮曰：弟妹饥寒，岂可独饱？自可观书于市，安能看人眉睫乎?"② 崔亮宁愿一边受雇给人抄书，一边到书肆里蹭书读，也不愿为了换得良好的读书环境而攀附权贵，看人眼色，这种精神跟东汉王充在书肆"阅所买书"是一脉相称的。

书肆所卖图书不仅在量上有一定的规模，品种也比较丰富，除了前面提到的历书，还有书画作品和俗文学作品。《魏书·崔玄伯传》载："玄伯父潜，为兄浑诔手笔草木。延昌初，著作佐郎王遵业买书于市而遇得之。计诔至今，将二百载，宝其书迹，深藏秘之。武定中，遵业子松年以遗黄门郎崔季舒，人多摹拓之。"③ 这条史料表明，当时北魏都城（山西平城）的书肆经营范围很广，除图书外，还有书法作品，著作郎王遵业就是在那里淘得了珍贵书法作品，并精心收藏。俗文学作品在书肆的发行也有史料为证，《北史》载："休之弟縚之，天平中入关。次俊之，位兼通直常侍，聘陈副，尚

① 高敏．中国经济通史·魏晋南北朝经济卷（下）．北京：经济日报出版社，1998：1074

② 魏收．魏书·列传第五十四·崔亮传．见百纳本二十四史．上海：商务印书馆，1936：1476

③ 魏收．魏书·列传第十二·崔玄伯传．见百纳本二十四史．上海：商务印书馆，1936：624

书郎。当文襄时，多作六言歌辞，淫荡而拙，世俗流传，名为《阳五伴侣》，写而卖之，在市不绝。俊之尝过市，取而改之，言其字误。卖书者曰：'阳五古之贤人，作此《伴侣》，君何所知，轻敢议论！'俊之大喜。后待诏文林馆，自言：'有文集十卷，家兄亦不知吾是才士也。'"① 可见，俗文学作品不仅在书市发行，而且畅销，作者有名誉上的顾忌却无版权观念，在淫邪之作上不敢署真名，对其无偿的大肆流传却暗自高兴。

魏晋南北朝时期由于政权割据，朝代更替频繁，都城的兴废和迁移节奏也比较快，南方和北方都巩固或新兴了许多政治中心和商业都会。北方的主要商业都会有洛阳、长安、邺等。南方的主要商业都会有建康、成都等。这些因政权割据而加速形成的星罗棋布的大都市，尤其是南朝新兴都市的崛起，打破了城市集中于北方的旧格局，在华夏大地上编织出了更加细密的商业网。

这些数量众多的大都会无一不是物资丰富，商贾云集，市场星布，书肆自然也有相当的规模。北周庾信在《答移市教》中说："希风慕义之士，举袂成帷；卧辙攀车之人，摩肩相接；遂使王充阅书之处，远出荒郊；石苞贩铁之所，翻临崖岸；圣德谦虚，未安喧湫，欲令吹箫舞鹤，还返旧廛，卖卜屠羊，请辞新阓。"② 这段话写作的背景是，当时的市场按照旧规必须集中在城里，然而随着工商业的发展，商户们为了经营方便、招揽顾客，希望政府突破陈规，把市场迁到市外交通要道等商旅往来频繁的地方，朝廷官员对此意见不一，往往发生辩论。

---

① 李延寿. 北史. 列传第三十五·阳尼传附休之弟俊之传. 见百纳本二十四史. 上海：商务印书馆，1936：1728

② 高敏. 中国经济通史·魏晋南北朝经济卷（下）. 北京：经济日报出版社，1998：1081

庾信的《答移市教》便是陈述自己反对移市的理由，其中"遂使王充阅书之处，远处荒郊"一句，非常清楚地说明当时市场上已有书肆，而且庾信将"阅书之处"和"贩铁之所"、"卖卜屠羊"并列说出，表明书肆十分常见。庾信在北周为官，文中所说的"阅书之处"指的是北周都城长安的书肆，而当时长安的商业比起洛阳、建康尚有差距，天下同长安发展水平相近的都市还有不少。由此可以推断当时书肆在城市相当普及，如"卖卜屠羊"一样为市民见惯不怪，到书肆购书已成为市民生活方式的一部分。

由于都市的快速发展，市场规模的不断扩大，书肆在这个时候已成为图书发行的主要渠道。书肆上图书的存量和藏书家的藏书数量是有一定关系的。据统计，魏晋南北朝时期文献确切记载的藏书家，魏晋有 22 人，北朝有 34 人，南朝有 46 人，共计 102 人，是两汉时期藏书家人数的四至五倍。藏书万卷的藏书家屡见不鲜，沈约、萧统等人的藏书的最高纪录突破三万，梁元帝萧绎号称藏书八万卷之多①。如此多的藏书从何而来，购于书肆无疑是重要的途径。晋朝的司空张华、北魏的秘书监常景等都是朝中名臣，俸禄不薄，以毕生之资尽数购书，仍不尽兴，可见当时书肆中图书存量大、品种繁多，书价也较高。书肆的规模跟佣书人的数量也有关系，东汉时文献中明确记载的佣书人只有班超、王溥二人，到魏晋南北朝时文献上明确记载的佣书人已达十余人之多，佣书人数量增长的情况可以间接地反映出书肆规模扩大的程度。虽然在记述魏晋南北朝的历史文献中，关于佣书人的雇主是谁大多语焉不详，但从东汉时王溥插笔洛阳肆上佣书的情况看，这些雇主当中少不了书肆的店主。根据中国古人的心理，读书人普遍贵学而贱商，可能

---

① 傅璇琮，谢灼华. 中国藏书通史. 宁波：宁波出版社，2001：92

大部分佣书人为生活所迫，仅会被动地躲在幕后为书肆抄书，只有小部分像王溥那样思想开放、在时人眼里有些另类的佣书人则会主动走上前台，干脆到书肆上光明正大地现场为人抄书。究竟有多少佣书人从被动接活、被动抄书，发展成自办书肆、自立为雇主，反过来再组织、雇用别人抄书，史书中没有明确记载，但这种情况符合经济发展的规律，其可能性是存在的。

文献中记载的书肆都出现在大都会的市场。另外需要注意的是，魏晋南北朝时期各国停战的时候还经常在边境开设市场，互相交流物资，称为互市。互市建在动荡不安的边境，比较简陋，其规模和管理都远不及城市的市场。互市的交易安全得不到保障，不时会遭到军队的掩杀或偷袭，险不可测，但越是边境地带，受战争的创伤越大，物资越匮乏，物资交流的需求也就越大，利润也较可观，所以互市的生命力也相当强劲。互市在政权割据的魏晋南北朝是一种重要的贸易形式，虽然没有明确的记载表明图书也是互市交易的对象，但却不乏南北图书互相流通的事实。这些图书是如何经过边境呢？方式无非有几种，要么秘密走私进入，要么纳过关税贩入，要么作为礼物遣使报聘，要么便在互市上销售。互市上销售的商品虽以生活消费品为主，但也不能断定没有图书。魏晋南北朝时期还有一种市场比较有名，那就是设在乡村和城乡结合部的"草市"，这里的"草"是简陋的意思。草市销售各类日用品，至于卖不卖书，文献中没有明确记载，但同样也不能简单地加以否定。

## 2 流动贩卖

设肆售书之外，流动贩卖也是魏晋南北朝图书发行的一种重要形式，两者互为补充。这个时期图书的流动贩卖比较活跃，主要有两个因素：一是图书以纸为载体后，重量变轻，体积减小，便于运输，而且生产成本下降，人们的购买力提高，对图书的需求增长；二是在列国争雄、壁垒森严的环境中，流动贩运图书虽然困难大、危险多，但风险和收益是成正比的，贩卖一部图书的风险越大，这部图书的附加值和利润就越大，为得到高于设肆出售的图书的利润，自然就有人愿意采取流动贩卖这种形式。然而，仅有这两个因素，流动贩卖还不足以实现，它还要有一个前提条件，那就是要有四通八达的交通网。

魏晋南北朝时期虽然政权割据、疆土分裂、南北对峙，但越是这样，人们交流商品的需求就越大，愿望就越强烈，政治疆界没能阻断人民的贸易往来，商品流通依旧保持着相当活跃的态势，水陆交通事业比较发达，不但秦汉以来许多商旅往来的重要交通线大都继续保持畅通，不少新的道路还得以开辟和拓展，成为联结各个分裂地区的纽带。在南朝，长江是水运交通、货物运输的主动脉，它将中下游的荆、扬二州与上游的益州联系起来，商船动以万计，商品流转量非常大，对南朝经济起着至关重要的作用。在北朝，丝绸之路由汉朝时的南北二道拓展为南、北、中三道，三条道路均畅通无阻，加强了内地与西域的商品流通。在西域的鄯善与南方的益州之间，也增辟了一条与河西走廊并行的重要交通路线——河南道，此道是南朝与西域进行商品交流的主干道。在这些南北交通干线的两侧和周围地区，众多的水陆支线也被开辟出来。

在这张由长江和丝绸之路为主干构成的覆盖全国的交通网上，流通着各类商品，活跃着各色商人，其中也有贩书商人的身影。《北史·祖莹传》载："州客至，请卖《华林遍略》。"这里的"州"指的是扬州，扬州的书商把图书运到北朝东魏的邺城来贩卖，足见当时的书贩行踪之远。书贩千里迢迢将图书由南方运送到北方，走街串巷、穿门入户，终于寻访到了识货的买家，谁知卖的竟没有买的精，"文襄（高澄）多集书人，一日一夜写毕，退其本曰：'不须也'"①。至于高澄为什么放着现成的图书不要，非要雇人日夜抄写，是嫌其书法不好还是价钱太贵？答案显然是后者。因为如果是嫌其书法不好，在夜以继日地仓促抄写后，日后必然会找人重新缮写，而高澄并没有这样做。这个例子一来说明当时图书的价钱比较高，买家宁愿雇人连夜抄写，也不愿购买现成的图书；二来说明当时受雇从事图书抄写的佣书人很多，以致可以招之即来，在一日一夜之间迅速抄毕一部七百多卷的《华林遍略》。

流动贸易促进了南北图书的流通。由于流动贩卖付出的劳动多，成本高，风险大，常见的一般的图书长途贩运无利可图，所以行商多选择珍贵的、有价值的、有代表性的大型图书或名人名著来贩运，如上面提到的《华林遍略》就是由梁武帝亲自监修的代表南朝文化繁盛的当时最完备的大型类书。卷帙众多的《梁武帝集》也被贩卖到北方，在北朝北周的宫廷能够见到，梁武帝的后人萧大圜被北周明帝召为学士，入长安麟趾殿，见其先人所著《梁武帝集》40 卷、《简文集》90 卷，"乃手写二集，一年并毕，识者称叹之"②。南朝著名作家的文集也流通到了北朝，受到广泛喜爱与模仿，据《北齐书·魏收传》载："收每议陋邢邵文。邵又云：'江南任昉，文体本疏，魏收非直模拟，亦大偷窃。'收闻乃曰：'伊常于《沈约集》中作贼，何意道我偷任昉。'"③ 由北魏的著名作家魏收和邢邵

---

① 李延寿. 北史·列传第三十五·祖莹传附子珽传. 见百纳本二十四史. 上海：商务印书馆，1936：1737

② 李延寿. 北史·列传第十七·萧大圜传. 见百纳本二十四史. 上海：商务印书馆，1936：1064

③ 李百药. 北齐书·列传第二十九·魏收传. 见百纳本二十四史. 上海：商务印书馆，1936：492

互相指责对方抄袭南朝的任昉和沈约文集中的作品，可见北朝人获取南朝图书并无障碍。另据《北齐书·元文遥传》载："晖业尝大会宾客，有人将《何逊集》初入洛，诸贤皆赞赏之。河间邢邵试命文遥，诵之几遍可得？文遥一览便诵，时年十余岁。"[1] 何逊是南朝梁的诗人，他的作品也流通到了北方，并深受北方文士的喜爱。不仅南朝的图书通过行商贩卖到北朝，北朝的《修文殿御览》和《齐民要术》、《颜氏家训》等名著也被贩运到南朝[2]。这些图书的南贩北运对文化交流、民族融合和增强中华民族的凝聚力发挥了重要作用。

## 3  佣书和自抄

魏晋南北朝是我国图书发展史上的写本书时代，所有的图书都是靠抄写复制的。抄写对图书生产者和销售者而言属于复制手段，对读者而言则属于流通方式。比起到书肆上购买现成的图书，这种方式更为节约；比起借读，这种方式可以使那些不满足于借读的爱书癖拥有图书的所有权，因而在当时十分普遍。

抄写也有好几种方式。第一种是佣书，也就是雇人抄写。当时以抄书为业的佣书人和写经生很多，招之即来，官宦之家需要抄写篇幅大的图书，通常都雇用这些有经验的书手。如东魏的高澄就召集佣书人在一日一夜之间抄完一部七百多卷的大型类书《华林遍略》。有的书法家经不住友人的请托，有时候也客串佣书人的角色，帮人抄写一些篇幅小的图书，如北魏的崔浩就为人抄写了识字课本《急就章》上百份。

---

① 李百药. 北齐书·列传第三十·元文遥传. 见百纳本二十四史. 上海：商务印书馆，1936：503

② 郑士德. 中国图书发行史. 北京：高等教育出版社，2000：116

　　第二种是自抄，不管是通过借读还是其他途径得到未见之书，必亲自抄写，采用这种方式的多是经济拮据而又嗜书如命的寒门庶士。据《梁书·袁峻传》载："峻早孤，笃志好学，家贫无书，每从人假借，必皆抄写，自课日五十纸，纸数不登则不止。"[①] 袁俊抄书成癖，已经演变成了强迫症。但当时类似袁峻的人并不少见，如此借抄循环，图书流通的范围自然越扩越大。再如《梁书·王筠传》载："余少好书，老而弥笃，虽偶见瞥观，皆即疏记。后重省览，欢兴弥深。习与性成，不觉笔倦，自学十三四，齐建武二年乙亥至梁大同六年，四十六载矣。幼年读五经，皆七八十遍。爱《左氏春秋》，吟讽常为口实。广略去取，凡三过五抄。余经及《周官》、《仪礼》、《国语》、《尔雅》、《山海经》、《本草》并再抄。子史诸集皆一遍，未尝倩人假手，并躬自抄录，大小百余卷，不足传之好事，盖以备遗忘而已。"[②] 从王筠的自述看，当时"倩人假手"，雇人抄书是普遍现象，相比起来，亲自抄书反显得可贵，当事人有一种自豪感。又据《南齐书·沈驎士传》载："驎士少好学，家贫，织帘诵书，口手不息……遭火烧书数千卷，驎士年过八十，耳目犹聪明，以反故抄写，灯下细书，复成二三千卷，满数十箧。"[③] "反故"指纸的背面，老贫的沈驎士在心爱的藏书毁于火灾之后没有灰心，以耄耋之年居然在字纸的背面抄写图书数千卷，重建自己的藏书，令人钦敬。自抄还有一个好处，那就是可以自行设计图书的装帧和形式。如晋人葛洪、齐人萧钧都曾把常规的图书抄成巾箱本，便于携带和温

　　① 姚思廉．梁书·列传第四十三·文学传上·袁峻传．见百纳本二十四史．上海：商务印书馆，1936：688

　　② 姚思廉．梁书·列传第二十七·王筠传．见百纳本二十四史．上海：商务印书馆，1936：486

　　③ 萧子显．南齐书·列传第三十五·高逸传·沈驎士传．见百纳本二十四史．上海：商务印书馆，1936：943

习。图书的形式改变后，给人以新奇感，容易引起一连串的模仿，进一步扩大图书的流通。

第三种是抄撰，就是在抄书时加入自己的意见，边抄边撰，把抄的内容和撰的内容揉为一体，形成一本似是而非的"混血"的著作。之所以会出现抄撰，最初可能是因为一些有批判精神的抄书者在抄写大部头的图书时不胜其烦，不甘于逐字照录，而喜欢根据自己的识见，对当简处加以删节，对当繁处添加资料，对错讹处加以修改，对感慨处加以议论，对相关者加以汇集……这样一来可以消解抄书的枯燥，二来可以展示学识，何乐而不为？这样生产的图书多了，便逐渐蔚为风气。"抄撰"一词在史籍中经常出现，如《梁书·庾于陵传》称庾于陵"与谢朓、宗夬抄撰群书"①；《陈书·杜子伟传》称杜子伟"与学士刘陟等抄撰群书"②；《陈书·陆瑜传》称皇太子"以子集繁多，命瑜抄撰"③；《南史·庾肩吾传》称庾肩吾与刘孝威等18人"抄撰众籍"④。

抄撰既是图书复制、流通的方式，也是图书编撰的方式。抄撰著作一般有三种类型，一是对原书只删改不添加，形成原书的节本；二是对原书既删削又增改，形成与原书相补充的新著或参考书；三是抄撮众书，汇集相关资料，形成类书性质的工具书。有的抄撰者把抄撰作为治学的一大法门，作为成就学者的一种途径，希望作为其智力成果的抄撰著作能尽快进入流通领域，快速传播。有的抄撰著作广泛传播，甚至逐渐代替原

---

① 姚思廉．梁书·列传第四十三·文学传上·庾于陵传．见百纳本二十四史．上海：商务印书馆，1936：689

② 姚思廉．陈书·列传第二十八·文学传·杜之伟传．见百纳本二十四史．上海：商务印书馆，1936：454

③ 姚思廉．陈书·列传第二十八·文学传·陆琰传附弟瑜传．见百纳本二十四史．上海：商务印书馆，1936：463

④ 李延寿．南史·列传第四十·庾易传附子肩吾传．见百纳本二十四史．上海：商务印书馆，1936：1246

著。吕思勉先生在《秦汉史》中指出："盖《史记》在唐以前，通行不如《汉书》之广，其经传抄之次数，即不如《汉书》之多。昔人读书，不斤斤于字句，传抄时，无谓之虚字，率加删节，抄胥尤甚。故《汉书》之虚字，较《史记》减少也。然今《史记》虽较《汉书》为繁，而视《史通点烦篇》所引则已省，可见今之《史记》，亦为累经删削之余。此恐非独《史》、《汉》为然，一切古书，莫不如是。"① 可见即便像《史记》、《汉书》这样的名著，也没有精练到无一字可减、无一字可删的地步，而是经过一代又一代的抄撰，剔掉了不少虚字，不断以抄撰之作代替原著，才形成今天的模样。当然抄撰也有其弊端，那就是造成每一书皆有很多版本，使书的原始信息在流通中不断失真，给后人的考辨带来极大困难。

抄撰之作遍及各类，尤以两类书为多。一类是日常用书，如经书、谱牒、医书等，因读者面广，需求量大，经常成为抄撰的对象；一类是长篇巨著，如《史记》、《汉书》、《地记》等，这类书卷帙浩繁，通读一遍要花费不少时间，抄撰之作压缩了篇幅，保留了精华，节省了读者的阅读时间，因而也颇受欢迎②。抄撰作为一种图书流通和编撰的方式大范围流行，直接结果是产生了大量抄撰著作，间接作用是促进了类书等工具书的发展，后世的类书和史抄都借鉴了魏晋南北朝抄撰著作的编纂方法。

从本质上讲，从书肆上选购图书是对图书的直接消费，抄写则是通过对纸的消费，间接地实现对图书的消费。在写本书时代，抄写是图书的生产性复制和个人的消费性复制所共同采用的手段，就美观和准确性而言，书肆上所销售的现成的图书不一定优于自抄的图书，所以这个时期个人抄写是图书流通的

---

① 李瑞良.中国古代图书流通史.上海：上海人民出版社，2000：132
② 曹之.中国古籍编撰史.武汉：武汉大学出版社，1999：96

一种重要形式。魏晋南北朝时期有些图书读者抄写的数量很大，如左思的《三都赋》甚至造成了"洛阳纸贵"的现象。对此不能简单地将其看作是纸的大量使用，而应该想到纸在这种情况下实际上是作为书的替代品在销售，纸的短缺和提价是当时图书发行业繁荣兴旺的一种折射。

## 4  皇帝赐读，朝廷推广

魏晋南北朝时期推行秘书监制度，秘书监兼具图书馆和出版社的作用，其主要职责之一是编修或组织抄录图书，图书修成或抄毕后多数收藏在秘阁备用，并不向公众发售。秘书监所制之书与当朝意志统一，编校细致，质量精良，一般都是当时最权威的范本。

那么秘书监所制之书通过什么方式流通呢？主要有三种方式：

其一是赐读，君主向臣下赐书是汉代以后图书流通的特殊方式，魏晋南北朝时期皇帝向臣下赐读的事例更是屡见不鲜。例如晋代藏书家皇甫谧经常在干农活时也携带经籍，发奋苦读，勤于著述，颇有文名，人称"书淫"。不幸的是他在青年时因病致残，然而他身残志坚，向学依旧。晋武帝闻其名，有意招其入朝。但天性清心寡欲的皇甫谧不愿为功名所累，遂以疾辞。不过他也提出了一个请求，据《晋书·皇甫谧传》载，皇甫谧"自表就帝借书，帝送一车书与之"[①]。武帝的慷慨赐予，为皇甫谧写出《针灸甲乙经》和《帝王世纪》等一系列著作创造了条件。据《宋书·自序》载，刘宋时曾任南阳太守的沈亮"莅官清约，为太祖所嘉，赐以车马服玩，前后累

---

① 房玄龄. 晋书·列传第二十一·皇甫谧传. 见百纳本二十四史. 上海：商务印书馆，1936：1415

积。每远方贡献绝国勋器，辄班赉焉。又赐书二千卷"①。据《南齐书》载，齐武帝第七子晋安王子懋，祈求所好书，武帝"赐子懋杜预手所定《左传》及《古今善言》"②。另据《南齐书·柳世隆传》载："世隆性爱涉猎，启太祖借秘阁书。上给二千卷。"③《南齐书·王俭传》载：明帝"于（王）俭宅开学士馆，悉以四部书充俭家，又诏俭以家为府"④。这说的是永明三年（公元 485 年），齐武帝下令废除了在宋明帝泰始六年（公元 470 年）设立的总明观。总明观下设儒、道、文、史、阴阳五学部，是国家的藏书机构兼综合性大学或研究院，其藏书主要是服务于教学与学术的专业典籍。齐武帝废除总明观后，下旨将其四部图书皆运往王俭家中，在王俭家中开办国学，这样王俭家就成了齐朝最高学府的所在地及学术典籍的收藏处，这在中国历史上不失为一件咄咄奇事。据《陈书·江总传》载，江总"笃学有辞采，家传赐书数千卷，总昼夜寻读，未尝辍手"⑤。

由上述记载可见，朝廷赐书的情况相当普遍，赐书需要的条件也比较灵活，往往大臣一请赐，皇上就抱着乐观其成的态度，慷慨赐予成车上千的书籍。这一方面说明当时秘阁藏书颇富，皇帝可以灵活支配，赏赐臣下，却并不至于削弱秘阁藏书的实力。另一方面说明，秘阁之书并不主动到市场上发售，系

---

① 沈约．宋书·列传第六十·自序·田子子亮传．见百纳本二十四史．上海：商务印书馆，1936：2452

② 萧子显．南齐书·列传第二十一·武十七王传·晋安王子懋传．见百纳本二十四史．上海：商务印书馆，1936：710

③ 萧子显．南齐书·列传第五·柳世隆传．见百纳本二十四史．上海：商务印书馆，1936：451

④ 萧子显．南齐书·列传第四·王俭传．见百纳本二十四史．上海：商务印书馆，1936：436

⑤ 姚思廉．陈书·列传第二十一·江总传．见百纳本二十四史．上海：商务印书馆，1936：343

统完整的图书还为朝廷所掌握和垄断，朝臣无法或无力在市场上购买的图书，最后获取的办法之一便是向皇帝请赐。皇帝通过赐读的方式，既宣隆了自己的恩德，表现了朝廷对教育和文化的关注，又促进了由朝廷监修的图书的流通，起到了教化民众、统一思想的作用。朝廷藏书通过赐读的方式转化为官员的私家藏书，同时也就改变了"秘而不宣"的性质，有了公开借阅和复制的可能性，有了与市场接触，进入流通领域的可能性。

其二是由政府公布范本，告示天下，由需要者自行复制而达到文献传播的目的。这种赐读活动或者说是朝廷出面的图书推广形式东汉时曾大张旗鼓地进行过一次，那就是"熹平石经"的刻立。魏时，这种规范经典的方式被继承下来，黄初元年（公元220年），魏文帝曹丕曾诏令修葺遭董卓之乱而被毁坏的熹平石经，并增刻了《毛诗》和《郑氏尚书》两部石经，被称为"黄初石经"。魏明帝时刻立《典论》一字石经。魏正始年间，又刻立"正始石经"，所刻经书有《古文尚书》、《春秋》和部分《左传》（至庄公中叶止），因为这次刻经不像以往一样单纯采用隶书，而是每字皆以古文、小篆、隶书并写三遍，所以又称"三体石经"。正始石经是魏晋南北朝时期石经的代表作，共用石碑35块，每块碑高192厘米，宽96厘米，约14万7千字，通过它可一览文字演变过程和三种书体之范本，具有很高的艺术价值。这种以推广经典范本为目的的图书流通方式经济、便捷而高效，尤其适用于复制靠手抄、本本皆难同的写本书时代。石经对中国出版史的贡献是多方面的，首先石经所体现的按需复制思想，可以说是图书出版业的一个富有生命力的理念，至今仍有重要的现实意义。其次，石经出现后，人们为了快速复制石经文字，不断改进捶拓技术，最终导致了雕版印刷术的发明。

其三是行政推广。有时候朝廷为弥补社会保障系统的不足，解决一些现实的民生问题，表现出为百姓造福的姿态，也会组织编撰出版一些实用图书，并通过行政渠道推广下去，把"浩荡皇恩"送到千家万户。例如，北魏宣武帝为表现自己关心百姓疾苦，树立自己的威望，就采取了通过行政手段向民间发行实用医书，推广医药知识的举措。据《魏书·世宗纪》载：宣武帝为解决百姓看病难的问题，曾"更令有司，集诸医工，寻篇推简，务存精要，取三十余卷，以班九服，郡县备写，布下乡邑，使知救患之术耳。"[①] 在北魏宣武帝的责令下，相关机构牵头编撰内容精炼、篇幅适中的实用医书，各级政府层层组织抄写，免费向下传播，一直散发到广大乡村。这种行政指令下的图书发行的效果是十分明显的，对增加百姓的医疗知识，提高百姓防病治病的能力肯定会起到一定作用，的确也是一件造福民众的大好事，值得为后世所借鉴。

## 5 政府购求

魏晋南北朝时期，图书不仅自上而下流通，通过赐读、战乱等方式由朝廷流向民间，有时候也自下而上流通，通过政府购求的方式由民间流向朝廷。特别是在和平时期，为加强文治，营造出人心稳定、文化繁荣、天下承平的气象，不少朝代都采取了向民间征集图书的措施，以复兴图书事业，为文化教育的发展创造条件。如蜀国命秘书令多次向民间购求图书；梁武帝时下诏选陈农之才，补购国藏所缺图书；陈元帝时亦曾鸠集图书，考其篇目；北魏道武帝采纳博士李先的建议，"严制

---

① 魏收．魏书·帝纪第八·世宗宣武帝纪．见百纳本二十四史．上海：商务印书馆，1936：177

天下诸州郡县搜案备送"，"经籍稍集"①；北魏献文帝诏准秘书郎高谧的奏请，"广访群书，大加缮写"②；北魏宣武帝"诏重求遗书于天下"③。这种由政府发起的鸠集图书的活动，虽然有一定的行政强制性，但并非向民众强取豪夺，而是设法调动起多书之家忠君爱国的觉悟，以论质计价的方式加以收购，对此，《魏书·孝文帝纪》说得十分明白，北魏孝文帝曾于太和十九年（公元 495 年）"诏求天下遗书，秘阁所无、有裨益时用者加以优赏"④。由于政府征集图书都是有偿的，所以也可以看作是图书贸易、图书流通的一种特殊形式。

## 6　多方借读

魏晋南北朝时期，图书诚然已经有了设肆销售和流动贩卖这样的商业发行渠道，但由于这个时候造纸业的生产规模不可能很大，纸的价格不会像后世那么低廉。加上这一时期分裂的政权征战不断，社会生产力遭到破坏，人们的生活水平相对低下，即便有一定的发行渠道，大多数文人学士也没有足够的经济能力去购买需要的书籍。无力从正常的商业渠道得到图书，一些文人便开始想方设法通过其他的途径来获得图书，借读便成为图书流通的一种重要辅助途径。借读根据对象不同，可以分为很多种。

第一种是向政府借读。由于秘书监是当时政府最重要的编

---

①　魏收．魏书·列传第二十一·李先传．见百纳本二十四史．上海：商务印书馆，1936：789

②　魏收．魏书·列传第二十·高湖传附子谧传．见百纳本二十四史．上海：商务印书馆，1936：752

③　魏收．魏书·帝纪第八·世宗宣武帝纪．见百纳本二十四史．上海：商务印书馆，1936：209

④　魏收．魏书·帝纪第七下·高祖孝文帝纪．见百纳本二十四史．上海：商务印书馆，1936：177

书、出书、藏书的机构，是接触众书、研究学问的最佳所在，所以自认有资格的文士往往趋之若鹜，以期利用职务之便，求得读书治学的最佳环境。据《晋书·左思传》记载，左思欲作《三都赋》，"自以所见不博，求为秘书郎。"① 可见左思自荐做秘书郎，动机是想利用这个职位阅读秘阁的藏书。又据《梁书·张缵传》载，张缵"起家秘书郎，时年十七……缵好学，兄缅有书万余卷，昼夜披读，殆不辍手。秘书郎有四员，宋齐以来，为甲族起家之选，待次入补，其居职，例数十百日便迁任。缵固求不徙，欲遍观阁内图籍。尝执四部书目曰：'若读此毕，乃可言优仕矣。'"② 秘书监历来是储才之地，儒士由此入仕，升迁很快，然而张缵为了遍读秘阁藏书，宁愿请求留任秘书郎。也有直接向皇帝申请到秘阁观书的，如《梁书·江子一传》载：江子一"起家王国侍郎，奉朝请。启求观书秘阁，高祖许之。"③

第二种是借读于官办学校。当时有的官办学校学费很低或者几乎免费，学生只要能够自给自足就可入校学习，为了利用官办学校藏书较多的优势，好学之士不惜千里迢迢前往就学。如《晋书·祈嘉传》载：祈嘉"西至敦煌，依学官诵书。贫无衣食，为书生都养以自给。遂博通经传，精究大义。西游海渚，教授门生百余人。"④ "都养"是为众人烧饭的意思，祈嘉靠在学校里当厨工赢得读书的机会，完成了学业，令人起敬。此项记载还表明，当时不仅洛阳、建康这样的大都会设有书

---

① 房玄龄等．晋书·列传第六十二·文苑传·左思传．见百纳本二十四史．上海：商务印书馆，1936：2376

② 姚思廉．梁书·列传第二十八·张缅传付弟缵传．见百纳本二十四史．上海：商务印书馆，1936：493

③ 姚思廉．梁书·列传第三十七·江子一．见百纳本二十四史．上海：商务印书馆，1936：608

④ 房玄龄等．晋书·列传第六十四·隐逸传·祈嘉传．见百纳本二十四史．上海：商务印书馆，1936：2456

肆，藏书丰富，开办官学，位于丝绸之路上的敦煌等地也是文化教育繁盛之地，吸引着一些好学之士前往求学。

第三种是借读于寺院。魏晋南北朝时期，佛教兴盛，"南朝四百八十寺，多少楼台烟雨中"形象地描绘出当时寺庙之多。寺院通常设有藏经楼，藏书较多，是清静的读书之地。伟大的文艺理论家刘勰就是通过在寺院里苦读，完成了知识积累，写就了千古名著《文心雕龙》。据《梁书·刘勰传》载："勰早孤，笃志好学，家贫不婚娶，依沙门僧佑，与之居处。积十余年，遂博通经论。"[①] 刘勰在僧人朋友的帮助下，寄居寺院，寺院藏书为他研究文学理论提供了基本条件。

第四种是借读于师门。据《魏书·高允传》载："（高允）性好文学，担笈负书，千里就业。博通经史、天文、术数，尤好《春秋公羊》。"[②] 据《周书·樊深传》载："樊深，字文深，河东猗氏人也。早丧母，事继母甚谨。弱冠好学，负书从师于三河，讲习五经，昼夜不倦。"[③] 这种负书外出求师的行为，从两方面扩大了图书的传播：一方面很多人是为了借读师门的图书而求学，对师门藏书的阅读和复制，扩大了师门藏书的流通。另一方面既然是求师问学，各个求学者自然要携带必要的图书前往，这些图书汇聚师门，也有一定的数量和品种。大家同窗学习，彼此自然会交换阅读和复制各自所带的图书，又扩大了这批图书的流通。借读师门的例子还有很多，如《梁书·范缜传》载："缜少孤贫，事母孝谨。年未弱冠，闻沛国刘瓛聚众讲说，始往从之。卓越不群而勤学，瓛甚奇之，亲为

---

① 姚思廉. 梁书·列传第四十四·文学传下·刘勰传. 见百纳本二十四史. 上海：商务印书馆，1936：710

② 魏收. 魏书·列传第三十六·高允传. 见百纳本二十四史. 上海：商务印书馆，1936：1067

③ 令狐德棻等. 周书·列传第三十七·儒林传·樊深传. 见百纳本二十四史. 上海：商务印书馆，1936：811

之冠。在瓛门下积年，去来归家，恒芒𪨗布衣，徒行于路。瓛门多车马贵游，缜在其门，聊无耻愧。"①再如《北史·徐遵明传》："徐遵明，字子判，华阴人也。幼孤，好学。年十七，随乡人毛灵和等诣山东求学。至上党，乃师屯留王聪，受《毛诗》、《尚书》、《礼记》。一年，便辞聪，游燕、赵，师事张吾贵……又知阳平馆陶赵世业家有《服氏春秋》，是晋世永嘉旧写。遵明乃往读之，复经数载。"②徐遵明这种读书方式可谓逐书而学、转益多师，正是借读于师们的典型事例。

第五种是借读于藏书家。有的私人藏书家思想开通，认为藏书为用，对借读者不但不拒绝，有的还表示欢迎。据《三国志·向朗传》和《华阳国志》记载，三国时蜀国的丞相长史向朗是马谡的好朋友，马谡失街亭逃亡后，向朗因知情不报而获罪，被革职遣还成都。丢官后，向朗"优游无事，乃鸠合经籍，开门诱士，讲论古义，不预世务"。经过 20 年的积累，向朗"积聚篇卷，于时最多"，成为蜀地首屈一指的藏书家，更值得称道的是，他"精于校书，勘定谬误"，还"开门接宾，诱纳后进"，热心接待读者，向他们讲学传经。向朗这种"开门诱士"、"开门接宾"的精神在古代藏书家中是难能可贵的，可以说开创了私家藏书对公众开放的先例。向朗的做法受到了广泛欢迎，"上至执政，下及童冠"对其"皆敬重焉"③。据《南齐书·崔慰祖传》载：崔慰祖"好学，聚书至万卷。邻里年少好事者来从假借。日数十帙，慰祖亲自取与，未尝为

① 姚思廉．梁书·列传第四十二·儒林传·范缜传．见百纳本二十四史．上海：商务印书馆，1936：664
② 李延寿．北史··列传第六十九·儒林传上·徐遵明传．见百纳本二十四史．上海：商务印书馆，1936：2720
③ 陈寿．三国志·蜀书第十一·向朗传．见百纳本二十四史．上海：商务印书馆，1936：1010

辞。"① 崔慰祖藏书每天借出几十本，他都能耐心地亲自取与，精神实为可嘉。更有甚者，范蔚"家世好学，有书七千余卷。远近来读者，恒有百余人，蔚为办衣食"②。范蔚不但免费借读，而且提供衣食，其义举更加令人感动。具有开放藏书观的藏书家还有北魏的元晏、李彪等。元晏遇到"诸有假借，咸不逆其意"③。李彪的藏书也对人开放，北魏名臣甄琛就曾在他家中"假书研习，闻见益优"④。私人藏书家对家藏的慷慨外借，对图书的流通产生了积极作用。

第六种是游历借读。中国古人素来崇尚读万卷书、行万里路，京师是政治文化中心、人文荟萃之地，自然是游历借读的首选。据《陈书·贺德基传》载："德基少游学于京邑，积年不归，衣资罄乏，又耻服故弊，盛冬止衣袷襦袴。"⑤京邑一带藏书颇富，借读机会较多，贺德基宁愿缺衣少穿，寒冬无以避寒，也要留在那里借读。《南史·沈麟士传》载："麟士尝苦无书，因游都下，历观四部毕。"⑥《北史·李铉传》载：李铉"以乡里寡文籍，来游京师，读所未见书"⑦。《梁书·刘峻传》载：刘峻"齐永明中，从桑乾得还，自谓所见不博，更求

---

① 萧子显. 南齐书·列传第三十三·文学传·崔慰祖传. 见百纳本二十四史. 上海：商务印书馆，1936：901

② 房玄龄等. 晋书·列传第六十一·儒林传·范平传. 见百纳本二十四史. 上海：商务印书馆，1936：2347

③ 李延寿. 北史·列传第三·秦王翰传附仪弟阴平王烈传. 见百纳本二十四史. 上海：商务印书馆，1936：565

④ 魏收. 魏书·列传第五十六·甄琛列传. 见百纳本二十四史. 上海：商务印书馆，1936：1509

⑤ 姚思廉. 陈书·列传第二十七·儒林传·郑灼传附贺德基传. 见百纳本二十四史. 上海：商务印书馆，1936：442

⑥ 李延寿. 南史·列传第六十六·隐逸传下·沈麟士传. 见百纳本二十四史. 上海：商务印书馆，1936：1891

⑦ 李延寿. 北史·列传第六十九·儒林传上·李铉传. 见百纳本二十四史. 上海：商务印书馆，1936：2726

异书，闻京师有者，必往祈借，清河崔慰祖谓之‘书淫’”①。这些记载表明，到京师读书最为解渴，有过到京师借读经历的人更容易成才。到京师借读又有多种方式，《北史·刘昼传》说：刘昼"恨下里少坟籍，便杖策入都。知邺令宋世良家有书五千卷，乃求为其子博士。恣意披览，昼夜不息"②。他采取的方法是到官宦之家当家庭教师，这不失为一条聪明的途径。除了有目的地旅行到京师借读，也有无目的云游，随机借读的，如晋葛洪在《抱朴子·自叙》中说："累遭兵火，先人典籍荡尽。农隙之暇无所读，乃负笈徒步行借，又卒于一家少得全部之书。"③

## 7　前辈遗赠

藏书的代代相传也是图书流通的一种途径。魏晋南北朝时期图书的遗赠有两种方式，一种是血亲间的家传，这方面的例子不胜枚举，如魏晋间的范平是一位大藏书家，他将藏书传给孙子范蔚，范蔚拥书七千卷，但不护惜如秘物，而是开门供读，每天"远近来读者，恒有百余人"。南齐人褚湛之是个藏书家，他过世后，其子褚渊推财与弟，唯取书数千卷。另外一种是非血亲的师友间的传承。如汉魏之际的蔡邕为一代文宗，声名显赫，家富藏书。王粲是一个早慧少年，十几岁即有文名。有一次王粲登门拜访蔡邕，此时蔡家宾客满堂，年近六十的蔡邕听说王粲来到，竟"倒履迎之"，引得满座皆惊。蔡邕不仅当着众人之面称赞王粲，表示要培养他，还宣布"吾家书

①　姚思廉.梁书·列传第四十四·文学传下·刘峻传.见百纳本二十四史.上海：商务印书馆，1936：701

②　李延寿.北史·列传第六十九·儒林传上·刘昼传.见百纳本二十四史.上海：商务印书馆，1936：2729

③　李瑞良.中国古代图书流通史.上海：上海人民出版社，2000：138

籍文章，尽当与之"①。不久，蔡邕即把 6,000 卷藏书赠予年方十四五岁的王粲。王粲成人后，果不负厚望，经史皆通，博识多才，尤善诗赋，为"建安七子"之一。王粲对这批有特殊意义的藏书十分珍惜，不断扩大其数量，使之增至万卷。身后这批藏书又辗转传到宗亲王弼手中，王弼弱冠之年即为经学大师，名公巨卿都自叹弗如，究其渊源授受，这批书可以说是无言之师，发挥了很大作用。蔡邕藏书的流通可以说先靠师承后靠家传，培养出了王粲、王弼两大俊贤，还惠及了他们周围的士人，可谓物有所值。

效仿蔡邕，将藏书不传后人而传可造青年的还有南朝梁时的沈约，沈约十分欣赏王筠的才学，每读王筠的文章，"咨嗟吟咏，以为不逮也"，誉之为"当今王粲"，并向梁武帝推荐说："晚来名家，唯见王筠独步。"② 沈约多次对王筠讲："昔蔡伯喈见王仲宣称曰：'王公之孙也，吾家书籍，悉当相与。'仆虽不敏，请附斯言。"③ 以沈约之名位，自然不会口出虚言，很可能将藏书传给了王筠。梁时的藏书家刘显，藏书观也颇为通达，他经常以蔡邕赠书于王粲自比，身后果将大部分藏书传给了自己推重的孔奂。北周的徐勉也抱着类似的观念，将藏书不传子孙，而是传给了蔡大宝。

无论家传还是师友间的传承，都为图书的流通做出了贡献，特别是师承所表现出的开阔胸襟，尤其值得后人弘扬。

① 陈寿．三国志·魏书第二十一·王粲传．见百纳本二十四史．上海：商务印书馆，1936：597
② 姚思廉．梁书·列传第二十七·王筠传．见百纳本二十四史．上海：商务印书馆，1936：485
③ 姚思廉．梁书·列传第二十七·王筠传．见百纳本二十四史．上海：商务印书馆，1936：484

## 8  遣使报聘，民族交流

魏晋南北朝时期，中原各割据政权出于政治、经济利益的考虑，时而兵戎相见，时而又建交修好。同时，这个时期也是我国历史上的一次民族大融合时期，在中原地区以外的我国境内还有许多少数民族政权，它们都与中原地区不同程度地发生着贸易联系。不论是汉族政权之间，还是汉族政权与少数民族政权之间，经常以聘使贡献、奉使赠答的名义进行一些贸易往来，彼此交换方物、索求土产。

三国时期，魏的马，蜀的锦，吴的海产，都是三国之间经常交换的礼品。图书偶尔也作为外交礼品相送，如曹丕的《典论》写成后，自我感觉甚好，就以帛抄写一部送与吴主孙权，以纸抄写一部送给吴臣张昭。北魏孝文帝为了准确地搜求遗书，曾派人检查国藏的缺书情况，专门编制了一部《魏阙书目录》，有的放矢地向南齐借书。

自曹魏以后，西域和中原也经常通使报聘，保持密切联系，这种情况一直延续下来，即便在晋朝内地混乱之时亦未间断。到北魏孝文帝迁都洛阳后，中原与西域以朝贡和回赠形式开展的贸易活动更加频繁，双方的贸易关系达到兴盛时期，所谓"自魏德既广，西域东夷贡其珍物，充于王府"，"神龟、正光之际，府藏盈溢"①。汉文图书也成为中原与西域交易的对象，以北魏和平元年（公元 460 年）建立的高昌国（在今新疆吐鲁番）为例，据《魏书·高昌传》载：高昌王"自以边遐，不习典诰，求借五经、诸史，并请国子助教刘燮以为博

---

① 魏收·魏书·志第十五·食货志·见百纳本二十四史·上海：商务印书馆，1936：2858

士。肃宗许之"①。《梁书·高昌传》说：高昌国"国人言语与中国略同，有五经、历代史、诸子集"②。《周书·异域传》也说：高昌国"文字亦同华夏，兼用胡书，有《毛诗》、《论语》、《孝经》，置学官弟子，以相教授。虽习读之，而皆为胡语"③。可见在西域建立的一些少数民族政权向往汉民族文化，与中原王朝保持着紧密联系，不仅索借图书，有时还请求派学者前往讲学，其国人有较高的汉文化修养，可以阅读汉文图书，一些经典的汉文图书因为在这里有一定需求，都已流通入境。在政府交流之外，民间交流也比较活跃，尤其在佛经的东传方面，西域各民族贡献颇大。据《出三藏记集》载，曹魏时颖川人朱士行，以甘露五年（公元 259 年）出家学道于沙门，出塞西至于阗国，写得正品梵书胡本 90 章，60 万余言。太康三年，派遣弟子弗如檀，将写得的佛经送到洛阳。僧纯在龟兹得到《比丘尼戒本》，由昙摩侍等人将其译出。据《开元释教录》记载，道泰往葱西，获《毗婆沙》梵本及诸经论多种，后译出。昙无谶自西域至凉州，携有《大涅槃经》的前部《菩萨戒经》等，后译出。法献在于阗得梵本及佛牙，后由达摩摩提译出。还有文献表明，惠生与宋云往西域，采得经律 170 部。宝逻于北齐时经西域得梵本 260 部④。如果把佛经的东传比喻为江河的东流，那么印度就是源头，西域是上游，中原、朝鲜和日本是中下游，大多数佛经都是先传入西域，由原版的梵语翻译成所谓的"胡言"，再由少数民族的"胡言"

---

① 魏收．魏书·列传第八十九·高昌传．见百纳本二十四史．上海：商务印书馆，1936：2245

② 姚思廉．梁书·西北诸戎传·高昌传．见百纳本二十四史．上海：商务印书馆，1936：811

③ 令狐德棻等．周书·异域传下·高昌传．见百纳本二十四史．上海：商务印书馆，1936：915

④ 彭斐章．中外图书交流史．长沙：湖南教育出版社，1999：15

翻译成汉语。

南北朝初期，南朝的刘宋王朝与北凉政权和睦相处，多次互赠书籍。《宋书·氏胡传》载：宋元嘉三年（公元 426 年），"世子兴国遣使奉表，请《周易》及子集诸书，太祖并赐之，合四百七十五卷。蒙逊又就司徒王弘求《搜神记》，弘写与之"①。这一次是北凉提出请求，刘宋君臣慨然给以满足。北凉王沮渠蒙逊死后，其子沮渠茂虔继位，继续与宋修好，又有交换图书的记录。元嘉"十四年，茂虔奉表献方物，并献《周生子》十三卷，《时务论》十二卷，《三国总略》二十卷，《俗问》十一卷，《十三州志》十卷，《文检》六卷，《四科传》四卷、《敦煌实录》十卷，《凉书》十卷，《汉皇德传》二十五卷，《亡典》七卷，《魏驳》九卷，《谢艾集》八卷，《古今字》二卷，《乘丘先生》三卷，《周髀》一卷，《皇帝王历三合纪》一卷，《赵匪欠传》并《甲寅元历》一卷，《孔子赞》一卷，合一百五十四卷。茂虔又求晋、赵《起居注》诸杂书数十件，太祖赐之"②。这一次，北凉是先奉献后索取，双方互通有无，各有所得。

与三国时期有所不同的是，南北朝时期不但各个朝廷之间互派使臣，地方政府也可以派使出访，如东晋的陶侃曾遣使聘石勒。另外，在官派使者出访之时，不少官僚、贵族也派人随行，买卖商品，图书文化交流随之发展。《北齐书·崔暹传》载："魏、梁通和，要贵皆遣人随聘使交易，暹寄求佛经。梁武帝闻之，为缮写，以幡花赞呗送至馆焉。"③ 此时佛教盛行，

---

① 沈约. 宋书·氏胡传·胡大且渠蒙逊传. 见百纳本二十四史. 上海：商务印书馆, 1936：2415

② 沈约. 宋书·氏胡传·胡大且渠蒙逊传. 见百纳本二十四史. 上海：商务印书馆, 1936：2416

③ 李百药. 北齐书·列传第二十二·崔暹传. 见百纳本二十四史. 405 上海：商务印书馆, 1936：

南北统治者不约而同笃信佛教，因同气相应而互赠佛经之事屡见不鲜。大同六年（540），梁武帝还赠与西部少数民族政权吐谷浑佛经一百零三卷①。

这个时期，中原与西域各民族的密切交流还造就了一批跨文化的西域商人，他们不仅精通汉语，部分人还进入了汉族政权的主流社会。北齐境内就有不少西域商人定居，有的求仕上进，成为炙手可热的大僚，如幸臣和士开，"其先西域商胡，本姓素和氏"②。齐宗室高思好起兵反高纬时，在给并州贵族的书信中写道："商胡丑类，擅权帷幄，剥削生灵，劫掠朝市。"③ 可见西域商人太多，在部分汉人眼里已经被看成了祸患。跨文化商人的增多是跨文化交流的结果，而跨文化交流离不开书本知识的学习和传播，离不开图书的跨民族、跨文化流通。

魏晋南北朝时期遣使报聘相当频繁，民族交流十分广泛，以上事例只能窥见当时图书跨疆界、跨民族、跨文化流通状况之一斑，全面的情况应更为可观。值得注意的是，在南北朝时期，商人随使出访蔚为风气，经营图书的行商会不会攀附或贿赂使臣，以求得随使出访的机会，把走私贩卖图书和求购图书的活动合法化，降低销售成本，谋取更大利润，这也不是不可能的。

以上是图书在华夏境内常规的流通方式。另外，由于魏晋南北朝的时代特点是烽火连绵、和战无常、社会动荡，实际上还存在一些非常规的图书流通方式，那就是战争劫掠、赌博和

---

① 傅璇琮，谢灼华．中国藏书通史．宁波：宁波出版社，2001：116
② 李百药．北齐书·列传第四十二·恩幸传·和士开传．见百衲本二十四史．上海：商务印书馆，1936：686
③ 李百药．北齐书·列传第六·上洛王思宗传附弟思好传．见百衲本二十四史．上海：商务印书馆，1936：185

偷盗。战争劫掠有两种形式，一种是交战者一方有计划地在战争中劫掠对方的藏书，劫掠图书是战争政策的一部分。如建安三年（公元198年），曹操破吕布，令官军收缴战利品，"使取布军中物，唯其所欲。众人皆重载，唯涣取书数百卷，资粮而已"①。建安五年（公元200年），曹操在官渡之战打败袁绍，"尽收其辎重图书珍宝"②。太康元年（公元280年），西晋将领王浚率军进入吴国都城建业后，"搜其图籍，封其府库"③。晋安帝义熙十三年（公元417年），刘裕北伐姚秦，进入长安后，"收其图籍，五经子史，才四千卷"，这些图书"皆赤轴青纸，文字古拙"，刘裕将其全部运到了建康④。萧衍在平东昏侯后，"命吕僧珍勒兵封府库及图籍"⑤。另一种是战争中爱好藏书的官兵乘战乱之机私自劫掠图书，据为己有，这种行为既没有得到上级明许也没有得到禁止。如晋人应詹与陶侃在长沙打败了杜弢，杜弢库中金宝溢目，而"詹一无所取，唯收图书，莫不叹之"⑥。北齐人辛术"虽在戎族，手不释卷"，"及向定淮南，凡诸资物一毫无犯，唯大收典籍，多是宋、齐、梁时佳本，鸠集万余卷，并顾、陆之徒名画，二王以下法书数亦不少，俱不上王府，唯入私门"⑦。赌博和偷盗是更离奇的图

①　陈寿．三国志·魏书第十一·袁涣传．见百纳本二十四史．上海：商务印书馆，1936：333
②　陈寿．三国志·魏书第一·武帝纪．见百纳本二十四史．上海：商务印书馆，1936：21
③　房玄龄等．晋书·列传第十二·王濬传．见百纳本二十四史．上海：商务印书馆，1936：1210
④　魏徵等．隋书·列传第十四·牛弘传．见百纳本二十四史．上海：商务印书馆，1936：1299
⑤　姚思廉．梁书·本纪第一·武帝纪上．见百纳本二十四史．上海：商务印书馆，1936：13
⑥　房玄龄等．晋书·列传四十·应詹传．见百纳本二十四史．上海：商务印书馆，1936：1258
⑦　李百药．北齐书·列传第三十·辛术传．见百纳本二十四史．上海：商务印书馆，1936：503

书流通方式，也有一些事例。如东魏的中书监高澄把好不容易抄来的《华林遍略》交给秘书丞祖珽保管，谁知祖珽虽有才华，却不走正道，"以《遍略》数帙，质钱樗蒲，文襄仗之四十"。樗蒲是一种赌博游戏，祖珽竟然拿珍贵的图书作为赌资，事发后被打了 40 大板。北齐初年，祖珽借政权更替之机，竟"又盗官《遍略》一部"，"盗元康家书数千卷"①。

---

① 李百药．北齐书·列传第三十一·祖珽传．见百纳本二十四史．上海：商务印书馆，1936：515

# 从语言学和术语学角度
# 剖析"编辑"概念[*]

　　概念是思维的基本单位,是理论的种子和支点。尤其是那些核心概念,是建设理论大厦的基石,其平稳与否,决定着理论大厦是高耸云天,撼之难矣;还是摇摇欲坠,危机四伏。它还像路标一样,规定着学科建设的方向。正因为概念的作用如此重要,所以在十几年前,当编辑学刚刚诞生之时,关于"编辑"的概念之争就开始了。几经争鸣商榷,现在学界多少达成了一些共识:比如专业用语中的"编辑"与日常用语中的"编辑"不可等而言之,作为专业术语的"编辑"与编著合一时代的"编辑"亦有区别。然而在实际理论研究中,仍有人不断地犯将上述两对"编辑"混淆莫辨的错误。这表明,所谓的共识仍然是脆弱的、不广泛的,那种笼统的"逻辑与历史相统一"的词源梳理和分析方法不足以使"编辑"的真义彻底地水落石出,厘清"编辑"概念必须更广泛地借助其他学

---

　　[*] 原载《编辑之友》1998 年第 1 期

科的成熟理论来进行。我们不妨拿起语言学和术语学的"手术刀",以期更清晰地剖析"编辑"概念的结构,暴露出其"合理内核"。

## 一、从语言学角度剖析"编辑"概念

语言学的研究范围十分广泛,对分析概念至关重要的是它关于能指与所指的内容。文学界和哲学界研究概念,一般都吸收语言学的成果,以分析概念的能指、所指为起点。编辑学界对"编辑"概念的讨论,自始至今没有重视能指、所指理论,是一个失误,是既多费口舌,又后遗症颇多、说服力不强的重要原因,理应补上这一课。

第一,应分清"编辑"的能指与所指。

按照语言学的观点,任何概念都可分为能指和所指两部分,是能指、所指的统一体。能指、所指的提出者、天才的语言学家索绪尔(F·deSaussure)认为:能指是一个概念在人们头脑中的音响形象和心理印象,所指是一个概念的实际内涵[①]。换句话也可以说,能指是概念的形式,所指是概念的内容。对于"编辑"这个概念来说,它的写法和发音是其能指,它所表达的内容是其所指。分清"编辑"的能指和所指,乍一看并不能解决任何问题,但却为廓清"编辑"概念的古今差别埋下了伏笔。

第二,应知道能指的相对稳定与所指的变动更新是造成"编辑"概念理解混乱的根源。

根据索绪尔的观点,语言是一个结构复杂的稳定系统,它一经产生,便具有制度般的强制性,代代相沿下去。由于语言

---

① 费尔迪南·德·索绪尔. 普通语言学教程. 北京：商务印书馆, 1982

系统的性质太复杂以及社会集体惰性对一切语言创新的抗拒，能指具有持久的稳定性，纵使变化也是极其缓慢微弱的。而所指则会随着时间的推移，发生较大的变化。能指、所指变化的不同步，使两者的原有关系不断地发生错位转移，共同促成了语言的历史性变化。

以上论述对我们理解"编辑"的古今差别极其重要，极有帮助。根据专家考证，"编辑"一词至迟在唐代就已出现。在迄今一千多年的演变中，它的能指只有微小的变化，比如从繁体演变为简体，在读音上今古亦略有差异等。但所指则经历了较大变化，在古代汉语中，"编辑"与"编集"、"编纂"是同义词，可以互训，古汉语工具书《辞源》将"编辑"解释为"搜集材料，以编成书"。在现代，"编辑"是一种职业化活动，比较具有现代感的《辞海》将其解释为："指新闻出版机构从事组织、审读、编选、加工、整理稿件等工作，是定稿前的重要环节"①。懂得了能指和所指的各自变化特点及它们不断转移的相互关系，反过来再看一些人在"编辑"概念理解上的错误，就会有一种恍然大悟、轻松抓住其实质的感觉。例如，为什么有些人仍然坚持抱着《辞源》的解释不放，顽固地将其应用到当代的编辑学理论研究中呢？其根本症结在于只看到编辑能指的相对稳定，而看不到所指的时代性变化。误认为能指古今不变，所指亦应不变，亦应坚持古代的标准。这实际是把"编辑"陈旧过时的能指、所指关系照搬到了当代，来代替现实的新型的能指、所指关系。这显然是违背语言学原理的，因而也是根本错误的。

---

① 刘光裕，王华良．编辑学理论研究．济南：山东教育出版社，1995 年：32

## 二、从术语学角度剖析编辑概念

术语学是介于自然科学与语言学、词汇学以及逻辑学等之间的边缘性学科。所谓术语，加拿大术语学家 G·隆多（Guy-Rondeau）认为，"在本质上就是索绪尔所定义的语言符号——由能指和所指组成的语言统一体"①。从术语学的角度看，"编辑"也是一个术语。因而术语学的理论和观点对我们分析理解"编辑"概念是大有裨益的。

第一，有助于我们进一步认识到用词源学方法探讨编辑概念的局限性。

我们过去在探讨编辑概念时，常用的方法是首先从古籍中寻找出包含"编辑"二字的句子，仔细推敲"编辑"在上下文中的含义。然后把有代表性的唐、宋、明、清等历代的"编辑"的含义排比出来，从而归纳总结出古今变化趋势，推断今天应该赋予其何种新的涵义。这种方法是词源学的方法，也是概念辨析的常规方法。但是按照术语学的规点，这种方法只具有辅助作用，是第二位的。术语学的基本原理是所指先于能指，也就是说，我们今天之所以讨论"编辑"，不是先验地拿着"编辑"这个名称去寻找跟它相适应的实践活动，恰恰相反，是为了给我们叫作"编辑"的这种实践活动寻找名称，至于这个名称，可以选择"编辑"，也可以另选。那么为什么就选择了"编辑"呢？是因为我们今天叫作"编辑"的这种实践活动跟古人叫作"编辑"的那种实践活动有某种渊源关系，现代人在文化惯性的推动下沿用了这一现成的名称。打个形象的比喻，这就好像是某家生了孩子，懒得给他起名，最后

---

① G·隆多.术语学概论.北京：科学出版社，1985：19

干脆让他叫了他父亲的名字。词源学的方法只能考证出同名的是父子，有亲缘关系，但在揭示作为独立的两个人的父与子的各自的本质和特点方面却是无能为力的。

术语学认为，词源学的路径是从能指到所指，跟自己的路径是截然相反的。在概念确立问题上，词源学方法起不了根本作用，最根本、最核心的是由实而求名，由对客观事物实质的准确把握而给它下定义。术语学的这个原理，比索绪尔的能指、所指关系转移说，更明确、更彻底地指出了词源学方法的不足，为我们解放思想，摆脱历史文化传统的束缚，从实际出发给编辑下定义扫除了思想障碍。

第二，有助于我们认清当前"编辑"概念理解混乱的主要原因。

"编辑"概念从术语学的角度看是一个"意义新词"，它"把一个现有的能指和一个新的所指联系在一起"[①]。这个所指本身虽然并不是新的，但由于还没有被正式确定下来，因而仍被看作是新的。由于采用了现有的能指，"编辑"暂时在理解上产生混乱就是不可避免的。原因主要有三个方面。第一，对词源的迷恋导致歧义。中国是有数千年历史文化积淀的文明古国，中华民族是最有历史感的民族，"编辑"这一能指在中国已使用了千余年，人们很难割舍对它的旧有的所指的记忆和感情。而这种心理，对确认和推广"编辑"新的所指极为不利，堪称一道障碍。正如 G·隆多所言："当词源标准运用到从普通语言学中引出的语义关系上时，反而有害。因为它有可能把新术语所要表达的概念与毫不相干的联想纠缠在一起。"[②] 第二，普通语言和专业语言客观上的互渗导致歧义。在术语学家构想绘制的术语区域图中，"编辑"这类"意义新词"既属于

---

① G·隆多. 术语学概论. 北京：科学出版社，1985：120
② G·隆多. 术语学概论. 北京：科学出版社，1985：128

"普通语言区"，又属于"专业语言区"。两区彼此互渗，之间的界限很难找到有效的方法加以划定，专业人员总是受到普通语言的干扰，造成理解差异。第三，一种语言中的词的数量总是有限的，所以一些词可以担负多重职责，这也是造成"编辑"理解多元化的原因之一。例如"编辑"一词不仅出现在普通语言中和编辑学、出版学中，还广泛用于新闻学、传播学以及计算机应用软件中，人们赋予它的所指是各不相同的。

第三，为我们评价"编辑学"这个术语提供了一套现成的标准。

怎样评判一个新术语的科学性，或者说怎样鉴定一个新术语的质量。术语学研究给出了一套包括三组的标准。第一组是语言学方面的标准，包括概念的单一性、简洁性、符合语言规则、词源、可派生性、读音与拼写的性质。第二组是社会语言学方面的标准，包括满足某种需要、美学价值、语言水平、相对的困难性、符合语言政策。第三组是方法方面的标准，包括向专家咨询、仿照现存形式、借助本族语的古语词、集中概念、缩略形式。这套标准对于我们考察"编辑学"这个术语的提法妥当与否很有价值。因为按照国内学者的一般看法，编辑学首创于中国，中国学者首先提出了"编辑学"术语及概念，林穗芳先生提出的 Redactology 甚至可作为"编辑学"的国际通用术语。那么是否如此，该术语的合理性体现在哪里，术语学的上述标准正是我们进行科学评判的依据。另外，术语学中关于双语术语学和比较术语学的精细研究和见解，对于我们探讨"编辑"和"编辑学"的国际差异也很有指导意义。

## 三、余论

当然，方法的跨学科移植应用是一项十分复杂的工作，不可能在一篇文章里全面展开。本文只就笔者所认为的对当前的"编辑"概念研究最有借鉴意义的语言学和术语学知识作了大略介绍，目的在于使我们更清楚地认识到一些错误观点的性质，巩固现有的成果，并为下一步的研究提供新武器和寻找突破口。至于"编辑"的定义怎样才算科学，怎样才能在更大的程度上达成共识，笔者愿意在另外的文章中作出回答。但有两点我认为是清楚的。其一，"编辑"概念的所指肯定要建立在现实的编辑实践的基础上，一切不合实际的对旧的"编辑"所指的因袭剽窃的做法都是徒劳无益的、没有价值的。这是用语言学和术语学方法对"编辑"概念解剖过后，展示给我们的最大秘密。其二，编辑概念只能在讨论中不断完善，但要一蹴而就，在短时间内达到理想化的绝对科学的程度只能是一个幻想。恩格斯曾经指出："一个事物的概念和它的现实，就像两条渐近线一样，一齐向前延伸，彼此不断接近，但是永远不会相交。"① 只有切记以上两点，我们才可能有一个不泥古的、不钻牛角尖的清新的头脑，才能更客观、更实事求是地研究"编辑"概念。

---

① 张学忠. 公务员综合知识. 北京：中国林业出版社，1997：23

# 出版学与编辑学的兴起及二者关系

　　对人类文明起着重要建设作用的出版活动、编辑工作有悠久的历史，然而将它们作为对象来深入研究的出版学和编辑学却是世界范围内的新兴学科。出版理论，英国、美国、前苏联等发达国家自本世纪初以来都有所探索，而"出版学"一词却由日本学者于1969年首先提出，"编辑学"一词则是四十年代末中国学者的发明。

　　由于国外有出版学而未正式提出研究编辑学，所以出版学和编辑学的关系问题尚不突出。中国是明确地将出版学研究和编辑学研究并举，所以自这两门学科的研究开展伊始，便面临着怎样处理彼此的关系的问题。在80年代前期，编辑学被定位于是出版学的一个分支。可是到了80年代后期，编辑学的势力壮大、异军突起，使其不再满足于早先的定位，一种要求独立的呼声渐趋响亮。

　　对出版学与编辑学的关系进行全面深入的辨析、讨论日显必要和迫切。人们用形象的语言追问：出版学和编辑学是父子？是兄弟？是亲兄弟、堂兄弟，还是表兄弟？是你是你，我是我，还是你我不分？

然而希望听到回答的多，愿意且能够回答的少。迄今已发表的正面的答复只有王振铎先生的《编辑、出版与编辑学、出版学》和邵益文先生的《论编辑学与出版学、传播学的关系》。

为了将对此问题的讨论引向深入，笔者不揣浅陋，在此呈上第三份答卷。本文的叙述和展开策略是，先刨根溯源，回顾出版学、编辑学兴起的历史，找出两门学科关系变化的线索，再集中论证笔者的观点：编辑学是出版学的一个分支。最后对中国出版学、编辑学的发展趋势作一预测。

希望本文的完成能达到两个目的，一是在出版学和编辑学的关系问题上拿出让人信服的观点，对未来这两门学科的建设和教育改革能产生一定影响。二是理出出版学和编辑学的学科发展史，当前有人研究出版史和编辑史，两门学科的学科史还鲜有人系统总结，本文尝试描出一幅出版学、编辑学发展壮大的路线图。

# 1 出版学是世界范围内的新兴学科

## 1.1 姗姗来迟的出版学

出版活动古已有之，尽管关于它的确切起源学界仍在争论不已。有人认为，出版与文字同源。如彭建炎先生在他的《出版学概论》中明确提出："从人类结束'口耳相传'的时代进入有文字的文明时代，最初也是最原始的出版活动（书写、刻写文字于一定载体上）就伴随着发生了。"[1] 有人认为，出版与书籍同源。如王余光先生说："我国在公元前 8 世纪以前就已有了简册书籍，而我国的出版事业也应当是发生于此时。"[2] 还有人认为，出版源于书籍的商业性复制，即必须满足编辑、印刷、发行三个条件。那么根据直接的文献材料，我国的出版活动最迟始于已出现了"书肆"、"槐市"的西汉。如果以秦始皇焚书时民间已有大量图书的事实来推理，出版则可能始于公元前3世纪的秦朝。"从《大不列颠百科全书》等提供的史料来看，世界商业性的书籍复制也大致起始于公元前3世纪。"[3]

即便按照上述第三种说法，出版活动也已有了2，000年左右的历史。在这2，000年间，出版为人类文明的建设作出了突出贡献，出版者在人类文明的发展过程中扮演了重要角色。法国的文学社会学家埃斯卡皮形象地说："我们无论从哪个角度看，都可以把出版者的作用比作助产士的作用。"[4]他还进一步把出版者比作产前顾问、法官、保健医生、教师、裁缝、指导者等。这些比喻从不同角度肯定了出版者的作用和价值，同时也是对出版活动的高度评价和礼赞。特别是他把出版者比作助产士的比喻，尤其能够引起人们的共鸣。试想，出版不就是把作者孕育的精神婴儿，小心而激动地接生下来，洗浴干净，包上崭新漂亮的褓褓，然后劝导读者去领养吗？

然而就是这样一种古老而神圣的事业，却在漫长的岁月里，长期缺乏一种使自身的工作理论化、体系化的自觉动机。无论是造纸术、印刷术的故乡中国，铅活字印刷机的故乡德国，百科全书的故乡法国，纸莎草纸的故乡埃及，还是近现代出版业发达的英国、美国……这些国家的出版界，不知为人类文明贡献出了多少千秋典籍，为人类知识的增长，以书籍这"文明之砖"构建了多少新学科的大厦。可是据日本学者清水英夫教授的考证，在20世纪70年代以前，在世界各国推出的数不胜数的图书中，却没有名为"出版学"的，在那些装帧精美、卷帙浩繁、洋洋千万言的百科全书和学科辞典中，却没有"出版学"、"编辑学"这样的条目。如此的情形正像一位粗心的户籍警，他填写并管理了成千上万张户籍卡片，而唯独忘了填上自己的那一张。

难道出版活动不值得抽象为学吗？不是的。正如刘国钧先生在论证研究图书馆学的必要性时所言，一草一木，一蚯蚓、一昆虫皆可成为研究对象，更何况图书馆这么大的机构呢？[5] 同理，为人类文明作出重大贡献的出版机构、出版活动又焉能没有研究的必要呢？出版学是客观存在的，它只是由于种种原因被忽视了，其知识单元还处在分散状态，尚没有被有效地集成。例如，中国古人在图书的序言、跋文、题记等辅文中，都曾有关于出版的见解。作为出版的重要一翼的印刷技术，各国自古也都给予了充分重视。出版学只是缺乏一个被激发的机缘，它在等待着一个契机，等待着被赋予一个名号，然后便融汇旧识新知，跻身于现代学科之林。

1926 年是值得纪念的一年。这一年，英国出版商斯坦利·昂温冲破保守商业秘密的障碍，出版了《The Truth about Publishing》（直译《出版的真谛》）一书。该书一改以往学者写图书史捎带讲解出版知识的陈规，专门围绕出版社的出版业务来畅谈经验，坦陈己见。

在现代科学的地平线上，出版学现出了它将喷薄而出的曙光。

## 1.2　出版学在国外的兴起

据文献调查，标志着出版学在国外兴起的代表性国家的典型著作和事件如下：

### 1.2.1　英国

英国出版研究的兴起以 1926 年斯坦利·昂温的《The Truth about Publishing》（我国译为《出版概论》）的出版为标志[6]。该书在牢记"出版社的商业性质"的前提下，按照出版流程，系统总结了出版业务的各个方面，提出了许多真知灼见。作者自称写作本书的初衷，一方面是"去掉出版的神秘感"，方便读者了解出版社，同情出版社，给出版社投稿或进身出版社；另一方面是总结经验，期望对出版工作有指导作用。该书没有冠以"出版学"之名，但由于它卓有成效地将出版业务理论化、体系化，而广获好评，被誉为出版"圣经"。该书一版再版，长盛不衰，1982年已出第8版，被翻译为14种文字。鉴于作者的不朽贡献，50年代英国女王晋封其为爵士。在英国，人们亲切地尊称斯坦利·昂温为出版界的"老祖宗"。

### 1.2.2　美国

美国对出版工作的研究，到70年代方蔚然兴起，出现了一批奠基性著作。其中具有国际影响、亦被我国翻译出版的有两部。一部是1970年在美国初版的小赫伯特·S·贝利著的《图书出版的艺术与科学》（《The Art and Science of Book Publishing》）[7]。该书是作者在担任了15年的普林斯顿大学出版社的社长之后的经验总结之作。书中集中地分析出版管理问题：组织、信息交流、外部和内部关系、决策的类型、工作流程、人事、财务、计划、新技术等。精彩之处在于为图书定价、广告预算、再版和其他方面的决策，提供了公式和方法。附录有生产过程中的表格、进度表和其他技术资料。该书被《出版商周刊》评为"是关于图书出版工艺的必不可少的论著"，在美国广受欢迎，直到80年代，还是出版界培训新职员的指定参考书。另一部是80年代由J·P·德索尔著的《出版学概说》（《Book Publishing：What It Is，What It Does》，直译是《图书出版：它是什么，干什么》）[8]。该书详细地考察了美国出版业的发展历史，并在广阔的文化背景下透视了书籍生产的诸多因素与文化发展的紧密关系。与此同时，作者还以详细的材料论述了图书出版、销售、贮存和发运等一系列具体问题。此外，对于出版社的经营管理也作了深入的经验总结。作者让人敬佩的卓见在于，他十分重视出版的工业特性，他认为出版作为工业主要面临三个问题：减少生产过剩、采用标准化生产和建立一个有效的发行系统。而解决这些问题非任何单个出版社力所能及，需要各出版团体改变各自为阵、以邻为壑而产生的障碍，来共同努力。

除了以上两书，没有译成中文但值得一提的美国出版研究方面的著作还有：《图书出版中发生了什么》（《What Happens in Book Publishing》，1967）、《出版：创造性商业》（《Publishing：The Creative Business》，1973）、《出版的前景》（《Perspectives on Publishing》，1976）、《出版内情》（《Inside Publishing》，1982）等。

### 1.2.3　前苏联

我国在新中国成立后，在出版体制方面大体上模仿苏联模式，当然也十分重视引进苏联在出版研究方面的成果。1956年，中国人民大学出版社曾翻译出版了倍林斯基教授编的《书刊编辑学教学大纲》。但是后来大部分学者认为，该书书名的译法不够准确，直译应为《书刊编辑课教学大纲》。尽管在50年代，苏联的出版学校里就开有"编辑理论与实践"、"出版概论"之类的课程，可是从来没有正式使用过"编辑学"、"出版学"这样的名称[9]。

1988年，为编辑"出版知识译丛"，我国的出版科研机构调研、检索苏联在出版方面的研究成果，最后选中了伏尤科娃的《八十五次喜与忧》。该书内容为一个老编辑对献身出版事业的甘苦生涯的回味与反思，并非理论性很强的著作。

由以上事例可以得出，苏联的出版学研究虽然有所进展、有所成就，然而还谈不上深入，没有产生比较成熟的理论著作。

## 1.2.4　日本

日本研究出版学的思想酝酿于 1967 年前后。1967 年夏清水英夫教授曾为书评杂志《读书人》撰写《建立出版学的可能性与必要性》一文，发出倡导出版学研究的先声。1969 年 3 月，日本出版学会的成立标志着出版学正式在日本兴起。首届学会副会长寿岳文章教授提议把"出版学"英译为 Editology，作为国际学术用语。首届学会会长清水英夫教授 1972 年出版的《现代出版学》代表了日本出版学研究的层次和水平，集中反映了日本学者关于出版学的见解。

日本的出版学创建者认为自己也是世界出版学的先行者，因为到 1969 年，"当时在日本及世界其他国家，都尚未出现一本关于'出版'的学术性专著。"[10]

以上四个国家的出版学研究开展得较早，成就较大，产生了一定国际影响，有一定代表性。其他国家完全不开展出版学方面的研究是不可能的，不过因为不成规模和气候，暂还没有引起国际出版界的广泛重视。

分析四国出版学的特点，大致可归为两类。

一类是有实无名。如英国、美国、前苏联的出版研究，虽然抽象不够，偏重于实践性内容，但有一定理论性，初具学科特征，这是"实"的体现。"无名"体现在研究者构造理论体系、创建学说的愿望不明确、不热切，甚至没有正式提出"出版学"这个概念。美国的《图书出版的艺术与科学》好像提出了"出版学"，但其拼法"The Science of Publishing"，只是一个倒装词组，并非专有名词，作者是从日常的不正式的角度来使用它。而且在正文中，作者再也没有提到过"出版科学"这个词，更没有研究"出版科学"的定义、研究对象、基本内容等开创一门学科所必须涉及的问题，所以美国的出版学亦应算作无名的出版学。

另一类是名实兼备。四国中只有日本的出版学做到了这一点。不仅正式打出了"出版学"的旗帜，创办了专业学会，而且在首部尝试性的专著《现代出版学》中，是以创建现代学科的方法构建理论体系，组织内容。

如果以名实兼备为标准来判定出版学的开端，那么确如日本学者所见，应该从 1969 年 3 月日本出版学会成立算起。当前我国学者一般也都是以此为起点来计算出版学的发展史的。

## 1.3　对国外出版学的基本评价：重工艺轻理论

自明清之际西学东渐以来，我国现代意义上的学科基本上都是在引介、改造西学的基础上建立起来的，不是在内容上就是在形式上受到西方的影响。所以当我们开展"出版学"这样的新学科研究时，自然而然地要到西学中去寻找类似物、参照物。这种心理和做法现在已鲜有人将其简单地指责为崇洋情结，而被视之为见贤思齐、少走弯路的学术常规。前面提到的那些著作，都是西学中关于出版学的宝典，是可以"拿来"攻玉的他山之石。

但是在读这些外来的经卷的时候，我们不应抱着盲目的心态，而应该对其基本品质有个鉴定，以便知其优劣，更好地为我所用，最终捧上自己的真经。

笔者认为，对西方出版学的鉴定结果可用一句话来概括：重工艺轻理论。得出如此结论的根据是：

### 1.3.1　研究者刻意追求著作的工艺性、实用性

虽然我们认为西方的出版学存在着有名无实的缺憾，但是如果我们把这一点告诉给那些研究者，也就是那些书的作者们的话，他们本人很可能并不引以为憾，产生任何后悔和修改的念头。原因在于我们因冲淡理论性的缘故而指责的实用性，恰

恰是他们所刻意追求的。小赫伯特·S·贝利仅仅因为在他的《出版的艺术与科学》中"杜撰"了一些稍微抽象的概念，便感到不安，怕引起读者的迷惑，而在该书的"前言"中强调："这里出现的概念，虽然在许多方面涉及普遍的实践，但并不是试图用这些概念去解释那些在出版中被广泛地运用的东西。它们被用于集中地分析管理问题：……"。"我希望这本书对其他人，像对我写这本书一样，将是有用的。"他对实用性的追求可见一斑。

《出版概论》的作者斯坦利·昂温和他的作为修订者的后人们，也对该书公布"行之有效的细节"和"提供有用的学问"而深感光荣，他们对"本书是一种哲学与常识间本质的结合"而感到满意[11]。

无论是斯坦利·昂温，还是小赫伯特·S·贝利以及其他西方早期出版学的奠基人，他们的著作"主要是以出版商个人，站在投资于此，由自己做主、作出所有主要决定的立场上而写出来的。"[12]而不是站在学者的立场上写出来的。他们好为人师，意在全盘托出出版的奥秘，热情地教你如何运作一个出版社，而不是像学者那样站在界外，冷静地审视和解剖出版社，总结出一二三来。对理论性的追求既非他们所愿又非他们所长，探讨致用之策才更能凸现他们作为实干出版家的风采。

### 1.3.2　重工艺轻理论的倾向也表现在百科全书的相关条目中

在笔者所见的西方著名百科全书的最新版本中，如《新不列颠百科全书》[13]（第15版，1983）、《美国百科全书》（国际版，1988）中[14]，都只能找到综述出版发展史的"出版"或"图书，出版史"条目而找不到学术性的"出版学"条目。"出版"和"图书，出版史"条目均是长达36页和21页的大条目，都用相当大的篇幅叙述出版的流程、销售的方式等，《美国百科全书》还形象地画出了一个出版人在出版活动的各个环节工作情形的流程图。但是对出版方面的科研和教育都只字未提。

以上百科全书的情况消除了我们因为缺乏充足的具体材料而害怕对西方出版学评价不公的担心。百科全书是一国学术文化成就的综合反映，它们在相关条目中对"出版工艺"及"出版学"反差明显的处理方式，增强了我们对西方出版学"重工艺轻理论"的评判的信心。

### 1.3.3 以应用为中心的出版教育是重工艺轻理论的又一种表现

我国在 1988 年底曾对国外的出版高等教育进行了一次全面摸底调查，调查结果表明，西方的出版教育是以岗前培训为主的职业教育，教育的层次和水平不高。下面列表介绍西方出版教育"最发达"的英美的情况。

**表 1 英国的出版教育（1988）**[15]

| 学　校 | 专　业 | 办学形式 | 学　制 |
| --- | --- | --- | --- |
| 牛津大学 | 出版专业 | 全日制 | 3 年 |
| | | 非全日制 | 7 年 |
| 剑桥大学 | | 全日制 | 1 年 |
| 图书出版社培训中心 | 出版专业 | 日间培训班 | |
| | | 夜间培训班 | |
| 昂温基金会 | | 联合培训班 | |

**表 2 美国的出版教育（1988）**[16]

| 办学形式及层次 | 院　校 | 院校数目 |
| --- | --- | --- |
| 研究生 | 丹佛大学 | |
| | 锡拉丘兹大学 | |
| | 纽约大学 | 4 |
| | 佩斯大学 | |

| 办学形式及层次 | 院　校 | 院校数目 |
|---|---|---|
| 本科生 | 锡拉丘兹大学<br>乔治·华盛顿大学<br>佩斯大学 | 3 |
| 选修课 | 伊莫利大学<br>俄亥俄大学 | 2 |
| 培训班 | 哈佛大学<br>斯坦福大学<br>丹佛大学<br>纽约大学<br>哥伦比亚大学 | 5 |
| 夜校 | 芝加哥大学<br>加州大学<br>纽约市立大学 | 3 |
| 不明 | 利兹大学<br>皇后学院 | 2 |

由表 1、表 2 可见，所谓西方的出版高等教育，其主流无非是挂靠大学办培训班、夜校而已。尽管有个别大学，如纽约大学，培养出版专业硕士，可这在博士学位满天飞的美国，实在是微不足道。在那些举世闻名的研究型大学——牛津、剑桥、哈佛、斯坦福、哥伦比亚，出版专业要么学制不满 4 年，要么是非全日制，要么仅是个培训班，这表明出版学在西方还未获得一门学科起码的地位，它只是在研究型大学的外沿徘徊，并未真正登堂入室。"出版学"只是作为一门职业技艺来传授。

最近笔者又通过 *Peterson's Guide to Graduate Programs in the Humanities, Arts, and Social Sciences* 1997 光盘版对美国的出版

教育进行了调查（见表3），发现美国的出版教育水平在十年后又有所提高，检索出来的9所大学，均授予硕士学位。但重工艺轻理论的倾向并没有改变，这表现在：一、培养方式以"嫁接式"为主。各校乐意接收其他专业的本科生进行出版知识的再教育，如巴尔的摩大学欢迎有英语、新闻学、大众传播学、图片设计学等专业背景的本科生。这样做使攻读出版学硕士的学生在入校前缺乏必要的出版知识准备，入校后从头学起，在较短的时间内，只能快速掌握一些有效的出版技巧，便匆匆进入出版界。他们在校期间还来不及培养起研究出版理论的热情，更不可能从容地对出版理论进行深层思考。教师们在有限的时间内，面对着对出版知识所知不多的学生，其讲课内容也只能停留在工艺的层面上。二、把教学重点定位在传授出版技艺上。如纽约大学在招生简章上说，出版专业要培养出版业的新一代管理者，要教给他们广博的基础知识，使他们成为对新技术应用特别敏感的人。要联合学术界和出版界的专家，帮助学生对在出版业中赢得成功和财富所需要的技巧，有一种深刻的理解力。这里强调了技术和技巧，而没有像我国那样提出要培养师资和科研人员，要形成具有学术梯度的人才队伍。三、课程和教学方式都围绕着传授技艺来进行。美国的出版课程有出版业务、编辑业务、印刷管理、市场预测、图书设计等，一般不叫出版学概论、编辑学概论等这类理论色彩浓重的名称。在教学方式上，美国盛行案例教学、模拟教学，与实践结合紧密。学生的成绩和教师教学的成效，都要看他们的知识能否有效地应对和解决实际问题。

西方出版教育的以上状况，进一步坚定了我们对西方出版学"重工艺轻理论"的判断。

**表 3　美国高等院校 1997 年出版教育情况**

| 学校名称 | 教学单位 | 研究方向 | 授予学位 | 学制 |
|---|---|---|---|---|
| 德累塞尔大学 | 媒体艺术系 | 出版管理 | 理学硕士 | 非全日制和<br>夜校/周末班 |
| 爱默生学院 | 写作、文学和<br>出版系 | 写作、出版 | 文学硕士 | 非全日制 |
| 纽约大学 | 出版中心 | 出版 | 理学硕士 | 全日制（4 学期）<br>非全日制（2 至 3 年）<br>夜校/周末班 |
| 西北大学 | 新闻媒体学院 | 新闻、出版 | 理学硕士 | 全日制、非全日制 |
| 罗切斯特<br>工学院 | 图片艺术<br>出版专业 | 出版、图片设计 | 理学硕士 | |
| 西蒙弗雷泽<br>大学 | 出版专业 | 出版 | 出版硕士 | |
| 巴尔的摩大学 | 英语系 | 图片设计、<br>写作、出版 | 文学硕士 | 全日制（4 学期）<br>非全日制（6 至 8 学期）<br>夜校/周末班 |
| 佩斯大学 | 出版专业 | 出版 | 理学硕士 | 全日制（3 学期）<br>非全日制（4 至 5 学期）<br>夜校/周末班 |
| 罗斯蒙特学院 | 英语和出版专业 | 英语、出版 | 文学硕士 | |

资料来源：*Peterson's Guide to Graduate Programs in the Humanities，Arts，and Social Sciences* 1997

除了西方出版学，国外出版学不能忽视的还有一支是日本出版学。日本出版学是绝对重视理论研究的，自 1969 年以来出版了一些学术价值较大的专著和工具书，可是日本出版学在日本国内的普及程度不是很高，至今对于出版学是不是一门科学，还有两种不同见解的争论。日本的出版教育也赶不上英美，各大学一般不设出版专业，仅在新闻学部、文学部等相关系科里开一些出版课程。考虑到日本出版学在国外出版学中并不占特别突出的地位，所以我们基本上也可以把"重工艺轻理论"作为对国外出版学的评价。

上述评价实际是揭示了一种状态，即国外一些发达国家虽然在系统总结出版经验方面先行一步，有所积累，但在出版学的学科建设方面并没有迈出太大的步子，它们和后起研究出版学的国家差距很小，几乎是站在同一个起跑线上。

### 1.4 后起之秀：蓬勃发展的中国出版学

中国出版学兴起于 70 年代末，当时随着改革开放方针政策的确定和贯彻，出版工作出现新的形势，面临着开创适应四个现代化建设需要的新局面的任务。通过总结以往经验和对国外出版业的考察，加强出版理论研究的呼声日益高涨。

1979 年 6 月，中宣部出版局的同志去中南、西南六省调查，不少同志提出应研究出版学，在大学建出版专业。1979 年 12 月，国家出版局在长沙召开出版工作座谈会时，又有人提出上述建议。1979 年 12 月 20 日，在中国出版工作者协会成立大会上，传达胡愈之同志的讲话，胡先生也提出了研究出版学，建立出版专业的问题。

1983 年 6 月，中共中央、国务院在《关于加强出版工作的决定》中明确提出要"加强出版、印刷、发行的科研工作"。出版科研工作从此正式列入了国家的科研范畴，成为我国整个科研事业的一个组成部分。1984 年，以宋原放为首的一批专家著文倡建社会主义出版学。

15 年来，我国的出版学研究健康发展，取得了全面进步。

——成立了多层次的专业协会，协会活动频繁。自 1979 年成立了中国出版工作者协会（简称"版协"）以后，部分省市也相继成立了版协。中国版协积极工作，由其主持的出版研究年会自 1983 年起每两年举办一次，对出版学研究起到了重要推动作用。各地版协也经常举办各类学术活动。

——建立了专门学术机构。1985 年 3 月，经国务院批准，我国第一个专门从事出版科研的学术机构——中国出版发行科学研究所在北京成立，形成了一支以老编辑家、出版家为主力的专业研究队伍。该所主持的全国出版科学学术讨论会每年举办一次，影响较大。

——成立了专门出版社。1986 年中国书籍出版社（隶属中国出版科学研究所）和书海出版社相继成立，专门出版出版学方面的论著。它们出版的《出版知识译丛》、《国外编辑出版丛书》、《中国出版论丛》等具有很大的参考价值。

——创办了系列专业杂志。知名的有《中国出版》、《出版发行研究》、《编辑之友》、《编辑学刊》、《中国图书评论》等。90 年代崛起的有《出版广场》、《出版广角》等。

——出版教育发展迅速。1984 年至今陆续有 17 所大学开办过编辑专业，11 所大学培养出版方向研究生，9 所大学开办过出版管理专业，3 所大学开办出版发行专业。出版教育已形成多专业、多层次的格局。[17]

——科研成果丰硕。据不完全统计，截至 1990 年我国已出版有关出版工作方面的图书 520 余种（包括港台及翻译外国著作 80 余种），发表论文数千篇。[18] 到 1995 年，仅编辑业务研究方面的图书就有 200 种，以"编辑学"命名的专著 35 种。[19] 代表性著作有《当代中国的出版事业》、彭建炎的《出版学概论》、阙道隆的《实用编辑学》等。出版的权威工具书有《中国大百科全书·新闻出版卷》、《编辑实用百科全书》、《出版词典》等。

正如邵益文先生所言："我国出版科研活动发展的速度和它的普及程度，是世界各国所罕见的，这一点连一些外国出版学者也深感意外。"[20]

### 1.5　编辑学：中国出版学研究中跃出的黑马

我国在 70 年代末酝酿开展出版方面的理论研究时，就有人将编辑学与出版学并提。但是在 1983 年的《关于加强出版工作的决定》中，根据当时出版、印刷、发行分工明确的状况，只提出"加强出版、印刷、发行的科研工作"，没有单独提出加强编辑的科研工作。1984 年，上海的《出版工作》第 1 期发表了宋原放的《迫切需要建立社会主义出版学》，掀起了创建出版学的讨论热潮。此后范政浩、倪子明、罗竹风、肖月生等都发表文章热情支持宋原放的倡议，使该年成为出版科研史上的"出版学年"[21]。在一年的讨论中，人们逐渐形成了一个基本看法，即出版学包括编辑学、印刷学、发行学三大分支。

在这三大分支中，编辑学在 1984 年遇到了一个很好的发展契机。该年 7 月，胡乔木同志致函教育部，要求在几个高等学校试办编辑专业。次年，编辑专业便在北大、南开、复旦正式开办。由于专业教育的促进，编辑学发展加速，迅猛崛起。

如果把编辑学、印刷学、发行学喻为出版学三骏的话，编辑学无疑是其中抓住机遇，一跃而出的黑马。

## 2. 编辑学首先在中国诞生并异军突起

### 2.1　编辑学在中国的兴起

一门学科的兴起首先体现在学科名称的提出。1956 年，我国在翻译苏联的编辑专业教材《书刊编辑课教学大纲》时，创造性地将其译为《书刊编辑学教学大纲》。而据专家们的考证，此前不管苏联还是其他国家都没有"编辑学"这个术语。这很可能是"编辑学"一词最早在中国出现，也是第一次在世界出现[22]。最近，中国出版科学研究所的学者又披露了一条消息，说 1949 年 3 月，自由出版社曾出版了一本叫《编辑学》的书，作者李次民，全书 22 章，200 余页，是广东国民大学新闻学系丛书之一，内容以新闻编辑业务为主，也谈到杂志编辑工作。这样就把我国学者提出"编辑学"一词的时间又往前推了几年。

1980 年，《出版工作》杂志发表了陈仲雍的《科学地编辑和编辑的科学》，提出了研究编辑学"是当务之急"的意见。1982 年 4 月，《出版工作》发表了尚丁的《"编辑学"小议》，对编辑学的学科性质和研究对象提出了自己的看法。同年 9 月，浙江《出版研究》发表林坚的《把编辑业务当作一门科学来研究》，提出要研究"各类读物编辑学"[23]。

1983 年，中国著名科学家钱学森在一次讲话中，也强调"编辑工作是一门科学"，要研究它的规律，"创造出一门马克思主义的编辑学"[24]。

1984 年，《出版工作》开展"出版学"的讨论，发表了多篇关于"出版学"的论文，也发表了一些讨论"编辑学"的文章，如尤明的《需要一部编辑学》。讨论一方面使出版学、编辑学的研究引起越来越多的人的注意，另一方面也得出编辑学是出版学的重要分支学科的共识。

同年 7 月，胡乔木致函教育部，指出"编辑之为学，非一般基础课学得好即能胜任"，要求在几个有条件的大学试办编辑专业。他还认为在中国编写编辑学这类书是有得天独厚的条件的，他说："在历史上，我国著名典籍的编辑经验，也有不少记载，不过需要收集整理"，贵"在有心人的努力罢了"[25]。他的指示对编辑学研究是很大的鼓舞，促进了编辑学的发展。同年 9 月，中国出版发行科学研究所获准筹建，他们根据边建所边工作的精神，立即着手组织编辑学的研究和有关书稿的编写。

80 年代初，中国人民大学出版社出版了《报纸编辑学》，香港海天书楼出版了《杂志编辑学》，台湾商务印书馆出版了《现代杂志编辑学》，但这些书都是从新闻学的角度来研究编辑学。1986 年 10 月，阙道隆主编的《实用编辑学》由中国书籍出版社出版，这是我国倡导编辑学研究以来，出于建构编辑学的学科体系的动机而完成的第一部专著。

从此编辑学走出了启蒙和初创阶段，循序渐进地向成熟学科迈进。

## 2.2 为什么说编辑学是由中国首创

一般认为，编辑学是由中国首创。换句话也就是说，在中国提出"编辑学"之前，国外还没有这方面的记录和表述。

那么根据何在呢？

### 2.2.1 文献调查的结果

据我国著名编辑学研究者，人民出版社编审，懂英、俄、法、德、西、日等几大语种，还自学过朝、越、阿尔巴尼亚、罗、塞、保、匈等十来种小语种的林穗芳先生调查，国外文献中没有"编辑学"这一术语[26]。日本和法国虽然在 1969 年和 1981 年创造了 Editology 一词，直译成汉语为"编辑学"，而实则是"出版学"。因而，他在 1986 年另行创造了一个新词 Redactology 作为"编辑学"的国际通用语，并得到了广泛应用。1990 年出版的姜振襄主编的《交叉科学学科辞典》、1994 年出版的《第六届国际出版学研讨会论文集》，其中的"编辑学"均译为 Redactology。1992 年 10 月通过的中国编辑学会章程第一条把中国编辑学会的名称定为 China Redactology Society。1990 年 8 月 26 日美国《克利夫兰旗帜日报》有一篇关于中国编辑学研究情况的报道，文中的"编辑学"也采用了林穗芳先生所创的 Redactology。

### 2.2.2　国外媒体的承认

1990 年美国《克利夫兰旗帜日报》发表了一篇题为《中国研究编辑工作的社团》（《Chinese Groups Studying "Redaction"》）的报道。其中写道："我想向西方读者介绍中国新近发展起来的一门科学——编辑学。在全世界一直对编辑出版工作进行研究，但把编辑工作作为一门严整的学问加以深入研究是很少见的。最近几年中中国编辑界开始研究编辑学，因而创造了 Redactology 这个术语。自这门新科学在 1983 年开始兴起到现在，已有一些编辑学刊和十几种编辑学书籍问世。"[27]

报道的内容和语气都表明，国外至少是西方一直到 90 年代是没有编辑学的。而东方出版学研究比较繁荣的日本又没有提出编辑学，编辑学的首创者唯中国尔。

## 2.3　编辑学为什么首先在中国诞生

编辑学首先在中国诞生不是偶然的，而是有深刻的历史原因和特殊的现实基础。

### 2.3.1　历史原因

（1）中华民族传统的"立德、立功、立言"三不朽的人生观、价值观凸显了编辑工作的重要性。

据《左传·襄公二十四年》记载，有一次范宣子问穆叔何谓"死而不朽"，穆叔回答："鲁有先大夫曰臧文仲，既没，其言立，其是之谓乎？豹闻之，大上有立德，其次有立功，其次有立言，虽久不废，此之谓不朽。"什么是"立言"呢？《左传·疏》解释："立言，谓言得其要，理可足传，其身既没，其言尚存。"[28]由鲁国叔孙豹之口说出的三不朽，反映了当时人们已经相当进步的人生观、价值观，后来经孔子等儒家代表人物的阐发和提倡，遂成为中国传统文化中一种十分重要的精神命脉。

由于立功得靠机遇，立德境界太高，三不朽中便只有立言最具可操作性，于是通过立言以达到不朽，便成为众多士人的人生奋斗目标了。那么何以立言呢？最重要的无非是著书、编书、印书。焦循在《与王钦莱论文书》中说："布衣之士，穷经好古，嗣续先儒，阐彰圣道，竭一生之精力，以所独得者聚而成书，使诗书六艺有所传，后学之思有所启发，则百世之文也。"[29]

立言既然已经成为整个民族和全社会赞同和盛行的价值观，那么与之相关的工作也必然要被罩上神圣的光环，作为实现立言目标重要环节之一的编辑工作自然不能例外，成功的立言者对之都十分重视。孔子、司马迁皆因立言而辉映史册、千古不朽，同时也是杰出的编辑家。孔子甚至可以以他用纯粹的"述而不作"的编辑方式完成的《春秋》和《诗经》中的任何一种而赢得不朽。

编辑和立言的亲密关系，使编辑在中华民族的文化心理结构中占有相当重要的地位。

（2）历代统治者对编辑工作的重视使编辑者、编辑工作向来有较高的社会地位。

文化的发展，图书的生产，离不开国家的支持。我国作为文明古国，历代统治者多数都能看到文化对政治的影响作用，都很重视促进有利于其统治的文化的巩固与发展。现在遗留下来的古籍中，有不少标注着"敕修"、"奉敕编修"的字样，便是历代统治者参预文化建设、重视编辑工作的记录。

历代统治者对文化建设、编辑工作的重视可谓一脉相承，两汉、魏晋、隋、唐、元、明的秘书监，宋代的馆阁、崇文院及秘书省，清代的官书局等都是负责文献的生产和管理的机构。尤其是自宋代开始，形成了官刻、坊刻、私刻的三大图书出版系统。官刻作为中央和地方政府开办的编书刻书机构，组织了许多工程浩大的释藏、道藏和大型类书丛书的编辑印制工作。像宋代四大类书——《太平御览》、《太平广记》、《文苑英华》和《册府元龟》，明代的《永乐大典》，清代的《四库全书》、《古今图书集成》等杰作，还都是由朝廷重臣领衔，在皇帝的直接支持下完成的。

诚然，统治者对图书出版的支持是在不违碍其政治统治的前提下进行的，否则他们便要焚书坑儒，要禁"妖书"，要兴文字狱。即便在支持的时候，也还抱着笼络人心、寓禁于征等政治目的。但他们在进行文化工程建设时对编辑工作的高度重视却是令人称赞的：用人时严格选才，任命当代最著名学者，如解缙、纪昀等领衔主编，并以第一流学者组成编委会；编者们身兼官职，有相当高的政治、经济待遇；编辑工作精益求精，选稿、校勘、编排、提要、目录、抄写或刊刻，务求其善；编辑过程中有充足的人、财、物后勤保障等。这一切打着鲜明国家行为标记的编辑工作为全社会的编辑工作树立了典范，它告诉人们多么优秀的人才能当编辑，多么完美的工作才能算编辑工作，当然也给整个编辑界带来了荣耀感，促成了社会对编辑工作的尊重和尊敬。

编辑者、编辑工作在古代中国有较高的社会地位是有目共睹的。

（3）中国古代尊文尚经、崇拜信息的社会心理，使文献编辑者有一种庄严的使命感和责任感，形成了严以自律，追求完美的工作作风。

中国古人很早就确立了"天人合一"的系统运动观，对自然信息十分崇拜，把嘉禾、庆云、龙凤等视为神灵，往往以天象、灾异预测人事、政事。后来发展到对简单的人文信息的崇拜，比如崇拜龟卜、河图洛书、早期文字等。再后来，当文字成熟、书籍出现，便又成了人们新的崇拜对象。

古人对文字、书籍的崇拜有好几种方式[30]。

一是拜经、祭书。据《清补类钞》说，武进有个人叫藏镛堂，他每逢除夕，便将读过之书列于香案，整衣而拜，据说是效法其远祖荣绪的行为。另据记载，明朝有一个藏书家，名李鹗，他每见一异书，虽倾家荡产也设法购回，得书后则焚香肃拜。除夕祭书的还有黄丕烈，据《藏书纪事诗》载，他祭书不是独祭，而是招书友共祭。

二是佛庙设拾字僧、建惜字林。据记载，杭州和秀水最多拾字僧，他们认为文字是神圣的，乱扔字纸是一种罪过，所以起早贪黑拣拾字纸，送到佛庙建的专门仓库"惜字林"，每月逢初一、十五集中焚烧。其他地方的拾字僧虽无上述两地多，但也均有活动，尊文惜字是佛教的常规门风。

三是建佛窟聚多余之书。据桑良至教授考证，敦煌石窟中的藏书多是残卷残页，而且内容五花八门，重复严重，不少与佛教无涉，相涉的佛经也多是废经。据此，他认为敦煌石窟很可能是全国最大的"惜字林"，聚集的是拾字僧拾来的和老百姓无用但不忍抛弃而送来的"字纸"。

四是相信和宣扬抛弃字纸有罪。如《聊斋·司文郎》讲道："……即前日瞽僧，亦一鬼也，是前朝名家，以生前抛弃字纸过多，罚作瞽，彼自欲医人疾苦，以赎前愆，故托游廛肆耳。"蒲松龄借故事点出抛弃字纸有罪。

在这样的认为精神产品至尊至上的社会心理环境中，为精神产品生产把关的编辑工作受尊重的程度可想而知，人们对编辑人员的期望和要求也是相当高的。编辑们本人也有一种无形的压力，他们作为决定着是否生产某一种"字纸"的人，深知创造无用字纸跟抛弃字纸没有区别，甚至罪孽更重，所以自我要求很严，确实是从为社会布大道的高度来从事自己的工作。

尊崇文字的心理和风俗习惯，使我国古代的编辑人员养成了自尊自爱、尽职尽责的基本工作作风和职业道德。

（4）历代出版家以传承文化薪火为己任，为天下出好书的理想主义抱负，使我国出版业形成了以社会效益为中心，突出编辑工作的优良传统。

我国古代的出版事业，有一个最大的特点就是人文主义、理想主义色彩浓厚，出版队伍以学者、藏书家、退休官僚为主体，罕见文化投机商人，他们中的绝大多数都把创造、积累和传播文化作为出版的神圣鹄的，而谨慎地对商业保持着戒心。

造成这个特点形成的文化心理因素主要有两个。一是官、学、商等级尊卑观念。在此儒家文化价值观的支配下，出版家们乐于把出版工作定位在"学"，而耻于言"商"。鉴于出版是一种生产，既然要投入成本，就得靠商来收回，以维持继续生存。在不得不言商的时候，也总是很注意保持低调宣传。高明的出版家则能够通过以学带商，以商养学的循环，既能保证出版的文化方向，又能把事业发展壮大。二是刻书留名，实现自我价值的心态。清代学者缪荃孙写过一篇《书目答问·劝刻书说》，其中云："凡有好事之人，凡自揣德业学问不足过人、而愿求不朽者，莫若刊布古书一法。但刻书必须不惜重资，延聘通人，甄择秘籍，详核精刻。其书终古不废，则刻书之人终古不泯。"[31]中国古代出版家中不乏这样的"好事之人"，他们从事出版是为了实现炽热、执着的精神追求，所以往往冒着倾家荡产、政治迫害的风险也在所不辞，屡屡为社会奉献精品。

以上两种因素的统一便造就了我国出版业以发展文化、繁荣学术为立业之本，以追求社会效益为出版方向，突出编辑工作，以图书质量为生命线的优良传统。

（5）历代学者、编辑家和出版家积累了丰富的编辑经验，在其著述中对编辑工作多有总结，闪光之论甚多，这笔财富为后人开展编辑学研究提供了重要的思想基础和理论源泉。

我国的编辑工作萌芽很早，早在先秦时期，孔子就以"述而不作"的原则修《春秋》，以"思无邪"的原则删诗书。后代学者在编辑大量的类书、丛书、文集、史籍等的过程中也积累了相当丰富的经验。他们关于编辑工作的精辟见解"多写在书录、序言、题记、例言、缘起、书后及与友人论学书中，或见于进某某书表、请开馆校书折子、上史馆总载书等奏议、文书中，或载见于自序、凡例、释名、辨伪、答问、文论、诗话、校勘记、人物论中。"[32]另外，古代围绕图书事业而形成的学问和研究方法，如目录学、文献学、文选学、辑佚、考证、辨伪、校勘、注释等，也蕴含着极为丰富的编辑工作方面的资料。近现代涌现的一批著名的编辑家、出版家，如张元济、鲁迅、邹韬奋等，他们横跨传统与现代，融汇中学与西学，所形成的创造性的编辑思想，新鲜的编辑经验，更是后人研究编辑学的直接依据。

中国历代学者对编辑工作的探讨，虽未成系统，倡以为学，但蔚为大观，实绩俱在，为编辑学研究准备了开发不尽的宝贵资源。

### 2.3.2　现实基础

（1）我国当代的出版体制，继承了以编辑工作为重心的优良传统。在政策上，不仅"文革"前强调编辑工作，新时期的《关于加强出版工作的决定》中又明确指出："编辑工作是整个出版工作的中心环节。"在管理体制上，出版社采用社长负责制或社长、主编分工负责制，杂志社多采用主编负责制或总编负责制。主编或总编作为编辑人员的代表担任着出版工作的决策者或主要决策者之一的角色。

（2）中国的社会主义性质，决定出版单位不能私有。每个出版社都是由层层行政隶属关系系统束起来的出版系统的一个有机组成部分。国家对出版系统不仅有领导、管理权力，也有相当大的号召力。1983 年，《关于加强出版工作的决定》号召要加强出版科研工作，编辑学作为出版科研的一项内容自然也在号召之列，很快调动起了整个出版系统研究编辑学的热情。社会主义的优越性不仅体现在可以集中力量建设物质文明，还同样体现在能够动员整个行业的力量搞某方面的研究。这是资本主义国家所难以想象的。

（3）新中国成立后，大批文化名人担任出版单位的领导干部，编辑工作是作家、学者、高级知识分子最密集的职业之一，有较高的社会地位，对社会成员有很大的吸引力。"文革"中，众多优秀编辑被冲击，冲击不到的又成了文化专政者的工具，编辑的职业形象有所损毁。但从"文革"中，人们也更真切地感受到了出版物的巨大社会影响，更清楚地认识到了编辑工作的重要性，这个职业在逼迫一些人心酸作别的同时，也激发了更多的年轻人的向往。"文革"后，马上便有大批新一代知识分子补充进出版单位。几代以知识分子为主体的编辑队伍从工作需要上、从情感上希望开展编辑学研究，他们较高的文化素养也为开展好这项研究积聚了潜力。

（4）1970 年代末、1980 年代初，伴随着国家政治走向改革开放的新时期，文化思想领域空前活跃，全民学习、研究科学文化的热情高涨，国学与西学又重新纳入人们的视野，这为包括编辑学在内的新学科的产生提供了良好的氛围和条件。为改变"文革"造成的"书荒"现象，出版事业蓬勃发展，无限丰富、充满挑战的编辑实践也对编辑学理论发出了热情呼唤。

（5）在"文革"中和"文革"后一段时期，有一种贬低编辑劳动的倾向，有人认为编辑是简单劳动、初级劳动，不能评定职称。这种观点虽非主流，但对编辑界创建编辑学，从理论上提高编辑职业的地位、作用，不无激发作用。

（6）中国出版界在世界上率先实行职称制度，首创编辑系列职称，以编审、副编审、编辑、助理编辑等作为职称名称，评职称要有一定的理论成果，这直接激发了编辑学的产生和繁荣。

（7）中国当代出版社的性质是"事业单位、企业管理"。出版社有出书方向的分工，在国家的宏观调控下运营，其对市场竞争的参与是有限的，编辑人员作为国家干部，他们比资本主义国家的同行面临着小得多的竞争压力和生活压力，可以分出较多的时间和精力从事编辑工作理论研究。

以上历史原因为编辑学的产生积聚了强大的历史势能和滚滚地火。现实基础又为编辑学的产生提供了放水闸门和喷火口，一旦国家倡导创建编辑学，便如提起放水闸，打通喷火口，编辑学犹如大江决堤、地火喷发迅速呈汹涌激荡、平地腾起之势，引起世人瞩目。编辑学首先在中国诞生了。

相形之下，域外各国的历史和文化传统均有断裂，出书、藏书、读书的风气也不如中国绵长浓厚，近现代出版社又是以销售为中心的文化工业。无论从历史铺垫还是从现实条件看都莫如中国那样有利于编辑学的产生。这是编辑学没有首先在国外诞生的原因。

## 2.4 编辑学的崛起对原来界定的出版学与编辑学的关系提出了挑战

正因为编辑工作和编辑人员自古而今在整个出版工作中具有重要地位和作用，所以编辑学的研究在整个出版科学研究中比较活跃是必然的，可以理解的，也是符合实际需要的。

到 80 年代末，经过不足 10 年的发展，编辑学研究已呈现出相当严整、强大的阵容。这突出体现在：一、截至 1989 年，已出版了至少 15 种以"编辑学"命名的专著[33]。而同期宏观研究出版学的，以"出版学"命名的专著则一本也没有。二、截至 1989 年，进行编辑学本科教育的有 8 所大学，其中有 5 所是重点大学。进行编辑学第二学位教育的有清华大学和武汉大学。进行编辑学方向研究生教育的有 5 所大学。而同期开办图书发行专业的只有 2 所大学，以"出版学"命名、对学生进行出版知识全面教育的专业则没有[34]。编辑学教育的具体情况见表 4。

表 4　中国的编辑学高等教育

| 办学层次 | 学校名称 | 专业名称 | 挂靠单位 | 专业方向 | 开办时间 |
|---|---|---|---|---|---|
| 大专 | 上海出版职工大学 | 编辑学专业 | | 社科编辑 | 1984 |
| | 上海出版印刷高等专科学校 | 出版（技术编辑）专业 | | 技术编辑 | 1988 |
| 本科 | 南开大学 | 编辑学专业 | 中文系 | 社科编辑 | 1984 |
| | 北京大学 | 编辑学专业 | 中文系转信息管理系（1994） | 社科编辑 | 1985 |
| | 复旦大学 | 书刊编辑专业 | 新闻系转中文系 | 社科编辑 | 1985 |
| | 上海大学文学院 | 编辑学专业 | 中文系 | 社科编辑 | 1985 |
| | 中国科技大学 | 科技编辑专业 | | 科技编辑 | 1986 |
| | 河南大学 | 编辑学专业 | 中文系 | 编辑 | 1988 |
| | 四川大学 | 书刊编辑专业 | 中文系 | 社科编辑 | 1988 |
| | 南京大学 | 编辑学专业 | 信息管理系 | 社科编辑 | 1991 |
| | 北京师范大学 | 编辑学专业 | 中文系 | 社科编辑 | 1994 |
| | 东北师范大学 | 编辑学专业 | 中文系 | 社科编辑 | 1994 |
| | 西北大学 | 编辑学专业 | 中文系 | 社科编辑 | 1994 |
| | 北京印刷学院 | 编辑学专业 | 出版系 | 编辑出版 | 1995 |

图书馆学及其左邻右舍

| 办学层次 | 学校名称 | 专业名称 | 挂靠单位 | 专业方向 | 开办时间 |
|---|---|---|---|---|---|
| 第二学士学位 | 清华大学 | 科技编辑专业 | 中文系 | 科技编辑 | 1985 |
| | 武汉大学 | 编辑学专业 | 中文系转编辑学系（1997） | 社科编辑 | 1989 |
| 硕士研究生 | 四川省社科院 | 书刊编辑专业 | | 社科编辑 | 1985 |
| | 河南大学 | 编辑学专业 | 中文系文艺学方向 | 编辑学 | 1986 |
| | 西安交通大学 | | 自然辩证法专业 | 社科编辑 | 1986 |
| | 南京大学 | 编辑学专业 | 信息管理系 | 出版管理 | 1987 |
| | 西安公路学院 | 科技编辑专业 | 汽运工程系 | 科技编辑 | 1987 |
| | 中国科技大学 | 科技编辑专业 | | 科技编辑 | |
| | 北京师范大学 | 编辑学专业 | 中文系文艺学方向 | 社科编辑 | 1993 |
| | 清华大学 | 科技编辑专业 | 中文系 | 科技编辑 | 1995 |
| | 武汉大学 | 编辑学专业 | 中文系转编辑学系 | 编辑学 | 1995 |
| | 华中理工大学 | | 哲学系科技哲学专业 | 科技编辑 | |
| | 北京大学 | 编辑学专业 | 信息管理系 | 编辑出版 | 1995 |

资料来源：综合相关文献

注1：复旦大学、上海大学编辑学专业已停办

注2：1998年以前，国家学位专业目录中没有编辑学专业，编辑学研究生均学习编辑学方向，拿相关专业文凭。1998年，编辑学专业被首次列入国家学位专业目录，河南大学成为首批被正式批准的编辑学研究生培养单位。

编辑学发展的良好势头和突出成绩，使一些编辑学研究者产生了谋求编辑学独立的意识，他们开始对1984年形成的编辑学是出版学的一个重要分支的认识提出怀疑甚而否定。

关于出版学与编辑学关系的深入讨论拉开了帷幕。

# 3 出版学与编辑学的关系

## 3.1 出版学与编辑学的关系演变及讨论升级的三个阶段

国外因为没有明确提出编辑学，所以暂时还轮不到讨论出版学与编辑学的关系。中国是由于编辑学的产生和壮大，才使出版学与编辑学的关系有了讨论的可能。可以说，出版学与编辑学的关系问题目前是一个有中国特色的理论问题。

出版学与编辑学的关系不是一开始就呈现出像今天这样的紧张态势，而是经历了由简单到复杂，由和谐到冲突，由冲突而不得不面对、不得不解决的三个演化阶段。伴随着这个发展过程，出版学与编辑学关系的讨论也由冷而温，由温而热，逐步升级。

第一个阶段，出版学、编辑学创建且并行发展，出版学包含编辑学成为一般共识的阶段，时间从 1983 年到 1988 年。

此阶段出版学、编辑学发展的基本状况是：出版学有明确的起点和开端，即 1983 年 6 月中共中央、国务院《关于加强出版工作的决定》和宋原放先生 1983 年 11 月在第一届出版研究年会上提出的《迫切需要建立社会主义出版学》（后发表于《出版工作》1984 年第 1 期）的建议。这两篇文献，一篇从政策角度，一篇从学术角度，对出版理论发出了强有力的呼唤。我国的出版科研由此全面展开。编辑学此前虽然也有讨论，但主要是在这样的大气候下兴起的，不言而喻，它是"社会主义出版学"的一个分支。这也是当时出版界的共识。

由于学科初建，满目都是处女地等待开发，此阶段，出版学、编辑学都在埋头推进，向广度和深度上扩展，无暇仔细打量彼此的关系，更不用说对既定的关系提出疑问。尽管在 1984 年以后，随着北大、南开、复旦等高校编辑学专业的开设，编辑学研究力度加大，学者们在构建编辑学理论体系时发现，除了图书出版编辑学，还有新闻编辑学、广播电视编辑学等。编辑学似乎并不能完全被出版学所包容，但也仅是作为有保留的疑点来提出，并没有表现出深入探究的姿态。出版学和编辑学在表面上一直保持着整体与分支的关系。

第二个阶段，编辑学谋求"独立"，向出版学挑战的阶段，时间从 1989 年到 1994 年。

经过第一阶段的发展，如前文所说，到 80 年代末，编辑学取得的成就已相当可观，无论是专著数量，还是教育规模，都遥遥领先。而以"出版学"命名的专著则一本也没有。对这种编辑学异军突起，硕果累累，而出版学倡导了多年，最后竟然不见一粒完整谷穗的现象，赵航先生称之为"学术偏离"现象[35]。

但是，如果编辑学坚持自身是出版学的分支的定位，上述"偏离"对出版学而言并无损害，因为随着各个分支的完善，出版学最终也会完善起来。先建设出版学的大体系，再充实各个分支的内容，或者先充实各个分支，再综合构成大体系，只是殊途同归而已。

然而，随着编辑学的壮大而壮大的还有一种学科独立的倾向，直接构成了对出版学的游离和挑战。1989 年，河南大学王振铎教授的专著《编辑学通论》和论文《文化缔构编辑观》的发表，彻底暴露了这种倾向。

在王文中，编辑学的横断性被强调到极致。王先生认为，在出版业之前和出版业之外还大量地存在着编辑活动，人类对知识的所有整序、组织、加工活动都可称为编辑活动。编辑活动随时可见，人人都是编辑，编辑学的规律无所不在。当然，建立在此基础上的编辑学也万不是出版学所能包容的。

王论一出，使出版学与编辑学的关系由原来的一片亲和而变得空前紧张，学界一片哗然。王振铎教授在倡导编辑学独立，挑战出版学的同时，自己的观点也受到了挑战，不少学者把他的观点称为"编辑泛化论"，给以批评和反驳，掀起一个小小的争鸣热潮。

这次争鸣一直延续到 1994 年，王论的反对者和拥护者你来我往，时有争锋，使人们在一定程度上认识到出版学与编辑学关系的不稳定性和脆弱性。但是大多数人只看到出版学与编辑学关系的动摇是由"编辑泛化论"冲击造成的，具有偶然性。而看不到出版学与编辑学的关系一日不深入研究，一日不加以理清与巩固，"编辑泛化论"的冲击就随时有可能发生的必然性。因而，这次争鸣没有深入到理想的程度，没有从对一个典型观点的争论适时升华到关于出版学与编辑学关系的全面讨论，只是在个别文章中对此偶有涉及。

第三个阶段，出版学和编辑学关系的讨论成为热点话题的阶段，时间从 1995 年至今。

在 1995 年的全国编辑学研讨会上，有三篇论文引人注目，它们是王华良的《"人类编辑学"探析》、王振铎的《编辑、出版与编辑学、出版学》、邵益文的《论编辑学与出版学、传播学的关系》。其中王华良的文章是对"人类文化缔构编辑观"的进一步反驳，是第二阶段争鸣的延续，但文中对出版学与编辑学的关系提出了立场鲜明的看法，他坚决捍卫编辑学是出版学分支的观点。该文为由侧面向正面开展两者关系的讨论过渡提供了桥梁。而另外两文则使出版学与编辑学关系的讨论终于由隐性走向显性，由隔靴搔痒到直接面对、集体会诊。

这次会议，受三位专家的启发和引导，出版学与编辑学关系的讨论成为中心议题之一，引起与会者的广泛兴趣。会后，《编辑之友》杂志又以加"编者按"的形式，发表了上面提到的三篇大作，把该问题推向整个编辑学界。

自此，出版学与编辑学的关系成为热点问题在出版界的各类学术会议上屡被提及。1997 年 6 月，在四川大学召开的"第四次全国高等院校编辑学专业负责人联席会议"上，与会专家们把出版学与编辑学的关系问题形象地称为"是大出版、小编辑？还是大编辑、小出版？"的问题。大家普遍认为，随着社会信息化程度的急剧提高，出版业已成为世界各国的支柱产业之一，出版和编辑的概念随着多媒体和网络时代的到来，其外延和内涵也在不断变化。出版学与编辑学的关系应当从理论上给以彻底理清，这是两门学科共同的基本问题，牵一发而动全身，倘不解决或解决不透，不但已经并将继续影响学科建设，对专业教育的设计和改革也将产生举足轻重的影响，关系到专业教育的发展方向。

然而有所不足的是，以上会议讨论多从提出问题的角度谈，反复阐发解决问题的重要性，而真正迎战问题，正面解答的少。而且这些讨论口头争鸣多，留下的书面材料少。当前较有价值的成果仍然还是邵益文、王振铎两位先生 1995 年发表的论文。

出版学与编辑学的关系问题迫切需要深入系统的回答。

## 3.2　对在出版学与编辑学关系问题上两种主要观点的述评

在系统回答出版学与编辑学的关系问题之前，我们有必要述评一下邵益文、王振铎两位先生在此问题上的观点。他们的看法是我们进一步研究的起点，是我们眺望远方可以一站的肩膀。

### 3.2.1　对邵益文先生观点的述评[36]

邵益文先生认为："编辑学不是出版学的分支，出版学也不是编辑学的分支，两者不相隶属，都是独立的学科。"

邵先生推理出"编辑学不是出版学的分支"的根据是：1.

"当今是多媒体的时代，不仅书报刊的出版需要编辑工作，而且广播、电影、电视，都需要编辑工作。实际上目前已有《影视编辑学》问世，它和书报刊编辑学有不同的特点，可以说是有自己的一套。把它和书刊出版一样看待，似不合适。"2. 国外的出版学研究著作，如《出版概论》、《出版学概说》、《现代出版学》，编辑业务方面的内容很少，可以说出版学是不讲编辑学的。

邵先生推理出"出版学也不是编辑学的分支"的根据是："因为书报刊的出版除了编辑活动之外，还有印刷、发行等物质生产和图书流通过程，并非编辑工作所能全部包括的。"

笔者认为，邵先生论证问题的出发点某些是稍欠科学的，其关于编辑学不是出版学的分支，而是一门独立学科的论断不能令人信服。

首先，邵先生根据编辑工作应用的广泛性，根据狭义的出版之外还有编辑活动而断定编辑学不属于出版学，此论貌似有理，但推而广之，则恐怕社会应用性学科不少都将分崩离析，其果大谬。如以图书馆学为例，它包括图书分类学、图书编目学等分支学科，但图书分类工作、图书编目工作也广泛地应用于图书馆之外的很多领域，包括出版领域。照邵先生的逻辑，这些学科都该独立，那么图书馆学岂不就成了一具空壳。类似的还有新闻学，它的分支学科如新闻采访学、节目主持学也有很强的普遍适用性，如果都独立出去的话，新闻学也就丧失了存在的基础。

显然，很多学科是经不起邵先生的分解的，这样做只会使新独立的学科成倍增长，使原有的学科一个个唱"空城计"。

其次，邵先生以国外出版学不讲编辑学为由，来论证编辑学不是出版学的分支，也是欠妥的。我们知道，国外出版学并不成熟，英美甚至还没有"出版学"这个专有名词，它们的

左邻：出版学

几本著作被汉译后之所以有了"出版学"的帽子，还是中国学者想当然地意译，给附会上去的。只要我们翻翻《出版概论》、《出版学概说》，就可以发现这两本书不过是零思碎想加出版流程的大串讲，根本没有设计完美的出版学体系的愿望和表现。日本倒是在正规研究出版学，《现代出版学》也有强烈的创建出版学体系的意识，但是该书是在 1969 年日本提出"出版学"之后不久的 1972 年出版的，难免有始作俑的粗糙，其内容大有补充、深化的余地。况且，日本的"出版学"的英文表示是 editology，直译就是编辑学，可见日本如果不是把编辑学作为出版学的核心来看待，就是把编辑学作为出版学的等同物来看待的，怎么能说国外的出版学不讲编辑学呢？综合这些情况，邵先生拿本身还比较成问题的国外出版学来论证、指导我国学术研究中出现的问题，好比筑塔于沙，不能不说有点盲目，其结果的可信度不言自明。

### 3.2.2　对王振铎先生观点的述评[37]

王振铎先生是"文化缔构编辑观"的倡导者，一向主张编辑学独立。但在正面讨论出版学与编辑学的关系时，他的用语比较谨慎，他认为："编辑学与出版学是既有性质区别、又有必要联系的两门相对独立的学科。""两门学科之间应该是前后连续、相辅相成、相互推进的关系。"

那么怎么得出上述结论呢？王先生的根据是：1. 代表英、美、日出版研究理论水平的《出版概论》、《出版学概说》、《现代出版学》，都以研究书籍印制、经营销售、经济核算等一系列生产与流通的管理问题为核心，对编辑工作虽不能说不重视，但着墨不多，"这说明出版学对编辑学保持了一定的界限。"2. 1986 年，林穗芳根据国际术语学的命名规则，创造了 Redactology 作为"编辑学"的国际用语，因为 redact 一词在欧美主要语言中都只有"编辑"而无"出版"的意思，不会有歧义。这就十分明确地将"编辑学"与"出版学"区分开来。

3. 从已经出版的数十种编辑学著作来看,"编辑学主要是研究怎样从精神内容到符号形式为出版准备好完全合乎标准的定型样稿。而怎样把样稿印刷、复制、传送到读者手中那是出版学研究的问题。"

对于王先生的结论,我们认为前半部分是可以接受的,因为只要我们不认为出版学与编辑学是等同的或者毫不相干,不管编辑学是出版学的分支,还是出版学是编辑学的分支,把两者的关系描述为"既有区别、联系,又相对独立"都是完全妥当的。他的结论的可争之处在后半部,他认为编辑学与出版学是"前后连续"的关系,显然把出版学与编辑学摆在了并列的位置,言下之意是谁也不是谁的分支,这才是他立场的核心。对此,笔者不能赞同,认为是需要商榷的,下面分析他的论据。

王先生的第一条论据,是邵益文先生所曾用过的,对于它的不可靠性,笔者曾作过论述,本应不赘。不过值得指出的是,王先生要实事求是些,他不说"国外出版学是不讲编辑学的",而是从那些国外著作中看到了"对编辑工作的不是不重视",但因为毕竟没有太重视,所以他认为"这说明出版学对编辑学保持了一定的界限"。我们觉得王先生看外国出版理论著作的心情有点像当年的某些八路军指挥官看克劳塞维茨的《战争论》,指挥官抱怨说:"游击战、运动战多么重要啊,可这本书里怎么只有一点点。"这样类比我们不否认有点夸张和不敬,但编辑工作在中国出版界同游击战、运动战在中国革命中一样确实占有相当重要的地位,如果我们过分强调这些在特别国情中形成的事实,在一己之经验上自我膨胀,不从全局上考虑问题,那么我们就会犯跟例子中的指挥官一样的幼稚病,我们就永远只能是战术家,而成不了战略家、军事理论家。倘若还要把战术从战略中分裂出去，颠倒两者关系，那就更不应该了。

第二条论据，以林穗芳先生专门创造了没有"出版学"歧义，而只有"编辑学"含义的 Redactology 作为"编辑学"的国际通用术语，来说明出版学与编辑学有所区别是正确的。但根据王先生的上下文，他显然有以这个例子来暗示出版学与编辑学是各自独立的意思，如此，则是对林穗芳先生的误解。据笔者所知，林先生是明确认为出版包括编辑、复制、发行三要素的[38]。假使他即便赞成编辑学不是出版学的分支，也会认为编辑学与出版学有不可分割的联系，而绝不会自相矛盾地认为编辑学与出版学是各自独立的。王先生的这条论据，虽然引用无错，但由于理解有误，同样是站不住脚的。

关于王先生的第三条论据，我们认为不足之处在于，他没有把已出版的编辑学著作按编写的出发点不同来分类。比如这些著作是承认编辑学是出版学的分支？出版学是编辑学的分支？还是两者彼此独立？如果能将这三种情况分类统计，恰好前两种情况数量较少，那么对王先生的观点倒是一种支持。可惜王先生并没有这样做，他只是笼统总结了这些书的内容，就用"总之"得出编辑学研究什么，然后把编辑学的内容排除，就剩下了出版学的研究内容，即：怎样把样稿印刷、复制、传递到读者手中。进而他便推出编辑学与出版学是"前后连续"的关系。我们认为这条论据是王先生运用得最不成功的，他几乎是在武断地违背常识，把人所共知的编、印、发一条龙的出版，硬性地规定为只包括印、发，而没有讲出原因何在。

### 3.3 为什么说编辑学是出版学的一个分支

在前文对邵益文、王振铎二位先生观点的述评中，笔者的观点其实已表述无遗。我们认为，编辑学是出版学的一个分支，这是出版学与编辑学关系的核心内容。

敢于如此断言的理由是：

3.3.1 在具有世界声誉的百科全书中，"编辑"都是一个涵义较小的词，隶属于"图书（book）"

或"出版（publishing）"之下，反映了人们对出版与编辑关系的基本看法。

熟悉西文工具书的人都知道，encyclopedia（百科全书）的本义是"把全部知识汇集到一个圆圈里"，引申的含义是"知识是一个整体"[39]。而柏拉图认为，知识必须完整，思想方能正确。我们要想在出版学与编辑学关系问题上有正确的思想，首先看一看百科全书是十分必要的，这也是学术研究的常规方法。

百科全书又分为"大条目主义"的和"小条目主义"的。"大条目主义"的，条目少，但每条都是长篇学术论文，力求其详。"小条目主义"的，条目多，但失之简略。在讨论出版学与编辑学的关系时，如果把"出版学"和"编辑学"看作两个条目，择一"大条目主义"的百科全书则可以看到谁归并于谁，弄清两者的隶属关系，择一"小条目主义"的百科全书，则可以看看它们各自的内容及参照关系。循此思路，我们分别选择"大条目主义"和"小条目主义"的代表《新不列颠百科全书》和《美国百科全书》来考察。

由于"出版学"与"编辑学"这两个名词英美辞书里还没有，我们只能以"出版"与"编辑"作替代，以求见微知著。在《新不列颠百科全书》（1983年，第15版）中，于Edison（爱迪生）之后，应当出现Edit（编辑）的地方没有Edit。Publishing（出版）倒是有，不愧是"大条目主义"，洋洋洒洒36页。在这里，"出版"采用的是比较广义的概念，整个条目分为"图书的出版"、"报纸的出版"、"期刊的出版"三大块来叙述，各块较详细地介绍其发展历史和现状，"编辑"只是作为一个低频词在其中偶然闪现[40]。如果按照该条目的体系来展开，那么出版学不仅包括编辑学，还伸延到以出版报纸为核心的新闻学。在《美国百科全书》（1988 年，国际版）中，尽管小条目很多，但 Edit（编辑）和 Publishing（出版）却有些例外，两者虽均有其条，可都是空条目，被指引参见 Book（图书）条。Book 条是一个 21 页的中型条目，分"书的历史"及"出版和销售"两个部分[41]。在"出版和销售"中讲到了"编辑过程"。倘若按照该条目的层次来创建学说，那么应该是图书学包括出版学，出版学包括编辑学。

以上两种百科全书都由美国出版，但撰稿人英美兼有，参考文献涉及各国学者的名著，其内容的科学性和影响的广泛性是世所公认的。从对这两种百科全书的调查，我们可以发现"出版"的涵义大于"编辑"、包含"编辑"在欧美是一个共识。这跟我们国家对这两个词的看法是一致的。基于此，我们说编辑学是出版学的一个分支就是合乎情理的，这是人们长期认识的结果，是符合历史发展事实的。

3.3.2 日常用语中的"出版"并非科学概念，科学的出版概念必然包括编辑、复制、发行这三项基本内容。不经编辑的出版是盗版，抽去编辑学的出版学是盗版学。

在日常用语中，"出版"有时指书籍的印刷制作，如出版社中设立的"出版部"或"出版科"，其职责就是把编好的文稿交付印刷。再如，有些学校虽名为"出版学校"，实际上只有印刷专业或者再加校对专业。"出版"的这层用法大概是对历史习语的沿袭。因为在木版印刷时期，我国古人常用开版、镂版、刻版等术语描述图书的印制工作。19 世纪末，出版作为外来词由梁启超等进步学者传入后，人们很自然地把其与开版、镂版等归入一类，理解为书的印制，而忽略掉了"出版"中应有的编辑、发行方面的含义。1917 年北京大学开成立出版部的先例，在 50 年代以前，我国很多高等院校中都设有"出版部"或"出版科"，其职责为专事油印教师编写的教材，不对外发行。在这里，出版实际是被作为印刷的书面语或者说是敬语来使用。

然而随着人们对"出版"在其舶来国的含义的深入理解，特别是从 80 年代初我国倡导出版学研究以来，凡在正式场合和学术场合，出版都不作为印刷的同义词来使用。如近十余年各地先后成立的"出版科学研究所"，其研究对象就不限于印刷，而更注意编辑和发行，各地新编的《出版志》，也均包括编辑、印刷、发行三方面的内容。我国于 1991 年 6 月 1 日开始实施的《中华人民共和国著作权法》，在第五条第六款对出版界定：出版，指将作品编辑加工后，经过复制向公众发行。也是把出版看作是包括编、印、发三个环节的综合过程。基于这些情况和整肃学术规范的责任感，许力以、林穗芳、刘光裕诸先生都曾指出，编辑、复制（印刷）、发行是构成出版的三个必要条件，没有缺少这三个条件之一的第二种出版。

出版不等于印刷比较好理解，但是还有一种把编辑排除在外，认为出版就是复制加发行的观点，虽同样不科学，却较有市场，影响较大，值得一提。持这种观点的可分为两类人。一类是坚持认为编辑学独立于出版学之外的代言人和支持者，如王振铎先生，把出版简单、硬性地定义为复制加发行。另一类是被编辑学独立浪潮所"震慑"的一批学者，如赵航先生，他本来认为 出版学研究中编辑学异常膨胀是一种"学术偏离"现象。但由于身在教学岗位，担任"出版学"课程教师，为了使该课不与"编辑学"课程内容冲突，能够接榫合缝，不得不另辟蹊径，违心地缩窄出版内涵[42]。

这种观点之所以比较盛行，不是空穴来风，此论拥护者手中的两张"硬牌"是当今两个国际版权公约中的出版概念。

《世界版权公约》第六条对出版的界定是：本公约所用的"出版"一词，系指以一定有形方式复制某作品，并将复制本在公众中分销，以供阅读，或以其他方式观赏。《伯尔尼公约》第三条第三款对出版的界定是：就作品的性质而言，无论复制本以何种方式制作，只要可以满足公众的合理需求，即构成出版。这两个界定都标举了复制和发行，而没有标举编辑。那么为什么会如此呢？刘光裕先生认为这是法律条文的特点使然。因为编辑侵权而尚没有经过复制发行，这就如同没有"思想犯罪"一样，不能构成违法，所以在法条中不必标举编辑，只需标举构成实际侵权行为的复制和发行。在现实生活中，也确实有不经过编辑工作的侵权，如盗版，而盗版可视为编辑作品的易人非法印刷，并非真正的出版。"但是凡经由编辑环节而在复制和发行中表现出来的版权纠纷，按照国际惯例，编辑一方要在法律上负主要责任。如此看来，两个公约的出版概念实际上在复制和发行之外还是包含编辑的。"[43]

刘光裕先生的论述，使"出版等于复制加发行"论者手中的两张"硬牌"变成了两张废纸，并且意外地发现，不经过编辑工作的出版就是盗版，王振铎先生倡导的抛离编辑学的出版学岂不就有了"盗版学"之嫌吗？

3.3.3　出版和编辑都有广义和狭义之分，如果不用广义的编辑概念去对应狭义的出版概念，那么编辑就越不出出版的范围，编辑学就改变不了是出版学分支的地位。

关于出版的定义，从广到狭，按照有些学者的意见可以分为三个层次，分别称为第一、第二、第三定义[44]。第一定义，即广义的出版是指通过生产、复制、发行一定的物质载体来传播经过编辑加工的信息，包括书刊、电影、录音、录像、幻灯、唱片等。第二定义，即介于广义和狭义之间的出版定义，如《中华人民共和国著作权法》中对出版的界定：指将作品编辑加工后，经过复制向公众发行。此处"作品"的范围显然没有第一定义中"信息"的范围大，但通过对"作品"、"复制"的不同规定，可以使出版的内涵有伸缩余地。如著作权法中的"作品"就不仅指书刊，还包括录音录像作品和电子出版物，"复制"不仅指印刷，还包括套录和拷贝。第三定义则专指图书报刊的编、印、发这三方面的工作。在这里，我们没有把"印刷"或"印刷加发行"作为出版的狭义定义，是因为在前文已讨论过，出版必须包括编辑、复制、发行三要素。

编辑的定义，因表述方式不同，根据叶向荣先生的统计，林林总总有 20 多种。如此多的定义，抛开争议颇大、编辑学界基本持不接受态度的"人类编辑学"的编辑观，由广而狭也可以分为三个层次，各层次选个代表，也可以称为第一、第二、第三定义。编辑的第一定义是"在利用传播工具的传播活动中，处于作者和读者之间进行的种种出版前期工作"[45]。第二定义是"对主要是别人的作品和材料进行选择和加工以供复制向公众传播"[46]。第三定义是《辞海》对编辑的界定：新闻出版机构从事组织、审读、编选、加工整理稿件等工作，是定稿付印前的主要环节。

把上述出版和编辑的定义逐层对应，可以发现编辑无论在哪个层次上都是出版的一项内容、一个环节，不能脱离出版而单独存在。当前凡主张编辑学独立于出版学之外的，都是犯了以广义编辑定义对应狭义出版定义的错误。邵益文先生犯的是以编辑的第一定义对应出版的第三定义，王振铎先生犯的是以无限夸大的比编辑的第一定义还要宽广的定义来对应他自己规定的错误的出版定义，即出版等于印刷加发行。

由这种层次对应法出发，我们可以再进一步具体谈谈对新闻编辑学和广播影视编辑学的认识。在过去和现在，都有人认为新闻编辑学和广播影视编辑学跟书刊编辑学有不同的特点，可以说有自己的一套，因而认为新闻编辑学和广播影视编辑学跟出版学无关，书刊编辑学才属于出版学，如果要建立综论各个传播行业编辑工作的编辑学，那么肯定是独立于出版学之外的编辑学。把这种观点通过层次对应法一检验，错误一目了然，即以广义编辑定义对应狭义出版定义。

另外，为了更透彻地指出这种观点的不正确性，笔者再分别对广播影视编辑学和新闻编辑学加以具体分析。

第一，怎样看待广播影视编辑学。

我们知道，现有传播媒体的产生次序大致是这样的，先图书，再报刊，再广播影视，再电子出版物，传媒的每一次演化都主要表现为载体的变化，而传播信息的目的和编辑、复制、发行的基本工作程序和方法并没有变。后者可以认为是前者的变异，纸张变异为扬声器、荧幕、屏幕、显示器，文字变异为数码、声音、图片、画面，编辑变异为录音合成师、剪辑师……正因为有这种一脉相承性，所以现在的著作权法中把图书报刊和音像、电子信息产品的生产都归入了出版，社会上有电子、音像出版社，新闻出版署有电子、音像出版物管理处。在这样的大出版格局上建立的大出版学好像没有什么编辑学不能包容的，广播影视编辑学本质上是音像编辑学，都是研究怎样把摄影师拍下的图像、录音师录下的声音，加以艺术地、巧妙地选择、组织起来的方法和规律。承认音像编辑学是出版学的分支，那么广播影视编辑学也就不能例外。更何况已有出版界人士指出："要缩短我国与发达国家出版业的差距，就得加快音像、电子出版物的发展步伐，最终向电子软件、影视业延伸。"[47] 有人把广播影视编辑学作为编辑学不属于出版学的一个特例，乍一看比较唬人，细想想它跟音像编辑学的相通性，其实也是个纸老虎，并不对编辑学是出版学的分支的观点构成真正的威胁。出版学和编辑学就像一个气球的表里，可以同膨大共缩小，如果编辑学老想把出版学撑破，那首先得先把自己撑破了。

在这里，我们提出了"大出版学"的概念，可能马上有人会问，那么"大出版学"大到什么程度？你在批驳"编辑泛化论"的同时，是否要另创一个"出版泛化论"呢？笔者的回答是否定的。我们认为，出版作为一种社会活动，一种社会现象，它是社会分工的结果。不是脱离社会，像哲学那样，从纯学理、纯逻辑的角度，形而上划分出来的领域，它的概念和范围是约定俗成的。当社会公认什么活动是出版，什么活动就是出版，出版是不能躲在书斋里主观界定的。那么"俗成"又集中体现在哪里呢？我们认为集中体现在法律当中，法律作为绝大多数公民意志的反映，其对出版范围的界定具有最大的权威性。当前，法律突破传统印刷品的范围，规定电子音像的编辑、制作、发行为出版，那么这就是大出版的最远边界。至于今后广播、影视会不会归入大出版，那要看社会俗成的趋势和法律的规定，暂时还不能认为广播、影视就是出版。另外，我们认为，出版必须以编辑为第一环节，而广播、影视是以创作为第一环节，因而也不能算作出版。笔者之所以说广播、影视编辑学是出版学之内的编辑学的一个分支，是因为它和音像编辑学有相通之处，而音像编辑学显然是属于出版学的。这中间有个转化过程，不是直接说广播、影视就是出版，所以广播、影视编辑学就是出版学之内的编辑学的分支。换句话说，广播、影视编辑学是出版学和影视学的交叉学科，是出版学内容在影视学中的应用。总之，我们在批驳"编辑泛化论"的同时，是不会苛人宽己，一不小心，再创造出一个"出版泛化论"的。我们主张，出版学和编辑学都应该在第二定义的层次上开展研究。

第二，怎样看待新闻编辑学。

当我们说编辑学是出版学的一个分支，最有意见的恐怕就是新闻学研究者，他们的看法是："新闻学和出版学是两大传播科学，而编辑学则是两者共同的组成部分，并分别发展成为新闻编辑学和图书编辑学。新闻编辑学是实用新闻学的一个分支学科，图书编辑学则是出版学的一个分支学科。"[48]这句话的错误在于把出版学仅仅等同于图书出版学，而把编辑学等同于图书编辑学加新闻编辑学，显然是在偷换概念和进行层次不对等的对应。

笔者认为，早期新闻学实际上就是报纸出版学的别名，新闻学刚传入我国时就被称为"报学"，《新大不列颠百科全书》中的"出版"条目下有一个下位条目"报纸的出版"，讲的就是大半部新闻学发展简史，可见报纸编辑学毫无疑问是出版学的分支。新闻工作后来增加了广播、电视两大媒体，从编辑学意义上讲，就是相应地增加了广播和电视编辑学，所谓新闻编辑学无非就是报纸编辑学加广播和电视编辑学。而广播和电视编辑学我们在前面已论证过，实质等于音像编辑学，仍越不出出版学的范围。那么说来说去，新闻编辑学不仅是实用新闻学的一个分支，也是出版学之内的编辑学的一个分支。

3.3.4 《出版词典》、《编辑实用百科全书》、《中国大百科全书·新闻出版卷》这三种专业权威工具书一致认为编辑学是出版学的一个分支。

《出版词典》是中国出版科学研究所成立伊始，新闻出版署下达给它的重点科研项目。该项目在研究所成立的当年——1985 年就开始草拟词目，1989 年定稿，编委会由边春光先生领衔主持。该词典是我国出版学方面最早的一本权威工具书。在该书中，没有给"编辑学"列专条。在"出版学"条目中，是这样给出版学与编辑学的关系定位的："有些学者根据出版学研究的主要内容，认为其学科体系包括出版概论、出版管理学、出版经济学、编辑学、读者学、作者学、书刊印刷学、图书发行学、书籍装帧艺术论和出版史等。"[49]

《编辑实用百科全书》是中国出版科学研究所承担的另一个重点科研项目。该书 1988 年初拟定计划，1994 年底出版，同样由边春光先生挂帅主编，目的是为全国的编辑们奉献一部案头书，也是我国出版学方面的另一部权威工具书。在该书的由阙道隆先生署名的"编辑学"条目中，作者没有鲜明地摆出自己在出版学与编辑学关系问题上的立场。在论述编辑学研究的历史时，作者是紧紧围绕出版史来谈的，好像是赞成编辑学是出版学的一个分支。但在论述编辑学的研究对象时又说："编辑学的研究对象与多种学科有交叉。和编辑学关系密切的学科很多，如文化学、政治学……出版学、发行学，以及信息论、系统论、控制论等。"[50] 在这里，看不出他对编辑学是出版学的分支的观点是赞成还是反对。在该书的由高斯先生署名的"出版学"条目中，作者认为："在出版学这个大系统的理论体系中，各个环节都有必要也有可能形成自己的科学范畴和理论体系，成为出版学的分支学科。近些年在中国，有关专题的科学研究已经分别展开，取得了一定成果，编辑学、印刷学、发行学已经初具规模。""出版学作为一个大系统的思维工程，它的科学研究要涉及到编辑学等分支学科的一些基本理论。但是，出版学不是编辑学等分支学科的简单相加。"[51] 高斯先生的论述明显是赞成编辑学是出版学的分支。综合"编辑学"条目和"出版学"条目两处的观点，我认为总共有 2 票的话，那么至少有 1.5 票投的是编辑学是出版学的分支的赞成票，这是《编辑学实用百科全书》的基本观点。

《中国大百科全书·新闻出版卷》是我国新闻出版领域最权威的工具书，也是全世界当今唯一一部为"出版学"、"编辑学"列出专条，并为出版学提供了可观篇幅的百科全书，充分反映了我国党和政府以及文化学术界对出版学的高度重视。在该书许力以先生撰写的卷前专文《出版和出版学》中，作者认为："出版学范围较广，其分支学科，有编辑学、印刷学和发行学。""出版包括编辑、印刷、发行三个方面，是一个不可分割的整体。出版以编辑为中心，以印刷为手段，以发行为桥梁。编、印、发三者之间互相依存，互相制约，互相促进。编、印、发的协调，是出版发展的必要条件。出版学要探索出版的规律，掌握出版的发展动向，研究出版对社会的关系和影响，研究编、印、发三者之间的联系和矛盾，揭示问题的实质。""出版学除了编辑学、印刷学、发行学之外，还包括版权、装帧艺术等专门领域。"[52]在该书的由戴文葆先生署名的"编辑学"条目中，作者认为："编辑学是出版学的一个分支，是具有综合性、边缘性和应用性的学科，它研究各种不同学科的书籍的编辑工作，这项工作本身又包含各门科学编辑及文字编辑、技术编辑、地图编辑、美术编辑等。"[53]许力以和戴文葆两位先生的观点是一致的，旗帜鲜明地指出编辑学是出版学的一个分支。

以上三种著作都是由出版领域的学科带头人广泛召集专家讨论，在充分争鸣的基础上编写的，代表了我们国家在该领域的研究水平。虽然真理的讨论不能靠投票和权威裁判来决定胜负，但是，如果我们承认当前的时代不是布鲁诺时代，专家评议法自有其合理性的话，那么我们就应该相信上述的权威之论含有更多的真理性颗粒。

3.3.5　面向世界，面向未来，出版学的研究内容十分丰富，研究范围十分广泛。随着时间的推移，编辑学作为出版学分支的地位将会日益被人们所认清。

进入十九世纪以来，由于市场竞争的加剧，西方的出版业已经被迫由个人主义色彩和理想主义色彩比较浓厚的"家庭工业"、"绅士职业"，转变成为面目冷峻、巧于逐利的纯粹企业[54]。这种企业虽然也许还残留着一些斯文的、书卷气的气息，但在本质上已深刻地商业化了，畅销和利润给它们带来的狂喜远远胜过了为社会奉献一部新书、增添一缕书香的欢悦。出版社的头头们脑海里整天快速切换着市场预测、组稿竞争、销售、广告、排行榜、版权转让、打击盗版、出口、兼并、改组、技术升级、投入产出、企业集团、多元投资、公共关系等这些散发着商战硝烟的词汇，出版对他们而言，跟管理其他企业一样，面临着无穷多的问题，无穷多的挑战。而编辑工作在所有问题中并不经常占据头等重要的地位，只要雇佣若干有突出社会活动能力、与学术界和知识阶层有密切联系、善于分析和预测市场的高级编辑，一切便可以放手。在日新月异、功能强大的现代出版技术的支持下，图书质量更无足挂虑。总之，随着教育和科学技术的发展，出版活动中编辑环节的人才成本、时间成本、资金成本都在减少，编辑工作越来越退居次要位置。出版业已经进入销售系统时代，销售成为出版社的生命线。

我国的出版业，受民族传统文化、价值观的影响，受社会政治、舆论环境的制约，从封建社会到半殖民地半封建社会，一直保持着浓厚的理想主义色彩，可以说没有一个出版人愿以纯粹的出版商自我标榜，他们总是或多或少地担当起文化传播者的责任。进入社会主义社会以后，社会性质和国家性质决定了出版社是宣传马列主义毛泽东思想的机构，是积累和传播文化科学技术知识和成果的机构，是丰富人民精神文化生活的机构。出版业虽然不再是旧文人、旧商人的"家庭工业"，却成了国家这个大家庭的"家庭工业"。出版业虽然不再是"绅士的职业"，却是"知识分子的职业"。这种变化，不仅保留而且强化了编辑工作的中心地位，大大限制了出版社作为企业应当具备的大量经营管理业务的发展。如此的情形反映到理论研究中，便是编辑学的自高自大、自我膨胀，作出版学的中心内容还不够，还要独立出去。

当前，随着市场经济建设的发展，国有企业改革如火如荼，鉴于出版社的特殊作用，国家仍不会改变其作为事业单位、企业管理的性质，仍要坚持以编辑工作为中心，而不提倡以发行工作为中心。但既然是企业管理，就要按企业发展的客观规律来办事，否则就会束缚出版业的手脚，影响其发展壮大。所以我国的出版界除了继续深化80年代提出的"出版社从生产型向生产经营型转变"的出版改革，在出版社普遍设立经理部、发行部等机构，以加强企业经营管理和图书销售工作。最近又掀起了组建出版企业集团、出版企业实行股份制的争鸣和改革热潮，另外针对版权贸易与合作、出版立法等也发出了要求加快理论研究和实践步伐的呼吁。可以说，是出版企业发展的客观规律，是全球经济化、信息化的浪潮驱使我国的出版业必须面向世界，面向未来，吸收国外同业的一切先进经验，全面开展其作为企业应当开展的业务。

随着出版业务的扩展，出版学研究的内容也将更加丰富多彩。编辑学在出版业务单调的时代，在唯编辑工作独尊的时代可以一枝独秀，那么在出版业务大为拓展的新时代，在出版学的百花园中，它已不再是一枝主干，而仅是普通一枝。隐身一团锦绣，编辑学将很难再有脱离出版学、红杏出墙的自信和冲动。这样的情形，或许身在庐山之外的学者看得更清楚。如我国最年轻的图书馆学博士生导师王余光教授就不赞成把出版学简单地分成编辑学、印刷学、发行学三大块。他设计的出版学体系包括5个部分：出版学理论研究、出版管理学研究、出版经济学以及对外版权贸易与合作出版的研究，出版社会学与版权立法的研究、出版机构及出版家与出版史的研究[55]。编辑学在这个体系中，不是一个主要分支，而只是出版学理论研究的一个分支。

相信随着出版改革的深化，随着时间的推移，编辑学是出版学的一个分支的观点将会被越多越多的人所认同，成为出版学术界的共识。

### 3.4　关于出版学与编辑学关系的一些补充

出版学与编辑学的核心问题，是谁是谁的分支问题。对此上文已作了明确回答。

那么编辑学有没有一定的独立性呢？下面对此作一些补充。

笔者认为，编辑学在出版学范围之内有相对的独立性。这种独立性表现在两个方面。

3.4.1　编辑学有自己特殊的研究对象，自成体系，编辑学的发展是对出版学的充实，出版学不会取代编辑学。

按照一般看法，编辑学跟印刷学、发行学是出版学的三大支柱，唯有这三大支柱建设得好，才能支撑起出版学的理论大厦。在过去的 10 多年，这三根支柱的建设进度并不一致，编辑学显然赶在了前面。编辑学跟出版学关系的一度紧张，就像快工出粗活，背离了设计蓝图，柱子建偏了一样。现在我们摆正两者的关系，犹如对柱子纠偏，是指正它的方向，并不意味着要否定它的建设成就，要削弱它。

出版学作为编辑学的上位学科，它包括编辑学，但不能取代编辑学。事实证明，编辑工作在出版发展史上无论其功能、地位如何变化，却是不可或缺的一环。编辑工作的发生发展规律需要研究也应当研究，它构成了编辑学的特殊研究对象。围绕着这个对象，编辑学有自己的研究范围、研究内容，自成体系。创建编辑学就是要解决编辑工作中的特殊矛盾，这种首创精神值得称赞。谁也不能否认，编辑学首先在中国诞生并快速发展是中国出版学的光荣，也是对世界出版学的一份贡献，编辑学完全应该也完全有可能走向世界，为国外同行所借鉴吸收。

由于我国的社会主义国情，我国的出版社和资本主义国家的出版社有根本性质的区别。面向未来，无论出版改革如何进行，都要牢牢坚持社会效益第一的宗旨，都要加强编辑工作的研究。编辑学在社会主义出版学中自有其独特的作用和地位。所以我们不能意气地认为把编辑学归为出版学的分支，就是削弱编辑学研究，而要发扬重视编辑学研究的传统，为编辑学的发展和完善作出更大的贡献。

3.4.2 编辑史早于出版史，编辑学研究完全可以延伸到独立的出版行业形成之前，但对其定位一定要根据其"重心"，而不能根据其枝蔓。

我们说编辑学是出版学的分支，并不意味着编辑学的理论研究仅能局限于在正规出版业形成之后的时间范围内来开展。相反，笔者认为任何事物在形成之前都有一个萌生、酝酿的阶段，前后联系研究，才能得出整体、全面的认识。出版业作为一个独立的行业和职业从社会劳动中分化出来，也不可能是一蹴而就，在一夕之间突然完成的，而必然有一个相当长的铺垫和孕育阶段，它的工作方法和思想源头肯定伸延、扎根于历史深处。所以我们完全不必忌讳去研究在独立的出版行业形成之前的编辑学，把孔子作为编辑家也是完全正常的。因为众所周知，在知识高度综合化的古代，一代文化宗师往往是通人大儒，兼具多种身份，我们既然可以称孔子为哲学家、教育家、历史学家、目录学家，那么有所根据地称其为编辑家又何足为怪。由于出版事实的成立要牵涉到复制和发行，因而出版史在中国依保守的算法可能要起自"书肆"出现的西汉。如果编辑史从最早的书籍——简策出现的春秋战国算起，编辑史就要早于出版史，这正是编辑学具有一定独立性的体现。

但是在给编辑学定位时，我们就不能像王振铎教授那样认为其发源早，就断定出版学和编辑学是两门彼此独立的学科。给一门学科定位应该看其"重心"所在的位置，而不应该看其触须伸展得多么远。从整体来看，编辑学的"重心"无疑是落在独立的出版业形成之后的这段时间内，是和出版学同呼吸共命运的，把编辑学归为出版学的分支毫不牵强。就这个意义而言，编辑学的独立性只是相对的。

编辑学和出版学也是共生共荣的，离开了出版活动和出版学，编辑学将无用武之地，无家可归；离开了编辑学，出版学就是不健全的、跛腿的学科，甚至不能称之为出版学，而沦为盗版学。

## 3.5  纠正"编辑出版学"的折衷主义倾向

由于出版学和编辑学的关系没有及时理清，在较长一段时间，有人赞成编辑学是出版学的分支，有人赞成出版学是编辑学的分支，令人莫衷一是。于是，一种折衷主义观点便应运而生，那就是寻找第三条道路，提出创建编辑出版学。

编辑出版学的出现以 1988 年 5 月湖北人民出版社出版叶再生的《编辑出版学概论》为标志。该书首次打破编辑、印刷、发行的"三板块"学科分类，提出了"编辑出版学"的一个"树状结构"。其第一层次包括：图书编辑学、报纸编辑学、非印刷出版物制作学、出版学、图书销售学、出版管理学、图书印刷工程学、国际合作学、版本学、校勘学、出版人才学、出版史。

该书出版后引起了一些评论，如中国出版科学研究所的张立先生就提出质疑。他认为"编辑出版学"这个称谓的内涵极不明确，如果是意在说明出版过程中编辑的主体地位，"但以出版过程中的一个环节来代替整个学科是否合理？能不能因为复制技术的革新在出版业的发展中起着决定性的作用，因此就把出版学命名为'复制出版学'或'印刷出版学'呢?"[56]他还发现，该书的分类标准也很不统一，就该书第一层次列举的学科而言，"如图书编辑学、报纸编辑学、非印刷出版物制作学是以出版物的形式划分的，而出版史、校勘学、出版人才学、版本学又是以什么标准划分的？它们之间是否是并列关系？国际合作能不能称为学?"[57]这些疑问十分敏锐地指出了"编辑出版学"的漏洞，使它的非科学性昭然若揭。

笔者认为，《编辑出版学》的作者独辟蹊径的探索精神是令人尊敬的，该书的具体内容对读者提高业务素质也大有助益。但在理论建设方面，作者将能够想到的出版学和编辑学的内容，不加科学的、精确的分析组织就杂炼于一炉，对"编辑出版学"的内涵也没有明确、深入的解释，在理论上难免有以其昏昏使人昭昭的嫌疑。这种态度不明朗的、暧昧的折衷主义立场和观点，在某个特殊时期可以起到调和、缓解矛盾的作用，但从长远来看，对人们勇锐地探索真理有消极影响，应当加以纠正。

"编辑出版学"不仅出现于学术著作，也常用于人们的口头交流，有时还见于政府文件。在口头交流中，"编辑出版学"通常指的不是一门学科，而指的是"编辑学和出版学"。在政府文件中，一般在提到出版教育时，时常用"编辑出版专业教育"或"编辑出版学专业教育"，来概括编辑学专业、图书发行专业、书籍装帧专业等。笔者认为，"编辑出版学"的上述用法虽无大错，但显示不出出版学、编辑学的层次结构，将两者混淆在一起，是学术上的折衷主义在社会生活中的反映。现在我们理清了编辑学和出版学的关系，今后就应当坚决克服这种倾向，尽量少用或不用"编辑出版学"这样的称谓，在正式文件中尤其需要注意。文件中按过去的习惯用"编辑出版学教育"的地方，现在一律可用"出版学教育"来取代。

### 4. 中国出版学、编辑学的发展趋势

根据当前的社会发展状况，出版界面临的形势和任务，以及科学理论自身的发展规律，展望未来，中国出版学、编辑学的发展呈现出以下趋势。

#### 4.1 编辑学研究由"粗放型"转向"集约型"

编辑学研究到 90 年代初期已经取得了较大成就，积累了比较丰硕的成果，该领域的绝大多数问题均已触及，体系初成。但以往的研究也有明显的不足，即呈现出"粗放型"的特征。这表现在：①缺乏学术规范，综述性文章很少，许多人是在不了解学科背景和相近课题已有成果的情况下，轻率发表观点，论文整体数量大，但低水平重复严重。②学术范式不明朗，虽有一批被较广泛认可的学术权威，但他们观点各异，很难统一认识。除了几部工具书勉强统一观点，影响较大外，还没有一部个人专著堪称经典，树立起被广泛接受的学术范式。③科学的治学方法不普及，缺乏扎实考据和严谨推理的议论性、主张性文章大量发表。④研究以单兵作战为主，合著和集体研究现象不普遍。

最近几年，编辑学似乎正在走出拓荒阶段，回顾性、总结性研究成果渐渐多了起来，有不少文章是对以前提出的关于基本概念、研究对象、内容体系等问题的各种观点进行对比、鉴别和审核。这表明编辑学界正在通过反思过去、评价过去的方式来寻找和塑造学术范式。相信经过此番的清理、整顿式研究，编辑学必然能够认清和克服以往"粗放型"研究的不足，自觉地向重质量、重规范、重科学方法、重集体攻关的"集约

型"研究方式过渡。

## 4.2 出版产业化成为出版学研究的重点

我国一贯强调出版的文化属性和事业特征,对出版在精神文明建设中的重要作用有充分认识,但在相当长一段时期内,对出版作为一种产业在国民经济中的特殊地位认识不够或讳于谈论。这跟二战以前国外对出版业的认识有点类似。二战以后,国外开始重视出版业的效益管理。特别是欧美的一些大企业纷纷购买出版单位,并把企业经营管理的办法引进出版业,极大地提高了出版业的经济实力。"1962 年,美国著名经济学家马克鲁普的《知识产业论》发表以后,国外更加重视出版业,把它作为信息产业的一个门类大力发展,完全采用市场经济的原则进行经营管理。同时,考虑到出版业的文化属性,也采用一些政治、经济、法律的手段来发挥其政治功能、文化功能。纵观世界发达国家,并非它们的每一产业都很发达,但无一例外,都有一个非常发达的出版业。"[58]

现在,世界主要发达国家的出版业已成为制造业中的一个重要产业部门,产值在制造业中居第 5 位至第 8 位,而且还有进一步向前赶超的趋势(参见表 5)。看来,把出版业称为国家的支柱产业是毫不过分的,而且随着传统出版业的现代化改造,高新技术广泛运用,其产出水平大大提高;随着人们生活的不断改善,对出版物的需求愈来愈大,出版物的价格不断上涨,出版业的创利潜力仍在增大。

表 5　世界四个主要发达国家的印刷、出版业产值

| 国家 | 年度 | 产值 | 在本国制造业中名次 | 位居其前的行业 |
|---|---|---|---|---|
| 美国 | 1993 年 | 1,730 亿美元 | 5 | 运输设备　食品<br>非电气机械　电气机械 |

| 国家 | 年度 | 产值 | 在本国制造业中名次 | 位居其前的行业 |
|---|---|---|---|---|
| 日本 | 1993 年 | 135，910 亿日元 | 7 | 运输设备　电气机械<br>非电气机械　食品<br>金属制品　钢铁 |
| 英国 | 1992 年 | 19，648 百万英镑 | 6 | 食品　运输设备<br>非电气机械　电气机械<br>工业化学 |
| 法国 | 1993 年 | 182，987 百万法郎 | 8 | 食品　运输设备　电气机械<br>非电气机械　金属制品<br>其他化学　石油提炼 |

资料来源：《国际统计年鉴》，中国统计出版社，1996 年

　　显然不承认或不加强出版的产业化是不现实的，吃亏的不仅是出版界，还有国家。所以我国的出版业随着改革开放的步伐也在渐渐进行着产业化，1985 年，国家统计局提出了三类产业的划分标准，新闻出版和其他流通与服务部门被列为第三产业。党的十四大确定实行市场经济后，出版产业化问题进一步受到重视，到 1997 年，随着党的十五大的召开，出版产业化已成为出版改革的重要目标之一，当年的全国出版理论研讨会强调，要高度重视出版产业发展战略的研究。由于实现出版产业化，首先需要规模经营，需要国际间广泛的业务交流，因而目前讨论正酣的问题主要有组建出版企业集团、国际版权贸易与合作等。

　　当今世界已进入信息经济、知识经济时代，出版产业化是大势所趋，形势逼人，出版学界应该继续加强这方面的研究，为我国的出版改革提供科学的理论依据和决策咨询。

### 4.3　信息技术、出版法规是出版学、编辑学研究不可忽视的两个方面

　　出版业是受技术影响明显的行业，从雕版印刷、手工活字印刷到铅活字机械印刷，每一次技术的进步都促成了出版业的飞跃。二战后，以计算机技术为代表的信息技术的崛起，又一次全面而深刻地改变了出版业的面貌。当前我国的出版业，一方面在印刷技术上告别了"铅与火"，进入"光与电"的电子出版时代。另一方面在业务工作和行政管理上，也广泛地使用计算机。新的技术环境造成的新的工作方式给出版学、编辑学提出了许多新的课题，比如怎样掌握和熟练运用新技术，怎样开创电子出版和网络出版工作，怎样利用计算机搞好出版业务的全流程管理，怎样通过网络开展国际版权贸易与合作等。出版学、编辑学是致用之学，对这些实践中出现的现实问题进行研究是理所当然的。

　　由于当代出版业处于全球信息、经济一体化的时代，竞争十分激烈，一国出版业要想完全保留自己的传统和生产方式是不可想象的，它要想生存和走向世界，除了在技术上跟上时代，还要有健全的政策和法律作保障。换句话说，世界出版业的接轨很大程度上就是技术趋同、法规趋同，前者提供了公平的游戏工具，后者提供了公平的游戏规则。出版法规的重要内容就是版权保护，使公民对自己的文学、艺术和科学创作成果依法享有人身权和财产权等民事权利。目前世界上许多国家都制定了自己的版权法，大多数国家都是《世界版权公约》和《伯尔尼公约》的签约国。我国也不例外，不仅制定和实施了《中华人民共和国著作权法》，还积极参加了两个国际版权公约。国际版权公约是各国彼此进行版权保护监督和联合打击盗版的基础，在某种程度上维护着国际出版交流的公平性。出版法规除了在版权保护上的大同，还有其他方面的小异，比如各

国对本国出版业的重视程度不同，在财政、税收、信贷等方面给以扶持的政策和法律也有区别。再如，在文献传播方面具有优势的西方出版界，它们的政策和法规肯定是和推行"文化殖民主义"、"文化帝国主义"、"欧洲中心主义"相配套；相反，第三世界国家在制定出版政策和法规时，就要适当考虑反对这种文化入侵、和平演变，并尽可能地维护民族传统文化并向国外传播。随着世界各国越来越多地使用出版法规对出版业进行宏观调控，出版法规研究已成为出版学、编辑学的重要内容。

总之，技术和法规已成为当代出版业的两翼，出版业要稳健地飞行，经常对两翼进行理论维护是十分必要的。

### 4.4　出版学、编辑学将日益吸引多学科专家来联合攻关

由于出版、编辑活动源远流长，几乎是与人类文明相伴而行，而作为正规学科的出版学、编辑学只有不到 20 年历史，其理论空间极为广阔。这对出版学以外的一些社会科学，如文学、史学、图书馆学、情报学、文献学、新闻学、社会学的学者们来说有相当大的吸引力，不少人自觉不自觉地问津这个领域。

早在 1958 年，法国人埃斯卡皮就曾通过他的《文学社会学》一书，闯入到出版学领域。在该书的第五章"出版活动"中，他较系统地研究了出版和创作、出版活动的历史沿革、出版社的职能；在第六章"发行渠道"中，他系统研究了发行渠道的界限、文人渠道、大众渠道等[59]。他把出版社的职能概括为选题、生产和发行，把发行渠道分为文人渠道、大众渠道，这些观点都是经典之论，经常被以后的出版学著作所引用。作为文学家和社会学家，他成功地串演了一回出版学研究者。

1980 年代末以来，一批图书馆学、文献学研究人员也对出版学、编辑学表现出浓厚的兴趣。他们中的代表人物有倪

波、王余光、贺修铭等。

倪波教授是现代文献学的积极倡导者，他在 1990 年出版的由他主编的《文献学概论》中，把文献学的内容分为 11 个方面：文献概述、文献结构、文献信息研究、文献载体及其形态、文献族系、文献类型研究、文献生产、文献交流、文献规律的研究、文献工作标准化、文献工作现代化。其中文献生产主要指的便是出版。倪先生现在不仅是图书馆学博士生导师，还是出版学硕士生导师，指导学生发表了不少出版学、编辑学方面的论文。

王余光教授在 1980 年代初就读北京大学图书馆学系的时候，就对近代出版业比较关注，毕业后不久就发表过关于近代新型教科书出版史方面的论文。1993 年，他从张舜徽先生门下毕业，博士论文是《论中国新图书出版业的文化贡献》。他积极主张在图书馆学系开展出版学、编辑学的研究和教学，曾撰文《出版学和一个大学科体系的形成》，建议把出版学作为二级学科纳入一级学科"图书馆、情报与文献学"之下[60]。

贺修铭博士师从目录学家彭斐章、谢灼华教授，1995 年从武汉大学毕业，其博士论文《文献生产的社会化及其管理》，已于 1997 年由湖南教育出版社出版。在该书中他实际是从文献学的角度来研究出版，所谓的"文献生产"很多情况下是作为出版的等义概念来使用。该书可作为角度新颖的出版学专著来读。

另外，武汉大学图书情报学院的吴平副教授也以书评学方面的论文获得博士学位。

以上学者介入出版学、编辑学，不同程度上深化、丰富了出版学、编辑学研究。由于图书馆学、文献学对出版学、编辑学的介入是有组织、有计划的，如武汉大学图书情报学院办了图书发行专业；北京大学和南京大学信息管理系都办了编辑学专业，倡导出版学、编辑学研究的有的是博士生导师，如倪波教授、王锦贵教授、王余光教授，所以这种介入将是长期的，今后将蔚为风气。

除了图书馆学、文献学，其他学科对出版学的交叉研究也是有目共睹的。出版行业外专家的加入，不仅大大增强了出版学、编辑学研究的力量，而且也带来了相对成熟的学术规范，比较新鲜的研究方法，有益于提高出版学、编辑学的研究水平。通过多学科专家的联合攻关，可以开展一些大型项目的研究，出版学、编辑学的基础理论建设将会发生一次飞跃，学科地位也将逐步提升。

### 4.5　出版学、编辑学要变内向型研究为外向型研究

当前出版学、编辑学研究的思路比较闭塞，缺乏丰富的联想，往往是就出版论出版，就编辑论编辑，看不到事物的上下左右联系。例如，研究出版产业不能很自然地想到其在信息产业体系中的地位和作用，研究出版法规考虑不到其与信息政策的关系，而信息产业和信息政策都是近几年跨学科研究的热点问题，出版学研究者在这些方面本来是大有可为的。

随着出版行业以外的专家介入出版学研究，或许能给出版学、编辑学研究带来一些启示。如果能借来传播学、信息经济学、社会学等学科的思路和方法为我所用，进行发散性、外向型研究，那么出版学、编辑学将跳出身居庐山的困惑，发现许多广阔、清新的天地。

### 4.6　由单一的以"文化"为基点向以"文化"、"管理"、"经济"三个基点转移是出版学、编辑学发展的总趋势

以往的出版学、编辑学研究主要是以"文化"为基点，把出版业看成是文化事业，把编辑工作看成是塑造和传播文化

的工作，把出版人看成是文化工作者……把有关出版的一切都裹在文化的轴心上。这种观点虽然没有错，但毕竟有些片面。正如历史不仅是政治、外交史，还包括经济史、文化史、社会生活史等一样，出版业是不可能仅仅以文化这一个基点来长时间地"金鸡独立"的。它还有另外两个基点："经济"和"管理"。

"经济"这个基点在出版产业化后显得尤为突出。英美的情况已经表明，当出版业壮大到一定程度的时候，其经济职能、经济贡献毫不逊色于钢铁、石油化工、汽车制造等传统的老牌产业。倘若此时我们还只用"文化"的基点来研究出版业，就如同只考虑比尔·盖茨在哈佛大学肄业后又学到了什么，而不管他是怎样成为世界首富的。

"管理"是使文化和经济在出版业保持平衡的支点。它巧妙地使出版业高效率地运转，同时既保持着文化特性，又蕴藏着惊人的经济潜力。

以上三点构成了出版业的稳态结构。如果我们把出版业比作一个三棱椎形的帐篷的话，那么以前的出版学、编辑学只掀起了底部一角，揭示的东西很有限，未来的出版学、编辑学则应该把底部的三个角同时掀起，告诉人们关于出版、编辑的全部奥秘。

## 5　结论

最后再简要回顾一下本文的观点：本世纪 20 年代萌芽的出版学，虽然首先在欧美得到发展，但欧美出版学有重工艺轻理论的显著特征，是有实无名的经验出版学。名实俱备的理论出版学的兴起以 1969 年日本提出"出版学"一词为标志，它的代表是日本出版学和中国出版学。中国出版学兴起于 80 年代初，虽然起步晚，但研究热情高、力量强，经过 10 余年的发展，已令世界刮目相看。

根据中国出版学早期设计者的想法，出版学包括三大分支：编辑学、印刷学、发行学。由于编辑工作在中国出版事业中占有突出地位，所以编辑学得到优先发展——优先编著出版编辑学专著，优先开展编辑学专业教育等。到了 1980 年代中期以后，编辑学已悄然崛起。随着编辑学研究的继续深入，一些学者不再满足于把编辑学作为出版学的一个分支，开始到出版业之外搜寻"编辑"。走得远者甚至把人的逻辑思维、语言组织、生活中为提高效率而对行为和事物的统筹安排和处理都视为编辑活动，陷入了可笑的扩张编辑学的误区。走得近者则千方百计到相近的传播行业中寻找出版之外的"编辑"，拿一两个特例来作为论证编辑学不是出版学的分支的宝贝。依笔者之见，前者的虚妄显而易见，争驳者众多，毋需再置喙。后者经认真分析，则是站不住脚的。正确、客观的出版学与编辑学的关系只能是：编辑学是出版学的一个重要分支，但有相对的独立性。

这个结论给编辑学的发展设置了一种规定性：即编辑学的发展必须适应、服务于出版学的大局。编辑学研究要随着世界和中国出版工作重心的转移来选择课题、确定方向，当对传统的文字编辑工作研究透彻之后，可接而转向对策划编辑工作、组稿编辑工作、高新技术编辑工作等的研究，日新月异、无限丰富的出版实践给编辑学研究提供了应接不暇的课题，编辑学新的生长点比比皆是。编辑学研究者应该多接触出版实务，扩大视野，紧追时代的步伐进行选题，而不必囿于一隅、着眼一点，由褊狭而玄想，制造出上够不上哲学下又落实不到具体实践的诸如"人类编辑学"之类的不伦不类、无益无害的"新思维"。编辑学可以是出版学的风筝和树影，它可以飘荡和伸延于历史深处和其他学科中吸取营养，但最终要筝落于地，影归于根。如果要生生地将编辑学从出版学中分离出来，那么出版学将成为盗版学，编辑学也将停靠无着。

承认编辑学是出版学的一个分支，给未来的出版教育改革也指明了方向。如果我们认为编辑学是一门独立的学科，那么现有的编辑专业就有理由一如既往地办下去。但如果我们认为编辑学是出版学的分支，显然当前的专业设置过窄，跟不上世界大学宽口径培养人才的趋势，也不符合我国教育部合并过细专业的精神。编辑专业应当和图书发行专业合并，增加印刷技术课程，组建出版专业。这样的专业培养的人才知识结构合理，适应性强，肯定比分别开办编辑、发行、印刷专业时培养的人才更受出版界欢迎。根据国内有关单位的调查，除前苏联外，欧美国家的出版教育都以开办出版专业为主，绝少见编辑专业和图书发行专业[61]。可见，我国在出版教育问题上，追求专门化的程度甚至超过了以分析思维见长的西方人。

当然我国出版教育专业过细格局的形成，与专业创办时出版事业中出版社、印刷厂、新华书店分工过严、界限分明的现实密切相关。另外，笔者认为，当年胡乔木同志不提出创办出版专业，而热情促成编辑专业的开办，跟 1983 年至 1984 年，党内整党，文化艺术界开展反对精神污染运动的形势也有很大关系。作为党的理论宣传家，他当时考虑更多的或许是要通过编辑专业培养一批不仅具有较高文化素养的，而且非常重要的是要用马克思主义思想武装头脑的既讲文化、又讲政治的精神产品把关人。而要是纯粹从发展出版事业的角度看，他会发现仅培养编辑是不足以振兴出版业的，出版业除了需要讲政治、讲文化的编辑，还要有讲管理、讲效率的管理人员，讲经济、讲效益的销售人员，或许他会建议创办出版专业的。总之，笔者认为编辑专业的创办是打着一定的时代烙印的，随着时间的推移，它当初产生的现实基础不复存在，当时的形势赋予它的任务也已完成，更何况现今的学生分配形势也不乐观，它完全应该进行一次自我更新，改建成出版专业，完全按照出版业的需要培养全能人才。

以上之论都是基于编辑学是出版学的分支的认识，也反映了编辑学理论界和教育界的大多数人的看法。而倘若出版学和编辑学的关系不是如此，比如说编辑学独立或出版学是编辑学的分支，那么两门学科的未来走向和教育改革的方向都将大变，肯定将呈现另外一番完全不同的景象。由此也可以看出学科关系讨论的重要性。

或许本文纰漏尚存，不足以一锤定音、一劳永逸地解决出版学与编辑学的关系问题，但愿能给最终解决这个问题提供一些有益的启发。

## 参考文献：

[1]　彭建炎．出版学概论．吉林大学出版社．1992 年，第 1 页

[2]　王余光．论中国新图书出版业的文化贡献．华中师范大学博士论文，1993 年，第 2 页

[3]　贺修铭．文献生产的社会化及其管理．湖南教育出版社，1997 年，第 151 页

[4]　罗贝尔·埃斯卡皮著，符锦勇译．文学社会学．上海译文出版社，1988 年第 71 页

[5]　刘国钧．什么是图书馆学．中国科学院图书馆通讯，1957（1）

[6]　斯坦利·昂温著，谢琬若等译．出版概论．中国书籍出版社，1989 年

[7]　小赫伯特·S·贝利著，高明光等译．图书出版的艺术与科学．书海出版社，1988 年

[8]　J. P. 德索尔著，姜乐英等译．出版学概说．中国书籍出版社，1988 年

[9] 邵益文．中国的编辑学研究．见《编辑实用百科全书》，中国书籍出版社，1994 年，第 566 页

[10] 清水英夫著，沈洵澧等译．现代出版学．中国书籍出版社，1991 年

[11] 同注 6，第 2 页

[12] 同注 6，第 8 页

[13] The New Encyclopedia Britannica. Encyclopedia Britannica, Inc. 1983 年，第 221 页

[14] The Encyclopedia Americana. Grolier Incorporated, 1988 年，第 220 页

[15] 陆本瑞．出版教育研究论集．中国书籍出版社，1993 年，第 207 页

[16] 同注 15

[17] 关于我国出版高等教育的汇报．第四次全国高等院校编辑专业负责人会议资料，1997.6

[18] 苏振才．编辑学著作出版综述．中国出版年鉴，1991 年，第 301 页

[19] 邵益文．编辑学图书出版综述．中国出版年鉴，1995 年，第 332 页

[20] 邵益文．我国出版科研的发展．中国出版年鉴，1988 年，第 135 页

[21] 倪子明．出版学刍议．出版工作，1984（6）

[22] 关于"编辑学"国际用语定名问题的通信．编辑之友，1996（2）

[23] 同注 9

[24] 同注 9

[25] 同注 9

[26] 同注 22

[27] 同注 22

[28] 于德馨．中国著作出版史上的传世观念．四川大学学报，1990（2）

[29] 同注 28

[30] 桑良至．中国古代的信息崇拜．北京大学学报，1996（3）

[31] 同注 28

[32] 戴文葆．编辑学．见《中国大百科全书，新闻出版卷》．中国大百科全书出版社，1990 年第 39 页

[33] 同注 19

[34] 同注 17

[35] 赵航．论出版学界说．编辑学刊，1992（2）

[36] 邵益文．论编辑学出版学、传播学的关系．编辑之友，1995（4）

[37]　王振铎．编辑、出版与编辑学、出版学．编辑之友，1995（6）

[38]　喻建章．编辑工作与编辑学研究．江西教育出版社，1996 年，第303 页

[39]　邵献图．西文工具书概论．北京大学出版社，1990 年，第 94 页

[40]　同注 13

[41]　同注 14

[42]　同注 35

[43]　刘光裕．关于出版概念．编辑学刊，1996（3）

[44]　同注 35

[45]　叶向荣．编辑概念诸说辩证分析．编辑之友，1995（5）

[46]　同注 45

[47]　王於良．中国出版发展战略举要．中国图书商报，1998 年 1 月 9 日

[48]　边春光．编辑实用百科全书．中国书籍出版社，1994 年，第 149 页

[49]　边春光．出版词典．上海辞书出版社，1992 年，第 3 页

[50]　同注 48，第 145 页

[51]　同注 48，第 150 页

[52]　同注 32

[53]　同注 32

[54]　同注 14

[55]　王余光．出版学与一个大学科体系的初步形成．图书情报工作，1996（3）

[56]　张立．关于出版学理论体系的构想．编辑之友，1992（3）

[57]　同注 56

[58]　聂昌慧．走产业化发展之路．中国出版，1997（12）

[59]　同注 4

[60]　同注 56

[61]　同注 15

# 出版教育：过去、未来共斟酌*

## 1 我国出版教育发展简史

我国的出版教育在旧中国是一片空白。新中国成立后，1953 年，建立了上海印刷学校，这是我国第一个为出版行业培养专门人才的教育机构。1958 年 8 月，在北京建立了文化学院，设立有出版系、印刷工艺系，并办过图书发行培训班。1961 年 12 月文化学院撤消，印刷工艺系并入中央工艺美术学院，继续举办，该院另外还设有书籍装帧专业。1963—1965 年，北京、辽宁、陕西等省市也先后成立了印刷职业学校或中等印刷技术学校。

党的十一届三中全会以来，我国的出版教育发展迅速。1978 年 12 月，国务院正式批准建立我国第一所高等印刷学院——北京印刷学院。1983 年，在武汉大学建立了我国第一个

---

* 原载《编辑之友》2001 年第 3 期

图书发行专业。1985 年，北京大学、南开大学、复旦大学编辑学专业开始招生。此后，清华大学、四川大学、武汉大学、西北大学、东北师范大学、河南大学、中国科技大学、南京大学、上海大学、北京师范大学等相继开办编辑学专业，安徽大学、成都大学开办图书发行专业，武汉测绘科技大学创办印刷工程学院。

为了提高出版教育的层次，武汉大学、清华大学采取的是第二学士学位的培养方式。1986 年以来，河南大学、南京大学、武汉大学、中国科技大学等单位还采取"借窝下蛋"的方法，挂靠中文系、图书馆学系、新闻系等培养出版方向的硕士和博士研究生。如 2001 年，北京大学信息管理系图书馆学博士点的王锦贵、肖东发、王余光教授招收"传播学与出版事业管理"方向的博士研究生，武汉大学大众传播与知识信息管理学院图书馆学博士点的曹之教授招收"文献与出版"方向的博士研究生。

除了高等教育，中等技术教育和职业培训也生机勃勃。在80 年代，全国 20 个省、自治区、直辖市都建立了出版方面的中专和技工学校。截至 1987 年，据 17 个省、自治区、直辖市初步调查统计，自 1980 年以来，共举办出版培训班 82 期，培训各类人员 5，612 人。

进入 90 年代，我国出版教育的规模变化不大，新增出版类专业的学校很少，但要求提高教学质量、提高教育层次的愿望非常迫切。特别是 1995 年以来，我国出版教育界强烈呼吁在《授予博士、硕士学位及培养研究生学科专业目录》中增列编辑学专业，并得到新闻出版署的大力支持。新闻出版署1995 年曾专发 41 号文件，向国家学位委员会正式提出建议。1999 年 10 月 17 日，新闻出版署署长余友先在受聘为南开大学中文系编辑出版学教授时再次表示，对由中国编辑学会、中国出版工作者协会和北大、清华、南开及河南大学等校联合呈报关于增设"编辑出版学"正式硕士点的问题全力支持，新闻出版署将为此付出最大努力。相信改变"借窝下蛋"的局面，名正言顺地培养出版学方面研究生的愿望不久就会实现[①]。

总结我国出版教育的成就，可以说已初步形成了一个多专业、多层次、多渠道、多规格的专业教育体系。多专业是编辑专业、出版管理专业、印刷技术专业、书籍装帧专业等均有。多层次指高等专门教育、普通高等教育、中等专业教育齐备，培养研究生、双学位、专科生、职业高中生等多梯级的人才。多渠道指教育渠道多样化，有正规大学、电大、函大、职大、成大自学考试、委托代培、专业证书班、业余教育、培训班、辅导班、短训班、研讨班、学习班等。多规格，就是既培养专业技术人才，也对出版社、印刷厂、新华书店的各个层次的领导干部进行继续教育。

## 2　我国出版教育的特点

我国的出版教育和正规的出版科研几乎同时起步，都从1984 年起开始全面展开。由于缺乏理论指导和统一的宏观规划，各教学单位都在开拓、摸索中办学，八仙过海，各显其能。十多年来，我国的出版教育渐成规模、异中趋同，呈现出以下几个特点：

### 2.1　专业名称不统一，分工过细

据调查，我国出版类专业的命名和分工情况十分复杂，具体为：编辑专业，有书刊编辑专业、科技编辑专业、编辑学专业等多种类型；印刷专业，有印刷管理专业、印刷技术专业、

---

① 迟言. 于友先同志受聘南开教授. 出版参考，1999（24）

制版技术专业、印刷设备与管理专业、印刷工程（电子出版）专业、印刷工程（印刷与图像复制科学）专业、包装工程专业等分工；图书发行专业和装帧艺术专业的称谓则比较固定；另外还有一类叫出版专业的，但并非将编、印、发统为一体全面讲授，而侧重于出版管理、出版技术等，有的干脆就叫出版管理专业、出版技术专业。

以上情况一方面表明我国出版教育涉及面较宽，专业齐备，令人欣喜。另一方面给人的感觉是专业名称混乱、分工过细，不利于培养具有宽广的出版理论知识，能够把握出版事业全局的人才，这跟当前提倡通识教育、宽口径教育的世界教育潮流不合拍，而且也不符合教育部压缩专业，强化素质教育、通才教育的精神。

## 2.2　编辑学专业力量最强，主导着出版教育

编辑学力量之强体现在几个方面：一、设有该专业的高等院校最多，达 15 所以上，而且绝大多数是名牌大学、重点大学，教师绝大多数是从中文系、新闻系、图书馆学系转行过来的学有所成、科研经验丰富的专家、教授。二、科研成果丰硕，仅以丛书为例，就有山西书海出版社的《编辑丛书》、河南大学出版社的《编辑学丛书》、黑龙江教育出版社的《编辑教学丛书》等。其中后两种都是以编辑专业的教师为主体完成的。三、专业教育层次较高，第二学士学位的培养单位有武汉大学、清华大学，采取"借窝下蛋"方法培养硕士研究生的单位有北京大学、河南大学、南京大学、武汉大学、中国科技大学、华中理工大学、西安交通大学、西安公路学院、四川省社会科学院、清华大学、北京师范大学等。而编辑学专业的兄弟学科图书发行专业的硕士研究生培养单位只有武汉大学一家，出版管理方向的硕士研究生培养单位只有南京大学一家。当前，出版界还在积极申请在授予博士、硕士学位及培养研究

生学科专业目录中增加编辑学专业。

编辑学专业的快速壮大，使之逐渐成为出版教育的龙头。从人们习惯把出版教育称为"编辑出版教育"，就可以看出编辑学专业在出版教育中的强势地位。

### 2.3 独立建院系的少，以挂靠办学为主

我国的出版教育虽然设置专业较多，但绝大多数都没有达到独立建系、建学院的规模，而是"寄人篱下"，挂靠在非出版类院系下办学。编辑学本科教育主要挂靠中文系，如南开大学、河南大学、四川大学、北京师范大学、西北大学、东北师范大学，也有的挂靠信息管理系（原图书馆学系或文献信息学系），如北京大学、南京大学。开办编辑学第二学士学位教育的清华大学，将专业设在中文系。图书发行本科教育主要挂靠图书馆学系或信息管理系，如武汉大学、安徽大学。

截至目前，具有院、系、专业三层次结构的只有北京印刷学院，该学院是新闻出版署的直属院校，在 1995 年以前只有印刷技术类专业。1995 年成立了出版系，设有编辑专业和图书发行专业。虽然眼下在印刷学院下办出版系，系名的内涵反而大于院名，有点像大胖子戴瓜皮帽，但学院的目标是向出版学院发展，将来院与系的名称会理顺，体现出层次感。由专业发展为系的还有武汉大学大众传播与知识信息管理学院的广告与出版系。该系的前身一是图书情报学院创建的出版发行专业，一是中文系创建的只培养第二学士学位的编辑学专业。后者在 1997 年武汉大学组建文学院时，一度曾升格为编辑学系，跟中文系是平级单位。1999 年 4 月，武汉大学以原图书情报学院和新闻学院为主体合并组建大众传播与知识信息管理学院，同时编辑学系也被吸纳进来，与出版发行专业师资交融形成新的编辑出版专业，主要招收本科生。编辑出版专业再与广告学专业捆绑为一组，形成广告与出版系。2000 年 8 月 2 日，武汉

大学、武汉水利电力大学、武汉测绘科技大学、湖北医科大学合并组建新武汉大学，这样包含印刷工程（电子出版）专业、印刷工程（印刷与图像复制科学）专业、包装工程专业的武汉测绘科技大学印刷工程学院也并入武汉大学的出版教育体系，使之进一步趋于完善。

## 3  编辑学教育兴起的历史原因

在我国的出版教育发展史上，有一个问题耐人深思。那就是在 70 年代末 80 年代初，在出版科研的启蒙时期，最初要求创办出版专业的呼声很高，如 1979 年 12 月 20 日，在中国出版者协会成立大会上，传达了胡愈之同志祝贺版协成立的讲话，他在讲话中提出："出版工作者同新闻工作者一样，是一种专业"，"在大学里应该有出版专业。" 1983 年 6 月，中共中央和国务院发出关于加强出版工作的决定，又明确提出："要建立出版发行研究所"，要成立 "出版学院"。但为什么这些提议都没有很快落实，而后来在胡乔木同志的指示下，大学里又不建立出版专业，而纷纷建起了编辑专业呢？

是不是可以这样猜想：如果当时纷纷建立的不是编辑专业而是出版专业，就不会有编辑学的异军突起，就不会有紧张的编辑学与出版学的关系，出版学的研究成绩就会更大，研究范围就会更加宽广。

这种猜想没有否定编辑学教育的意思，且不说这种猜想本身是否成立，但他确实能启发我们思考编辑专业的创立是否有一些潜在的、特定的时代原因，为什么它在那个时间段 "性急" 地快速崛起，成为呼声很高的出版专业的替代品。

笔者认为，编辑专业的兴起反映了以编辑为中心的中国传统出版观的要求，也是顺应现代科学与教育的分化、专门化趋势的，符合科学发展的规律，具有一定的合理性。但是该专业兴起的时间和方式表明其背后是有特殊的历史原因的。

首先，编辑专业兴起于文革后的改革开放之初，这时候出版界的基本情况是：管理体制仍以行政指令性计划为主，出版的市场属性和产业特征被人为地忽视，出版社作为文化宣传机构，编辑在其中发挥着核心作用。而在文革中，出版社是受冲击的重灾区，编辑——这个知识分子密集的群体损失惨重，相当一部分人遭到迫害，少数幸免的也噤若寒蝉。到文革结束，能在出版社大院里找到的优秀编辑已屈指可数，受到迫害的编辑对出版工作心有余悸，在岗和能动员回来的只有一小部分，而新时期的第一批大学毕业生人数少，缺乏编辑知识和经验。此时出版队伍的状况正如 1983 年 6 月 6 日中共中央、国务院在《关于加强出版工作的决定》中所说："出版队伍人数不足，青黄不接，思想水平和业务水平赶不上新形势的需要"①。

可是波澜壮阔的改革开放大业和思想解放的启蒙运动迫切需要改变文革造成的"书荒"现象，亟需强大的出版力量为新时期提供理论和舆论支持，并且满足人们压制已久的无比饱满的精神文化需求。在这样的历史时期，在出版工作还被看作约等于编辑工作的当时，为了给大转折时代的出版界提供新鲜血液，创办编辑专业自然而然就被提上了日程。这种局面是编辑专业兴起的大的历史背景。其次，在拨乱反正余波犹在的 80 年代初，思想斗争的局面很不稳定，潜存着矫枉过正、非左即右的危险，一度曾出现过反毛思潮的暗流。尽管在 1981 年，中共中央做出了《关于建国以来党的若干历史问题的决议》，对统一思想起到了重大而积极的作用，但仍有一些错误思潮影响社会稳定，所以 1983 年，党和政府又发起了"反对精神污

---

① 中国出版工作者协会. 中国出版年鉴. 北京：商务印书馆，1983：1 – 3

染"的运动。中共中央、国务院发布的《关于加强出版工作的决定》某种程度上就是"反对精神污染"运动的配套措施之一，其中有句话是这样说的："编辑人员对于提供有益的精神养料、防止精神污染，负有重大的社会责任。目前编辑队伍专业骨干缺少，老化现象严重，知识水平跟不上科学文化的发展。因此充实调整和培训提高编辑队伍是当务之急。"① 可见思想领域斗争的复杂和紧张给负责思想文化传播的出版工作提出了很高的要求，尤其要求作为"把关人"的编辑要有较高的政策水平和理论水平。此时，党和政府对出版社的要求和期望集中在怎样拥有一批讲政治的、业务素质强的编辑把握好出版导向，而对出版社经营管理重视不够。明乎此，我们就好理解，为什么1984年3月、6月和7月，在不长时间内，胡乔木同志连续三次同出版部门和教育部门负责人谈话及写信指示"编辑之为学，非一般基础课学得好即能胜任"，要在大学设立编辑专业，要研究编辑学。胡乔木同志之所以没有像胡愈之同志那样提出"在大学里应该有出版专业"，恐怕区别在于胡乔木同志是以党的资深理论宣传家的角度来看问题。从理论宣传家的角度看，结合当时的形势，显然培养编辑更为重要。于是，1985年，编辑专业终于在北大、南开、复旦开班上课了。回顾编辑专业的创建，应当联系当时政治思想领域的特定事件，正是这些特定事件直接促成了编辑专业的诞生。

由以上分析，可见编辑专业的诞生一方面是由于科学与教育专门化和社会需求的内在驱动；另一方面是由特定的历史条件造成的，专业的创办是以胡乔木同志的多次过问——这种行政干预为前提的，各校匆忙上马，并不是学科发展水到渠成的自然结果。编辑专业可以说是被催生出来的，它先天带有一个

---

① 中国出版工作者协会. 中国出版年鉴. 北京：商务印书馆，1983：1-3

特定时期的烙印，一旦它创办时的特定条件不复存在，它最初接受的任务完成，它的局限性和困境就会暴露出来。

## 4 编辑专业的局限性

编辑专业由于是在行政指令下创办的，一开始就面临着许多困难。首先，教师们缺少理论转向和兴趣培养的充分准备，在不到一年的时间里要完成从一个专业到另一个专业的心理、角色及知识结构的转变，要就一个新的领域拿出教材。对如此艰巨的任务，不是每个教师都愿意或能够完成的，不少人最初是抱着对上级安排的逆反心理和"编辑无学"的观念来消极开展工作的。其次，中文系的传统专业属于人文社会科学中的基础学科、长线学科，而编辑专业则是应用学科、短线学科，编辑专业跟中文系原有专业的区别就犹如"道"与"器"的区别。中文系教员对创建编辑专业有一种拒斥力，内部争议不断，即便创办了，也不被视为中文系的正宗，不太受重视。其三，更为不妙的是，在胡乔木同志力倡创办编辑专业的1984年，新时期大学生只有77—80级毕业，分到出版社的人数远远满足不了需要，可是等1985年创办的编辑专业首批学生毕业时，已是1989年，将有9届新时期大学生毕业，出版社早就青黄相接、青胜于黄了。一些教师敏锐地认识到这个问题，创业的热情不高。

虽然克服以上困难，首批编辑专业在北大、复旦、南开的中文系设立了。但连招两届学生之后，北大、复旦便停办了，只有南开坚持了下来，首批编辑专业两夭折一存活的结果，表明编辑专业是有某种先天不足的。

1985至1989年全国另外一些学校设立的编辑专业，基本上都是受以上学校影响，追随以上三校创办的。但无一例外的是，各个学校编辑专业的学生都出乎意料地受到了出版部门的冷落。如武汉大学首批编辑学第二学士学位 1991 届毕业生仅 20 人，竟无一人分到出版社，却大都进了行政机关和新闻单位。

1991 年以来，又有一批高校创办了编辑专业，掀起了创办编辑专业的第二次高潮。导致此次高潮兴起的新的时代背景和特点是：第一，进入 90 年代，在向市场经济转轨过程中，短线专业普遍受到欢迎，出版社的发展壮大为编辑专业毕业生提供了一些新的就业机会。第二，编辑学有了一定的理论积淀，编辑专业的课程设置逐渐形成比较合理的体系，而且增加了出版经营管理、出版技术、出版法规等方面的课程，编辑专业的学习内容实际已不囿于编辑学。第三，创办编辑专业是各校有关系科自身发展的需要，不是行政任务。如对北京师范大学、东北师范大学、河南大学的中文系来说，编辑专业是非师范类专业，便于吸引生源。对北京大学、南京大学的信息管理系而言，编辑学是图书馆学情报学的合理拓展和延伸，创办编辑专业有利于在理论上开辟新的研究空间，把编辑学、图书馆学、情报学、文献学等集成在一起，形成一个功能强大的学科群。同时还可以扩大学生的就业范围，可谓一举多得。

编辑专业的发展历程如果用两个字来总结，可以认为是"热闹"的，但谈不上"成功"。它的不成功之处突出表现在培养的人才没有得到预想的用人单位——出版社的承认，这对应用专业来说，无疑是个重大的转折，需要进行认真的反思。

那么症结何在？思考这个问题，我们会发现现有编辑专业的一些局限性。

其一，编辑专业教育的核心内容是编辑学，编辑学对应的实践是编辑工作，编辑工作的实质是履行好把关人的职责，对原创作品进行文化判断、选择和重组，认可、优化后付诸物化。可以说，编辑学是以"文化"为轴心的出版教育。这样的教育对 1984 年以前的中国出版界显然是适合的，因为那时出版社被认为是单纯的精神产品生产单位，其经营意识还没有被唤醒。但是当 1989 年，编辑专业的首批本科生毕业的时候，出版社已经由生产型向生产经营型过渡，出版社工作的中心除了"文化"还有"经济"。在这样的情势下，编辑专业以"文化"为砧子锻打的人才送到出版社面前就显得不够"健全"。况且，出版社懂文化的编辑已经"客满"，亟需懂经济的人才，再送来编辑专业的学生就有点"文不对题"。

其二，编辑专业教育有脱离实践的倾向。编辑专业一般设在高校，与本校和社会上的出版社只有松散的建立在自愿基础上的联系，没有固定的直接的联系，理论和实践就已隔了一层。况且随着编辑专业的发展，造就了一批执迷于编辑学的学者，他们长期在书斋中研究编辑学，由热爱而偏嗜，不断为编辑学的抽象世界开疆拓土，其悟出的"人类编辑学"等理论，已离出版实务中的编辑工作越来越远。且不说这些编辑学新论是否有学理上的价值，但客观上给出版社的感受是敬而远之，不但没有增加反而减少了出版社对编辑专业毕业生职业技能的信任感。

其三，编辑专业是在不切实际的人才需求估计的基础上办学。编辑专业已经创办十几年了，尽管年年遇到毕业生就业挫折，但仍然坚持了下来。这种顽强的生存信念很大程度上是基于对人才市场需求的乐观估计。如陆本瑞等学者根据宏观管理部门的预测，以 1995 年以来，出版队伍中编辑人员年需求量近千人，为发展编辑专业的理由[1]。实际上这是一种有些僵化的判断，大家知道，一些编辑，如医学、工程技术、外国语言

---

[1]　陆本瑞. 我国出版教育的回顾与展望. 编辑之友，1991（3）

等方面的编辑，不是以文科为基础的一般编辑专业所能培养出来的，而很可能出版社需求的就是这类编辑。另外，出版社除了从毕业生中选才，还要面向其他人才市场招聘，最后真正能落实到编辑专业的相当有限，仍然是人多粥少。

编辑专业的上述局限性，限制了它作为应用专业的竞争力、生存力，必须彻底突破这种局限性，才能找到发展的出路。

## 5 以出版专业整合编辑专业、图书发行专业是出版教育发展的趋势

笔者认为，以文化为基点的编辑专业和以经济为基点的图书发行专业都因培养的人才过于专门化、适用面不宽，而尤其不适合本科教育，两者分头办学的局面很不可取，应当由出版专业将两者整合起来。

这种整合主要是针对只办编辑专业或只办图书发行专业的学校而言的。整合就是取消编辑专业或图书发行专业的名称，改名出版专业。同时，前身是编辑专业的要补充图书发行方面的课程，前身是图书发行专业的要补充编辑专业的课程。

事实上此种性质的整合，全国高校的出版类专业几年前就在悄悄进行，编辑专业学生学习图书发行管理、图书营销学，图书发行专业学生学习编辑学概论、编辑出版史，早已是普遍现象。但由于专业名称不变，教学中心一直是唯一的，或倾向于"文"，或倾向于"商"。进补给学生的本专业以外的东西只是一鳞半爪、一点皮毛，聊胜于无，并不管用。

改为出版专业的好处在于：第一，教学由一个中心变为两个中心，既要搞好编辑学的课程建设，又要搞好发行学的课程建设，两者都要硬，不可偏废，这跟以前一边倒的格局是大不

一样的。对于学生来说，既要培养其有较高的文史素质，又要培养其有灵活的经济头脑，使之既有文献生产设计的能力，又有文献产品经营的能力。此类儒商正是出版界所欢迎的。

第二，出版专业的涵盖面很广，出版实践中出现的一切新情况、新问题，都可以及时地拿出来作为专题和案例加以分析研究，边讲授边与学生讨论，比如出版企业集团的组建、出版社体制和机制的改革等热点问题，都有必要引入课堂。另外，出版专业的学科和课程建设空间也较大，比如可以增设编辑学、发行学以外或比两者更宏观的课程，像出版经营管理、出版美学、出版心理学、出版法、出版学概论等。而在编辑专业或图书发行专业下开一门宏观课程或讨论宏观问题，会有一种跑题和以小搏大的不良感觉，这种拘谨会导致培养的学生也有一种思路不开阔的小家子气。

第三，出版专业取代编辑专业，有助于使编辑教育联系实际。单独设立编辑专业太细太专，由于编辑业务及其原理并不复杂，编辑学有充足的时间来雕琢自己的理论体系，容易钻牛角尖，制造玄论，脱离实践。以出版专业取代后，编辑学的中心地位瓦解，会更客观地进行反思，拉近与实践的距离。随着新课程的建设，编辑学教学人员必然要分流一大部分开展新方向的研究，这也是对人才资源的合理配置，有利于出版学的全面发展。

第四，出版专业整合编辑专业和图书发行专业是培养宽口径人才的做法，符合当今世界大学教育趋势，跟近几年教育部压缩专业的教育改革也是合拍的。让笔者感到鼓舞的是，1998年，教育部在《普通高等学校本科专业目录》修订版中，将现存的名目繁多的出版类专业统一规范为"编辑出版"专业，这跟笔者的一贯观点比较接近。但是"编辑出版"是在难以确定编辑学、出版学谁是谁的分支情况下的折衷提法，必然要给实际教学工作带来不便，不如统一规范为出版专业，一来可与国际出版教育接轨，二来便于教学单位确定教学重心。最近，武汉大学教师黄凯卿在《编辑出版专业的学科建设》一文中也表述了类似看法①。

除了只办编辑专业和只办图书发行专业这两种情况以外，另外还有两类学校。一类是武汉大学，两个专业均有，目前已合二为一。还有一类是北京印刷学院，该学院增设出版系（含编辑专业、图书出版发行专业）以后，出版领域的专业设置已经齐备，下一步便是充实新专业力量，改称出版学院。从形式上看，该学院已经成功地实现了出版类专业的整合，但怎样使这种整合的优势体现在人才培养上，怎样使培养的学生在相关专业集中的环境中掌握广博的出版基础知识，具有一专多能的特点，则是需要在教学实践中认真总结、探索的。

最后笔者想向出版教育界建议的是，随着机构改革的深化，随着效率社会的到来，国有出版部门定岗定编，其年均人才吸纳量相当有限。但出版业的整体规模是在不断扩大的，国有出版部门完成不了的任务，势必要靠社会力量来补充完成。当前，虽然我国还不允许私人办出版社，但却默认大量开展出版经纪业务的文化公司存在，这类文化公司跟出版社的区别仅在于它没有出书决定权，没有批书号的权利，而它的策划组稿能力、编辑水平、经营能力则往往对正规出版社有赶超之势，时有不凡表现。在书刊流通领域，个体和集体经营的书店更如雨后春笋，遍地涌现，如北京的风入松、国林风、万圣书园便是它们中的佼佼者。出版教育界应当敏锐地看到出版事业发展中的这些新变化、新现象，改变主要面向正规出版部门培养人才的旧观念，树立向整个出版事业培养人才的新观念。在教学

① 黄凯卿. 编辑出版专业的学科建设. 编辑之友，2000（4）

过程中，要充分认识到出版教育是一种职业教育，它不仅要传授给学生切实的职业知识和技能，还要培养学生坚定的职业信念和百折不挠开创事业的魄力。出版教育不是仅发给学生一纸表示可以上岗的资格文凭，而是培养他们对出版事业的热爱、忠诚和责任感。当学生通过正常渠道就业不畅时，要鼓励他们树立起把自己塑造成新一代出版商、文化经纪人、社外编辑、自由出版家的壮志和豪情，事实上这些人很可能也就是未来社会最时尚的角色、最富裕的阶层之一。大批训练有素的专业人员形成充满活力的社会出版力量，对正规出版部门来说既是合作对象，又是竞争对手，双方的合作与竞争必将激活和促进出版事业的改革与繁荣。

# 图书馆学

# 论图书馆无障碍设计\*

　　"只有残疾的环境，没有残疾的生灵。"这句 1994 年远南残疾人运动会期间的口号，精辟地揭示了残疾的本质，残疾的根源在于环境，而不在于生命自身。人相对于鸟来说是残疾的，因为人不能飞，但是当人发明了飞机，征服了长空，便不再残疾。人相对于鱼来说是残疾的，因为人不能在水中长久自如地游弋，但是当人发明了潜艇，征服了海洋，便不再残疾……

　　为了征服和治理残疾的环境，人们不仅发明了各种工具向自然环境挑战，还尽可能地完善人工居住和活动的环境。无障碍设施便是人们为了预防人工环境的残疾而采取的必要措施。所谓无障碍设施，指的是建筑物中为残疾人、老年人提供便利行动的设施。最早的无障碍设施产生于 20 世纪 50 年代末期。1961 年美国标准协会制定了世界上第一个"便利残疾人出入使用建筑物及有关设施的技术标准"。随后，英国、联邦德国、

---

　　\* 和傅新老师合作，连载于《大学图书馆学报》2001 年第 4 期、第 5 期

加拿大、澳大利亚、法国、瑞士、捷克斯洛伐克、日本等国及香港地区陆续制定了类似的法规。1974 年，联合国召开"国际无障碍设计专家会议"，交流了经验，提出了今后任务。此后颁布的联合国《关于残疾人的世界行动纲领》和"亚太残疾人十年（1993—2002）行动计划"也均将这项工作列为重要内容。[1]

我国推行无障碍设施始于八十年代中期。1986 年 7 月，根据第六届全国人民代表大会第三次会议提案要求，中国残疾人福利基金会会同城乡建设环境保护部、民政部编制我国第一部"无障碍设计规范"。1988 年 9 月，建设部、民政部、中国残联联合发出《关于发布专业标准〈方便残疾人使用的城市道路和建筑物设计规范〉的通知》，规定自 1989 年 4 月 1 日起在全国实施。"通知"要求，今后修建的城市道路，以及国家级、省级、大城市和沿海开放城市、重点旅游城市的重要公共建筑，均应照此规范执行。这些城市中原有的道路、重要公共建筑，应依照本规范有步骤地予以改建。有条件的中小城镇，在新建、改造和扩建项目中，也应积极地推行这个规范。1990 年 5 月，建设部、民政部、国家计委、中国残联再次发出《关于认真贯彻执行〈方便残疾人使用的城市道路和建筑物设计规范〉的通知》，重审这个规定，要求各地将这项工作纳入城市规划和工程建设计划。1990 年 12 月颁布的《中华人民共和国残疾人保障法》专门列条款，要求国家和社会要逐步施行方便残疾人的城市道路和建筑设计规范。1999 年 10 月 1 日修订后的《图书馆建筑设计规范》开始施行，其变化较大的地方之一就是强调了无障碍设计。2000 年底出台的《普通高等学校图书馆规程》修订草案在第十九条规定"应保护读者权益，主动热情地为读者（包括远程读者）服务，注意为残疾人等特殊读者提供利用图书馆的各种便利……"，在第三十五条规定"高等学校应按照国家制定的有关标准，建造独立专用的图书馆馆舍。"据了解，我国台湾地区也有一部《公共图书馆建筑设备标准》，规定图书馆的各项公共设施与空间规划应考虑无障碍设计，不仅方便残障读者和高龄读者进入图书馆，更应让他们能正常地利用所有馆藏资源。[2]

图书馆属于典型的公共建筑，是人们学习研究和文化休闲的中心，被誉为读者的心灵庇护所和精神家园。在其庞大的读者群中，总能见到一些身残志坚、嗜书如命、爱馆如家的残疾读者。为了保障这些残疾读者的学习权利，鼓励他们奋发向上、自强不息、立志成才，我国出台的一些法规和建筑规范中，都对图书馆建筑中的无障碍设施作出了相应规定。然而遗憾的是，改革开放以来我国新建了数量众多的图书馆，具备无障碍设施的并不多，就此问题开展的专题研究也很少。原因一方面是我国关于无障碍设计的规范出台较晚，《方便残疾人使用的城市道路和建筑物设计规范》施行时，已是 1980 年代末，错过了改革开放后我国图书馆的第一个建设高潮；具有无障碍设计内容的修订后的《图书馆建筑设计规范》出台于 1999 年，又错过了 1990 年代的大规模的图书馆扩建、改建高潮。另一方面相关规范修订时间不一致，彼此参照和指引不明确，衔接不及时，如《方便残疾人使用的城市道路和建筑物设计规范》颁布后，图书馆建筑仍执行的是 1987 年颁布的《图书馆建筑设计规范》，该规范对无障碍设计的要求力度很小，虽然其中有条目要求同时执行相关规定，但如果建筑师考虑不周或见闻不广，很容易忽略《方便残疾人使用的城市道路和建筑物设计规范》。再者，政府主管部门对待无障碍设计没有像对待防火设施那样，采取必要的行政手段宣传、推行和监督，图书馆馆长普遍缺乏无障碍意识。即便今天，无障碍设计对图书馆员而言，仍然是一个比较陌生的名词，大家在研讨图书馆建筑或报道某个新馆落成的时候，鲜少涉及到无障碍设计的情况。为了更全面地宣传贯彻修订后的《图书馆设计规范》，提醒图书馆界对无障碍设计加以关注，现结合近几年收集到的资料，集中谈一下在我国图书馆建筑中进一步推行无障碍设计的问题。

## 1　为什么要在图书馆施行无障碍设计[3]

无障碍设计主要是针对社会公共建筑而提出的，对于宾馆、饭店、剧场、会堂等一些服务对象非常广泛的公共建筑而言，其管理者对施行无障碍设计一般没有异议。但是具体到图书馆，虽然它也是公共建筑，可在无障碍设计问题上就会有不同看法，认为无障碍设计可有可无、无足轻重的大有人在。之所以会形成这样的看法，主要原因可归结为以下几点：首先，图书馆服务对象相对于宾馆、剧场等公共场所来说显得单一，图书馆读者中残疾人所占比例很小，尤其是大学图书馆，其服务对象主要是健康活泼的青年学生，为残疾和老年读者服务的机会并不多。而且随着社会的发展，许多致残因素逐步消除，残疾人的人数还会继续减少。加上图书馆在信息技术的推动下，正在向数字化、网络化、虚拟化方向延伸，将来残疾和老年读者坐在家里就可通过计算机网络利用图书馆的资料，无障碍设计的必要性令人生疑。其次，担心实行无障碍设计可能会增加图书馆的建设费用，影响图书馆整体形态的美观。基于这些考虑，图书馆管理者对无障碍设计的关注程度自然而然就打了折扣。

其实上述看法是狭隘的、不正确的。倘若把无障碍设计放到社会发展的大趋势中，放到人权、资源共享、图书馆现代化等角度去认真思考、分析，可以发现在图书馆施行无障碍设计的积极意义体现在很多方面，进一步做好这项工作实属必要。

（1）图书馆作为社会公共建筑的重要类型之一，其发展水平总是与其所在的国家或地区的经济和文化的发达程度相适应，是人类文明的象征。在图书馆推行无障碍设施，大而言之，是保障人权、维护社会公正，使残疾人、老年人和正常人享有平等的学习文化和获取信息的权利，故而世界上凡是标榜维护人权、热爱民主的国家都立法要求在图书馆等公共建筑施行无障碍设计。

（2）残疾人福利水平是衡量一个国家文明程度的一个标准，对残疾人实行法律保障也是人权方面的重要内容。我国人大常委会于 1990 年 12 月通过的《中华人民共和国残疾人保障法》，在第 46 条明确规定：国家和社会逐步实行方便残疾人的城市道路和建筑设计规范，采取无障碍设施。根据有法可依、有法必依的社会主义法制原则，为维护保障法的权威性、严肃性，维护残疾人享受物质文化成果权利的公平性、真实性，图书馆应该严格遵守保障法，按照《方便残疾人使用的城市道路和建筑物设计规范》和《图书馆建筑设计规范》搞好无障碍设计。

（3）随着社会经济、文化、医疗、环保事业的发展，优生优育、饮食卫生、爱护环境等现代观念深入人心，人们自幼享受较高水平的医疗保护和社会关怀，致残因素大为减少，残疾人在整个人口中的比例呈逐步下降趋势，这是反映社会进步的重要事实。但与此同时，交通、施工、战争、自然灾害、新疾病等致残因素还会长期存在，并可能偶然突发、激化，人类消除残疾现象依然困难重重。目前我国共有残疾人约 6 千多万，占总人口的 0.6%，平均每五个家庭就有一个残疾人。[4]此外，人口老龄化是人口、资源、环境和可持续发展及国家卫生健康水平提高的社会必然，尤其是当人口数量和人口结构受到计划生育等政策的人为干预时，老龄化的进程会加快，1999 年底，我国老年人口已占总人口的 10.1%，预计到 2030 年，老年人口的比例将达到 21.93%，老龄化现象已成为主要社会问题之一。[5]老年人与残疾人虽然不同，但因为伴随着生理老化，部分身体功能退化或丧失，行为不便，在某些方面同残疾人有类似之处，当人到了 80 岁之后，以轮椅代步是很自然的事。为保障这两类人享有和健康人平等的文化权利，图书馆不能没有无障碍设施。

（4）资源共享是图书馆工作者追求的崇高理想，它的含义不仅是指图书馆与图书馆之间信息资源的共建、共知、共用，更广义地说，还包括让更多的人得到图书馆的服务。如果由于图书馆没有创造必要的无障碍环境，而不能把残疾人、老年人网络在自身的用户范围之内，这个目标也就永远不可能实现。出于强烈的事业心和责任感，图书馆理应加强对残疾读者、老年读者的分析研究，深入了解他们在利用图书馆的过程中遇到的困难，利用兴建新馆或改建旧馆的机会及时施行无障碍设计。

（5）图书馆现代化也包括图书馆建筑观念和形式的现代化，以及图书馆管理与服务的观念和手段的现代化，无障碍设计作为现代公共建筑的必要组成部分，是现代文明的一种体现。图书馆若消极对待无障碍设计，实质上就是将残疾人和老年人拒之门外，这不是一个现代化的公共服务机构所应有的形象，与人们把图书馆作为"第二起居室"的期待相差甚远。一个真正现代化的图书馆，是绝对不会忽略无障碍设计这样的建筑细节的。

（6）随着信息技术的发展，图书馆虽然正在向数字化、网络化、虚拟化方向延伸，但正如收音机不能取代演唱会，电视机不能取代舞台剧一样，在可预期的将来，不仅电子书不能完全取代纸本书，网络上虚拟的图书馆也不能取代建筑形式的图书馆。建筑形式的图书馆作为学习休闲的起居室、人类遗产的存放地、秘籍善本的博览馆，身置其中，那种遨游知识海洋，呼吸文明气息，与书友切磋学问、砥砺德行的亲切感和现场感是任何虚拟形式的图书馆所不可替代的。残疾人和老年人长期困顿家中，比平常人更加渴望投入外部的世界，更加渴望与人交流。在信息时代，喜欢通过网络利用图书馆的终端用户，很可能是年轻一代，而不是残疾人和老年人。指望随着信息技术的发展，把残疾和老年读者列为远程网络终端用户的想法是不道德的，也是不现实的。它反映了对待无障碍设计问题，人们心中的有障碍。要在图书馆建筑中施行无障碍设计，首先要拆除人们心中的障碍。

（7）无障碍设计造价不高，不会增加图书馆的建筑费用。国外的一些工程资料表明，一般公共建筑物要达到国际通行的无障碍建筑的最低标准，最多增加造价不到百分之一，少则甚至不到千分之一，花钱并不多，这对造价上千万元的图书馆来说可谓九牛一毛。[6]国内图书馆搞无障碍设计，当然不会追求材料的奢华，只要求方便适用，增加造价更是微乎其微，在经济上完全具有可行性。应该提醒的是，图书馆在新建时就考虑无障碍设计，不但能够和整个建筑浑然一体，美观大方，而且造价要远远低于后来补充修建、更新所需的费用。

## 2 我国图书馆无障碍设计的现状

新中国成立以后，特别是改革开放以来，我国图书馆事业发展迅速，表现之一就是各类型图书馆普遍大规模兴建。1980年代，以国家图书馆的竣工为高潮，我国图书馆建设进入了前所未有的黄金时代，单说公共图书馆，据统计，截止1987年，全国就有21个省馆和27个市馆被批准兴建、扩建，建筑面积一般都在 2 万平方米以上。[7]1990 年代，以上海图书馆的竣工为标志，我国图书馆建设再掀高潮，据中国图书馆学会建筑与设备分委员会的不完全统计，至少新建了 115 个图书馆，仅福建省就新建图书馆 14 个。[8]

在这两次图书馆建设热潮中，1980 年代那一批图书馆由于多数建于《方便残疾人使用的城市道路和建筑物设计规范》(1989) 施行之前，因而大部分没有无障碍设计。不过在缺乏规范指导的情况下，少数服务意识强、有国际视野的大型图书馆的决策者，对建筑方案论证认真，考虑到了无障碍设计。例如国家图书馆就施行了无障碍设计，开馆的第一天，一位读者坐着轮椅进馆，他说他的目的是代表残疾读者体验一下新建的国家图书馆是否对他们通行无阻，结果发现新馆内既有残疾人通道，又有残疾人专用坐厕，感到很满意。再如天津市图书馆，在兴建新馆之前，该馆的一位工作人员在一篇论文中，就透露了一个消息，无障碍设施已纳入新馆建设的总体设计方案。在这批新建图书馆中，无障碍设计搞得最好、最完善的是广东中山图书馆，该馆大门设轮椅通道，各种设施以无障碍为标准，馆内设残疾读者接待室，阅览室设残疾读者专座，主要男女卫生间有残疾读者专用坐厕。更难能可贵的是，该馆在各类宣传画册上，都突出介绍了本馆的无障碍设计，其中有一幅几位残疾读者坐着轮椅，沿着图书馆门前的 "Z" 字形坡道鱼贯进馆的照片，使很多图书界人士第一次真切认识到了什么是无障碍设计，这幅照片对无障碍设计在全国图书馆的普及起到了很好的作用。

国家图书馆、天津图书馆、中山图书馆分别是国家、直辖城市和开放城市的文化窗口，对国内外展示着我国的社会文化水平。以上三馆的无障碍设计给图书馆增添了文明气息，丰富了图书馆建筑的内容，为全国图书馆树立了榜样。但是 1980

年代建起的图书馆毕竟有很多没有考虑到这一细节，一旦启用又无机会补建，留下了遗憾。而且这一时期，注意到无障碍设计的还局限于大型公共图书馆，中小型公共图书馆和大学图书馆还没有施行无障碍设计的自觉意识。

1990 年代建设的图书馆，有的注意到了 1989 年开始施行的《方便残疾人使用的城市道路和建筑物设计规范》，搞了无障碍设计。有的则只按照 1987 年颁布的《图书馆建筑设计规范》建馆，忽略了《方便残疾人使用的城市道路和建筑物设计规范》，无障碍设计要么没有，要么不规范。但是比起 1980 年代，这 10 年新建的图书馆达到无障碍设计标准的要多得多，不仅公共图书馆施行无障碍设计，如上海图书馆，大学图书馆也施行了无障碍设计，如 1998 年落成启用的北京大学图书馆，就是一座无障碍建筑。该馆门前台阶两侧有轮椅通道，大门采用自动推拉门，电梯轿厢宽敞，楼梯内侧也有扶手，厕所有残疾人专用坐式便器等，坐轮椅的读者可以方便地到达各个楼层。

1999 年，修订后的《图书馆建筑设计规范》正式衔接了《方便残疾人使用的城市道路和建筑物设计规范》的相关内容，这预示着今后所建的图书馆都将具备无障碍设施，这对残疾读者和老年读者来说是一个福音，在新的世纪，他们方便地到图书馆学习休闲将不再是个梦想。

## 3　建筑规范中关于图书馆无障碍设计的主要内容

在《方便残疾人使用的城市道路和建筑物设计规范》出台之前，我国公共建筑物搞无障碍设计，参考的主要是国际康复协会制定的标准，其最低要求如下：（1）入口处设置取代台阶的坡道。(2) 门宽在 80 cm 以上，采用旋转门的场所需另设残疾人入口。(3) 走廊宽在 130 cm 以上。(4) 厕所内应设置有扶手的座式便器。隔断门应做外开式或推拉式,以保证内部空间便于轮椅出入。(5) 电梯入口宽在 80 cm 以上。[9] 凡是达到上述标准的建筑物即成为无障碍建筑,可在建筑物的显著位置上悬挂国际公认的无障碍标志。

1989 年 4 月 1 日开始实施的《方便残疾人使用的城市道路和建筑物设计规范》对图书馆等公共建筑物的主要规范是:[10]

(1) 一般规定:主要考虑满足坐轮椅者、拄拐杖者、视力残疾者的不同要求,使他们可使用相应设施,在主要阅览室、观众厅应设残疾人席位。

(2) 出入口:接近电梯,与室外地面宜相平,如不平,以坡道连接。入口内外,应留有不小于 1.50 × 1.50 m 的平坦的轮椅回转面积。设有两道门时,应有不小于 1.20 m 的轮椅通行净距。

(3) 坡道:通道有高差时应设坡道,宽度不小于 0.90 m,转弯时应设休息平台,深度不小于 1.50 m。两侧应在 0.90 m 高度处设扶手,并保持连贯。通道起点和终点,应留深度不小于 1.50 m 的轮椅缓冲地带,扶手应水平延伸 0.30 m 以上。侧面凌空时,在栏杆下面宜设高度不小于 50 mm 的安全挡台。

每段坡道坡度、最大宽度和水平长度应符合下表(表 1)规定:

表 1　无障碍坡道相关要求

| 坡道坡度(高/长) | * 1/8 | * 1/10 | 1/12 |
|---|---|---|---|
| 每段坡道允许高度(m) | 0.35 | 0.60 | 0.75 |
| 每段坡道允许水平长度(m) | 2.80 | 6.00 | 9.00 |

注:加 * 者只适用于受场地限制的改建、扩建的建筑物。

(4) 走道:通过一辆轮椅、一辆轮椅和一个行人、两辆轮椅的净宽度分别不宜小于 1.20 m、1.50 m、1.80 m;主要供残疾人使用的走道，两侧墙面应在0.90 m高度设扶手，拐弯处的阳角，宜为圆弧或切角墙面。两侧墙面的下部，应设高0.35 m的护墙板，走道一侧或尽端与地平有高差时，应采用栏杆、护板等安全设施。两侧不得设置突出墙面的障碍物。

（5）门：供残疾人通行的门不得采用旋转门和弹簧门。开启净宽不小于0.80 m，门扇及五金配件应考虑便于残疾人开关。门洞深度超过0.60 m时，净宽不宜小于1.10 m。

（6）楼梯和台阶：供拄杖者及视力残疾者使用的楼梯不宜采用弧形，梯段净宽不宜小于1.20 m，不宜采用无踢面的踏步和突缘为直角的踏步，踏步两侧或一侧凌空为明步时，应防止拄杖滑出。梯段两侧应在0.90 m高度处设连贯扶手，楼梯起点及终点处的扶手，应水平延伸0.30 m以上。供拄杖者及视力残疾者使用的台阶，超过3级时两侧加扶手。

（7）电梯：候梯厅的面积不应小于1.50×1.50 m，开启后的净宽不得小于0.80 m，轿厢面积不得小于1.40×1.10 m，肢体残疾及视力残疾者自行操作的电梯，应采用残疾人使用的电梯标准。

（8）扶手：应安装坚固，能承受体重，易于抓捏；坡道、走道、楼梯为残疾人设上下两层扶手时，上层高度为0.90 m，下层为0.65 m。

（9）地面：所有地面宜平整、防滑、不宜松动。入口处擦鞋垫的厚度和卫生间室内外地面高差不得大于20 mm。室外通路及入口处的雨水铁箅子的孔洞不得大于20×20 mm，供视力残疾者使用的入口处、踏步的起止点和电梯门前，宜铺设有触感提示的地面块材。

（10）厕所：设残疾人厕位，安装坐式大便器，与其他部分之间宜采用活动帘子或隔间加以分隔。厕所内应留有1.50×1.50 m的轮椅回转面积。隔间的门向外开时，轮椅回转面积不小于 1.20×0.80 m。男厕所内应设残疾人小便器。大、小便器附近的墙上，应安装能承受身体重量的安全抓杆。

（11）轮椅席：报告厅或会议室可根据需要设置轮椅席，轮椅席位深为 1.10 m，宽为 0.80 m，轮椅席位置的地面应平坦无倾斜坡度，如周围地面有高差，宜设 0.85 m 的栏杆或栏板。

（12）停车车位：机动车位应布置在进出方便地段，靠近人行通道。与相邻车位之间应留有轮椅通道，宽度不应小于 1.50 m。如设两个残疾人停车车位，可共用一个轮椅通道。车位应有明显的指示标志。

（13）标志牌：标志牌尺寸为 0.10 m 至 0.45 m 的正方形，白色轮椅图案黑色衬底或相反，轮椅面向右侧。加文字或方向说明时，其颜色应与衬底形成鲜明对比。所示方向为左行时，轮椅面向左侧。标志牌用于指示方向，提供如下信息：指示建筑物出入口及安全出口；指示建筑物内外通路；指示专用空间位置；指示城市道路、桥梁等设施。

无障碍标志牌

1999 年 10 月 1 日开始施行的《图书馆建筑设计规范》，对图书馆无障碍设计的主要规范是：[11]

第 3 章 "选址和总平面布置" 中的第 2 节 "总平面布置"

中的第 2 条规定"交通组织应做到人车分流，道路布置应便于人员进出、图书运送、装卸和消防疏散。并应符合现行行业标准《方便残疾人使用的城市道路和建筑物设计规范》JGJ50 的有关规定。"条例说明中说主要是为行动不便者设置坡道、扶手、盲文标志、音响信号等设施。

第 4 章"建筑设计"中的第 1 节"一般规定"中的第 9 条规定"建筑设计应进行无障碍设计，并应符合现行行业标准《方便残疾人使用的城市道路和建筑物设计规范》JGJ50 的有关规定。"第 3 节第 16 条规定"盲人读书室应设于图书馆底层交通方便的位置，并和盲人书库相连通。盲人书桌应便于使用听音设备"第 17 条规定"各阅览区老年人及残疾读者的专用阅览座席应邻近管理（出纳）台布置。"以便就近关注。第 5 节第 7 条规定"……公用厕所中应设供残疾人使用的专门设施。"

附录 B 为"阅览空间每座占使用面积设计计算指标"，规定盲人读书室每座占使用面积 3.5 $m^2$，大于普通阅览室的 1.8 ~ 2.3 $m^2$。

由上述介绍可见，各类规范对图书馆无障碍设计的规定，主要针对在各类残疾人中占 42% 的乘轮椅者、拄杖者和视力残疾者，并不要求满足所有类型的残疾人。况且不少条文是选择性的，而非强制性的。即便强制性的条文，也多是对建筑设施尺度的规范，而并不要求图书馆购置特别的建材或限制图书馆基本结构的设计，图书馆在建筑设计施工时，只需稍加用心，即可达到无障碍设计的最低标准。无障碍设计并不难，谈不上增加图书馆建筑的难度和负担。

## 4 图书馆管理者在施行无障碍设计方面需要克服的误区和注意的细节[12]

图书馆作为具有特殊功能的公共建筑物，不是高超的建筑师单方面所能设计好的，而需要图书馆管理者的高度合作。具体到无障碍设计也是如此，如果建筑师认真遵守相关规范，而图书馆管理者却固执己见、不予配合，不提供相关要求和参数，工作也很难做细做好。特别在如下细节上，图书馆管理者应该解放思想，配合建筑师合理施行无障碍设计。

## 4.1　入口设计

图书馆与广场、街道或其他建筑物之间往往有一个面积不等的过渡地段，图书馆管理者的审美习惯是把这一地段设计成上一段台阶有一段平场的形式，直通二楼，以追求书山攀登的寓意和建筑美观，从无障碍设计的角度来看，这种设计对使用轮椅的残疾人具有不可及性，不能盲目效仿。若坚持在正立面设计成这样的入口，则必须在侧面提供坡道等无障碍设施。

另外我们经常见到的一种图书馆入口样式是门口有个遮雨檐，檐下有一水泥平台，以几层台阶和馆前道路或广场地面衔接，这也不符合无障碍设计的要求，改善的方法是保留平台的正面台阶，而将侧面的台阶以斜坡代替，如果图书馆的地基较高，以斜坡代替台阶，坡度太大，轮椅容易下滑，可参考中山图书馆的经验，将斜坡设计成"Z"字形，以减少坡度。同时注意，坡道要留有有效宽度，坡面材料要坚固防滑。坡道较长应在两侧加扶手，每隔一段修一供暂停休息的平台。扶手不要做成宽大笨拙的四方水泥型，而以平行坡道的细钢管为好，便利手部残疾者扶握。

## 4.2　门的设计

对使用轮椅、拐杖或上肢残疾的人来说，门是一个经常遇到的障碍，必须考虑周全，合理设计。相关建筑规范对门宽都有所要求，目的是在门开时预留轮椅或拐杖的操作空间。目前图书馆的大门、厅门的门宽一般自觉不自觉都达到了这个标准。但在门的类型的采用上，很多选择自动关闭门，反弹力较大，一来不容易推拉，二来行动稍有迟缓，身、手容易被撞住或卡住，对残疾读者、老年读者极不适用。出于安全和适用考虑，图书馆应采用、改用或附设手动门，不装门槛等突出物，将门把手适当放低，门腰留缝镶嵌玻璃，使内外可以看清，防止同时进出发生碰撞。另外，旋转把手对失去旋、捏功能的上肢残疾者不易使用，可尽量采用棒状把手。

### 4.3　走廊设计

无障碍图书馆走廊宽要在 1.20 m 以上，至少应满足两辆轮椅并行和单辆轮椅回转 360 度所需。在此水平上，还可视馆内人流情况适当增加宽度。凸在走道内的墙垛、柱子、装修、设备都将影响走道的有效宽度，设计中尤要注意。走廊和厅室的衔接处要尽量减少高度变化，在不同标高处以坡道代替踏步。此外，为了帮助步行困难者，莫忘靠墙设置扶手。

### 4.4　厕所设计

厕所是残疾人生活中至关重要的所在，他们能否到图书馆活动，往往取决于厕所是否可用，根据图书馆残疾读者较少的实际情况，单独设置残疾人厕所不必要，但应考虑在一般厕所中，设置 1—2 个专用坐厕位，周边加固定扶手，初步满足残疾人上厕所的需要。厕位最好设在厕所终端，墙上加无障碍标志，这样能减少专用厕位被一般人占用的可能性。专用厕位的宽度、厕所内走道的宽度，应考虑陪同者的帮助和轮椅回转的余地。为了残疾人的安全，厕所的地面材料要求防滑，地面积水应及时排除。

### 4.5　电梯设计

电梯在无障碍多层、高层建筑中是必不可少的设施。轮椅出入要求电梯门净宽在 0.80 m 以上，电梯轿厢有足够的空间以容纳最少一部轮椅及另一位乘客。一般国产电梯都能达到这一标准。电梯的按钮高度一般电梯样本定为 1.30 m，而在无障碍建筑中应适当下挪，以使轮椅活动者能够触摸。北京东城区文化馆考虑残疾人的需要，开动脑筋，在电梯轿厢内还增加了两项构造：一是在厢内壁三面安装扶手，使行动不便者在电梯内有所依附；二是在厢内正立面上安装大块玻璃镜面，使轮椅活动者进入电梯后不用转身即可从玻璃镜中看清身后电梯层数指示灯，花钱不多，但效果很好，值得借鉴。据了解，台湾的一些公共建筑，如淡江大学图书馆采用的是语音电梯，对残疾人来说更为适用。随着科技的发展，电梯也会越来越智能化，图书馆在条件具备时应及时对电梯进行升级和更新。

## 4.6 家具

相关建筑规范中的无障碍条款对图书馆的家具都没有作出具体规定，但因为图书馆的馆藏都是靠家具存放或展示，管理和服务也离不开家具，家具的尺度和间距欠考虑，对残疾人利用会有很大限制。从无障碍设计的角度考虑，目前图书馆使用的书架、服务台、立式电脑台都显得偏高，间距偏窄，不便于残疾读者利用和与工作人员交流，应当做一些改进。比如，常用工具书可参考北大图书馆的做法，一律放在矮书架上，书架间距应略大于普通图书书架间距；较高的长条服务台应选择一段降低高度；OPAC 检索台设一两个坐式的等等。另外，每个阅览室应在便于观察和管理的地方设残疾读者专座，专座的桌椅应保证牢靠，周围空间略大于普通阅览桌，以保证残疾读者活动方便。

## 4.7 标志和颜色

按照相关规范的规定，凡施行了无障碍设计的建筑，都应在建筑物和无障碍设施附近显著位置悬挂或张贴无障碍标志，表明残疾人专用、优先使用或可用，以免被正常人无意占用。但据笔者了解，一些施行了无障碍设计的图书馆，并未采用无障碍标志。如北大图书馆，在各个无障碍设施点都无标志。无标志固然可避免专用设施闲置，提高利用率，但也容易造成馆员和读者面对无障碍设施而不知其用，在专用通道上乱放东西，霸住专用设施而不礼让残疾读者，仍旧理直气壮等情形，弊大于利。因此建议图书馆最好还是照规定使用标志。台湾淡江大学图书馆的无障碍设计搞得很好，为了引导弱视读者进入内有盲人专用电脑和有专人辅导的无障碍阅览室，将专用通道刷成了亮黄色，一进馆煞是显眼，反而成了一道文明景观，值得借鉴。

### 4.8 引导全体馆员提高对无障碍设计的认识

　　一座新馆建成后，建筑师和图书馆主要领导虽然对其功能比较了解，包括无障碍设计。但是部门主管和群众对无障碍设计通常缺乏认识，为了方便管理，喜欢沿袭旧法，在门口堵台设卡，这样一来，就塞住了通道，枉费了建筑师的一番心思。仍以北大图书馆为例，该馆通往各个楼层都是无障碍的，但要想进各个阅览室便有些困难。一是为了保暖，室门通常不开；二是门里都摆着一到两个宽不容两人、底板超过 2 厘米的监测仪；三是监测仪边上要么是转棒式入口，要么摆两张桌子。若是乘轮椅的同学来了，看看这阵势，能不进肯定不进了。诚然，馆员的服务精神都很好，看见乘轮椅的读者，肯定挪桌弄椅，设法让他进去，但如此麻烦，此位读者心里过意不去，恐怕就不愿再来了。要解决此问题，首先在新馆启用前应对全体馆员讲一讲新建筑的功能和特点，包括无障碍设计，引导全体馆员提高对无障碍设计的认识，以保证今后摆放物品和各项工作不与其冲突。另外应采购新型的监测设备，要求其入口的宽度达到无障碍标准，无底板或底板的厚度在 2 厘米以下。若监测仪宽度达不到，也可对残疾读者免去监测，在监测仪两边预留专用通道，北大图书馆文科图书阅览室监测仪两边各有一条红带，两头卡在不锈钢立柱上，取卸方便，一旦遇到残疾读者，取下红带一头即让出通道，既可起到管理作用，又堪称无障碍，非常巧妙，应在该馆和其他馆推广。

## 5 结束语

图书馆无障碍设计是图书馆搞好特殊读者工作的物质基础。尽管目前图书馆囿于种种原因，只能低标准地采取一些简单的无障碍措施。但作为一个趋势，无障碍设计在未来肯定要普及到各个图书馆。而且随着社会的发展，电脑和音像设备越来越智能化，各类家具的设计越来越人性化，更加符合残疾人和老年人使用，人们对图书馆的舒适性和开放度的要求会越来越高，图书馆无障碍的标准也会不断提高，甚至没有穷尽。将来，图书馆的无障碍设计就不仅仅是在建筑结构上适当为残疾读者考虑，而需要开设专门的无障碍阅览室，配置专用家具和电脑，分派专人对读者加以辅导。在现阶段，若要切实做好无障碍设计，图书馆应该加强对各种残疾读者、老年读者的研究，深入调查了解他们的需要，然后让建筑师针对他们的各种不同需要，拟定相应的无障碍设计方案。并通过试验室对人体功能、建筑材料、五金零件、家具尺度等进行全面测试，检验方案的可行性，最后取得数据，作为制定修订标准和解决技术关键的重要依据，把无障碍设计引向深入。

此外要充分认识到，无论何时、何地、何事，人的因素总是大于物的因素。图书馆无障碍设计只是为特殊读者的入馆提供了基本的环境条件，要做好对这些读者的服务工作，关键还要依靠图书馆员的服务精神和服务方法。图书馆有了无障碍设施以后，并不意味着图书馆员对那些残疾读者和老年读者就可不管不问，一切任由他们自助，相反，图书馆员仍然要一如既往地研究和分析此类读者的心理和阅读需求，以适时而恰当的方式为他们提供咨询、引导以及行动上的帮助，优秀的图书馆员应该在为读者服务中成为读者的朋友。

图书馆实行无障碍设计，符合残疾人、老年人和广大群众的愿望，也是时代发展、社会进步的要求与体现。张海迪在九届人大常委会上就曾经代表残疾人疾呼："希望建筑师为我们做无障碍设计"。[13]在图书馆建筑的热潮中，希望图书馆界和建筑界能一致努力，将爱心和专业智慧相结合，进一步搞好图书馆无障碍设计，使图书馆真正成为有学无类的精神家园。

## 参考文献：

[1]    学之．我国残疾人无障碍设计的现状．中国残疾人，1995（11）

[2]    李明华．台湾图书馆建设及其研究。图书馆论坛．2001（1）

[3]    王波．图书馆无障碍设计初探．图书馆建设，1992（6）

[4]    范秋闽．无障碍设计实施的现状与对策—以上海为例．南方建筑，1999（3）

[5]    郑晓瑛．中国老年人健康评价指标研究．北京大学学报（哲社版），2000（4）

[6]    学之．我国残疾人无障碍设计的现状．中国残疾人，1995（11）

[7]    谭祥金．八十年代我国图书馆建筑述评，图书与情报，1989（4）

[8]    东南大学建筑系．九十年代新建图书馆建筑调研总结．大学图书馆学报，2000（5）

[9]    王波．图书馆无障碍设计初探．图书馆建设，1992（6）

[10]    中国建筑工业出版社．现行建筑设计规范大全．中国建筑工业出版社，1995

［11］　中国建筑西北设计研究院．图书馆建筑设计规范．中国建筑工业出版社，1999.12

［12］　王波．图书馆无障碍设计初探．图书馆建设，1992（6）

［13］　范秋闽．无障碍设计实施的现状与对策—以上海为例．南方建筑，1999（3）

图书馆学及其左邻右舍

# 网络图书馆学的兴起与发展<sup>*</sup>

  网络图书馆学，即互联网图书馆学，它不是指以互联网为研究对象的图书馆学，也不是专门研究图书馆协作网或网络环境下的分布式数字图书馆的图书馆学，更不是把发表在正规纸质出版物上的图书馆学论著进行数字化，转换成电子版，而是专指通过互联网这个非正式交流渠道由图书馆界的网民们自发自由展开的与图书馆学有关的研讨，其发表途径包括互联网常用的五类平台：博客（blog）、电子公告版（BBS）、实时通讯工具（QQ等）、电子邮件（Email）、个人主页（personal homepage）。由于实时通讯工具和电子邮件的交流具有私人化和隐蔽性的特点，个人主页通常内容更新慢，缺乏交互性，是一言堂而不是群言堂，所以由这三种途径展开的图书馆学研讨的影响相当有限，如此一来，网络论坛和博客便成为网络图书馆学的最主要的最大的载体和最常见的形式。

  网络图书馆学在欧美和我国的香港和台湾地区起步较早，

  * 原载于《图书与情报》2006 年第 1 期

限于资料和篇幅所限，在此不对这些地区的相关情况进行介绍，仅对我国内地网络图书馆学的发展轨迹进行回顾总结。内地网络图书馆学的发展主要经历了网络论坛和博客两个阶段。

# 1 网络图书馆学的兴起

## 1.1 论坛阶段

互联网在我国图书馆界的小规模应用大约开始于 1996 年前后，到 2000 年已经比较普及。2001 年，由教育部高等学校图书情报工作指导委员会和北京大学联合主办的图书馆学核心期刊《大学图书馆学报》开通了自己的网站，主要发布刊物的概况、编辑出版信息和每期论文的目次、摘要。此外还设置了一个留言簿板块，名曰"读者沙龙"（以下简称"沙龙"）。编辑部创建沙龙的本意是搭建一个供编辑、作者和读者交流的平台，加强三者的互动，在每期刊物出版之后，能够及时收集反馈信息，以便动态地了解读者的需求、意见和建议，做到眼观六路、耳听八方，便于快速有效地调整和改进编辑出版工作。沙龙开通之初，确实也如编辑部所期望的，起到了编读交流的作用。读者把对刊物的读后感和关于投稿、发稿的迷惑、意见和要求发布在上面，编辑们及时地给予解答、回应，讨论的内容主要集中在与投稿相关的问题。但是随着时间的推移，沙龙上留言的内容悄悄发生了变化，大约到 2002 年，讨论的主题已经越来越多，范围越来越宽，层次越来越深，水平越来越高。例如有位署名"论剑"的网友发的帖子质量较高，给编辑们留下了深刻印象。他不仅在沙龙上以武侠小说中的英雄来比附现实中的图书馆界名人，生动形象地评论名人们的治学特点和个性特点，还积极倡导加强公共图书馆研究，深化图书馆精神等问题的研究，其看问题之精准，眼光之独到，认识之深刻，语言之幽默，都让编辑们和网民们眼睛一亮，喝彩之帖纷纷跟进。编辑部认识到此类讨论别有价值和趣味，至少有助于图书馆学知识的传播和普及。为了引导这种讨论趋向广泛和深入，吸引更多的人参与，也为了使学报在严肃之余有些生动活泼的内容，添加点不失学术气息的散淡调味品，使读者在阅读学术论文时偶尔能够享受到轻松一刻，编辑部灵机一动，因势利导，在《大学图书馆学报》2003 年第 1 期增辟了"e 家之言"这个小栏目①。每期摘录一小段沙龙上有意思的言论，插在需要补白的地方，并注明发帖人和沙龙的网址。另外，在年终的时候，编辑部不再删除旧帖，而是将其整理后继续挂在网站上，以供回溯阅读。这两项举措对网友们是一种明确的鼓励，迅速推动了沙龙的发展，沙龙的人气急剧聚集，热度迅速升高，发帖者和观帖者越来越多，又涌现出了"一问"等公认的发帖质量较高的网友。

随着讨论内容的不断丰富，学报沙龙的性质由量变发生了质变，它已由当初一个编辑部的编读交流平台慢慢发展成为内地整个图书馆界的言论园地，成为内地图书馆界网上研讨图书馆学的大本营，在后来的帖子和总结性文章中，网友们公认网络图书馆学阵营是在学报沙龙上完成了第一次集结。

学报沙龙的成功，激发了更多的人创建网络图书馆学论坛的积极性，包括热爱信息技术的图书馆员和面向图书馆的数据库供应商。因为学报沙龙是不切分页面、不进行主题分类的留言簿，形式上像不断向上扩展篇幅的卷轴，全年的帖子都显示在一个长条页面上，好坏帖子以一样的速度下沉，阅读、检索均不方便，大大不能满足网友们的需求。有些擅长信息技术的网友便怂恿编辑部创建正规论坛，署名"一问"的网友甚至

---

① 论剑.e 家之言：学术界的"东帝、西毒、南邪、北丐". 大学图书馆学报，2003（1）：69

把他编写的论坛程序发给了编辑部，以供安装。但是由于编辑部事务繁多，编辑们均处于满负荷工作状态，无法分出人力精力维护较大规模的论坛，加上创建和维护论坛有一定的技术难度、设备要求和管理风险，编辑部最终遗憾地没有满足网友们的请求。学报在论坛技术和规模上的浅尝辄止，令网友们在失望之余，产生了另起炉灶，再建论坛的想法。不久，网名为"寒心"的网友在中国学生网上申请空间创建了名为"中国图书馆学者联盟"的图书馆学论坛，被网友们简称为"寒网"。"寒心"这个名字不知到底是何寓意，或许是他为错误地从事了图书馆员这个职业而寒心，或许是他为学报沙龙不图改版升级而寒心。寒网作为内地网络图书馆学第一个具有主题分类功能的论坛，在学报沙龙上打了广告后，红火一时。不久，一问遇到了知音，其改造编写的论坛程序受到厦门大学图书馆同仁们的欢迎，最后落户厦门大学图书馆服务器。经过试运行和网上征名后，正式命名为"网络图苑"，小名就随"一问"这个网名，叫作"一网"①。一网采用的是颇受一问推崇的 Tikiwiki 技术模板，功能强大，加上有厦门大学图书馆作后盾，数据安全比较有保证，因而创建之后人气陡升，很快便盖过了寒网。厦门大学图书馆对一网比较支持，馆领导慨然允许以本馆服务器装载一网，期望其能成为我国图书馆学知名的网上论坛，产生较大的影响力。

上海图书馆主办的《图书馆杂志》是内地最早推出网站的图书馆学期刊，其网站上也有一个论坛，但是由于其位于公共网上，而大部分热心网上讨论的图书馆员和图书馆学研究生都来自高等院校，活跃在教育网上，从教育网链接到公共网速度较慢，报错率较高，还有部分网友对其详细的注册方式感到

---

① http：//libforum. xmu. edu. cn/tiki－forums. php

烦琐，致使该论坛的帖子更新缓慢，人气不旺。

2002 年，北京雷速科技有限公司创建 "E 线图情" 网站①，专门面向图书馆提供专业信息服务，网站辟有主题分类论坛，功能较全。为了鼓励图书馆员发帖，扩大该网站的影响，该公司长期推出有奖发帖活动，吸引了一部分热心网络讨论的网友，质量较高的帖子有赵宣的 "无言而语图书馆" 系列等，飞翔的森林和图书馆建筑专家李明华等也是该论坛的活跃分子。

如此一来，网络图书馆学就形成了五大论坛的基本格局。由于北京雷速科技有限公司的董事长刘锦山曾供职于北京书生科技有限公司，《大学图书馆学报》编辑部一度误认为 "E 线图情" 为书生公司所办，便将其简称为 "书网"。另外，学报沙龙被网友们约定俗成地简称为 "学网"，上海《图书馆杂志》网络论坛被简称为 "上网"。依据各个论坛的简称，学报编辑部把五大论坛联句为 "上学问书寒"，寓意为：我们十年寒窗读书问学探索书籍的奥秘，到头来却得到职业声望和地位不高这个令人寒心的结局。此联句加了各个论坛的链接发布在教育部高等学校图书情报工作指导委员会的网站上，得到了部分网友的理解和认同，有的网友在其撰写的网络图书馆学论坛发展状况的文章中就引用了这个后来发觉有些误会的联句。但是更多的网友习惯于称 "网络图苑" 为 "一网" 而不是 "问网"，将 "E 线图情" 称为 "E 网" 而不是 "书网"。

五大论坛在博客普及之前，引领着网络图书馆学的潮流。学网虽然技术简单，但因为处于北大这个思想者的巢穴、中国学术文化的重镇，网络条件优越，网速极快，所以从来不缺乏网友的青睐，其技术上的简陋和形式上的单调都被北大无与伦

---

① http：//www.chinalibs.net/

比的吸引力抵消掉了。除了在一网兴起的初期受到短暂冲击和冷落外，学网一直保持着网络图书馆学潮流引领者的地位，是网络图书馆学不变的票房冠军。其他的论坛或因为显示发帖者的 IP 地址，或因为主题分类太细等原因，技术上的优势反而给发帖者造成了一定的不便，在短暂的热闹之后，均不能长期保持旺盛的人气。如果根据直观印象判断，按对网络图书馆学的贡献和影响力大小排序的话，五大网络论坛的先后顺序应该是学网、E 网、一网、寒网和上网。

### 1.2　博客阶段

由于网络论坛不强求注册时提供真名实姓，学网甚至本来就是简单的留言簿，完全不必注册，网友只需在发帖时随便填个代号就可以了，所有帖子既不分主题也不分页面。在这种情况下，一方面作为话题制造者的网友的强帖极易被埋没，不能展示其整体风貌，发帖者和读帖者都感到极不满足。另一方面，允许假名发帖给无责任的情绪发泄（网上俗称"拍砖"）提供了方便，以真名发帖的人往往受到不平等的非理性的无情奚落和打击，特别是学网上有许多常看帖不发帖或少发帖的人士，在网络中被称为"潜水员"，其中不乏图书馆事业的领导者和管理者，如文化部和教育部主管图书馆工作的官员、国家和地方图书馆学会及其分支机构的负责人、高等学校图书馆学院系主任、各种图书馆联盟的负责人等，他们把阅读网上言论作为一种调研方式，也经常通过网络论坛了解普通图书馆员、图书馆学系师生的呼声和建议，为规划未来的图书馆事业作参考。如果对网络上的发言特别感兴趣的话，有些"潜水员"偶尔也会浮出水面，插上三言两语，或者解释一下相关政策，或者进一步咨询一些情况，或者表达一下自己的观点，结果马上就会受到以假名出场（网上俗称披着"马甲"）的网友们的无理性的言论围攻甚至人身攻击，弄得他们对网络图书馆学论坛观而远之，不敢参与。这样就破坏了互动交流的机制，反而违背了创建网络论坛的初衷。

网络论坛的不足，大大伤害了严肃的发言者的兴致，特别是随着网络论坛的发展，一些经常发表高质量帖子的教授、馆长已经成为被网友们崇拜的话题制造者和意见领袖，如老槐等。他们已不满足于把花费了自己心血的思想成果淹没于水平参差不齐、内容雅俗混杂的长长帖流中，有意寻找新的网络发表形式。恰在此时，一名年轻女性靠在博客日记中进行"身体写作"而迅速成名，博客一时广为人知，也引起了喜欢在网上研讨图书馆学的网民们的注意。老槐就是在这个时候，由论坛进军博客，创建了"老槐也博客"站点①。老槐在用武侠语言发帖时曾用"论剑"作马甲，尝有多帖被《大学图书馆学报》发表，以老槐这个马甲发帖后，更展示了对图书馆事业的忠诚及责任感、扎实的学术功底和高尚的网德，在网友心目中，老槐早就是论坛上的意见领袖、一面旗帜。老槐抽身到博客后，以差不多两三日一帖的速度连发强帖，网友们热情回应，复帖如云，"老槐也博客"名声大噪。而缺少了老槐的网络论坛，因为没有了意见领袖，结果日渐冷落。那些原本注视论坛的眼球一时间差不多都转移到了新鲜的博客上。有老槐作示范，论坛上的骨干网友，纷纷创建了自己的博客，短时间内，图书馆界博客勃兴，知名的就有"超平的博客"、"数图研究"、"游园惊梦"、"钱涂无量"、"跳起来读书"、"精彩搜索"、"编目精灵"、"山高水长"、"图谋博客"、"N问图学"等②。这些博客大多数托管、聚居于"博客中国"社区，只有"大学图书馆学报"博客和"N问图学"托管在"网络图苑"。

和网络论坛比较起来，博客具有一定的优势：

---

① http://oldhuai.blogchina.com/
② http://www.qiantu.org/news/index.php? hours = 168

第一，管理自主。创建者可以对自己的话题进行分类，自己的话题永远处在最上层，即网络上俗称的被"顶"的地位，通过计数器可以查看被阅读的次数，可以查看在博客社区中被阅读次数的总排名，了解自己博客的影响力，对网友们的回帖可以进行管理，能够删除那些无聊无理的帖子，而且回帖都是针对自己的话题有感而发，有助于加强同网友的互动，发现知己，形成真正的兴趣一致的专业圈子。

第二，个性突出。在论坛阶段，发帖者提出的话题常被淹没在大量的并不相关的帖子中，其关注的范围、对象及自己的语言特色彰显不充分。而在博客中，创建者往往以自己关注和研究的方向直接作为博客的名字，如"数图研究"、"编目精灵"、"精彩搜索"、"开放存取"等，帖子的内容也都是根据博客预定的主题展开，所以内容和语言特色毕露无遗。这样网友们选择起来就更有针对性，博客也更容易形成自己在某一方面的权威，团结一大帮兴趣相投的网友。博客的创建者如能保持长时间内强帖连发，表现出真才实学，就会成为网络上的明星，网友们对自己服膺的博客主人也会热情追捧，成为追星一族。如老槐在现实中是图书馆学知名教授，所发帖子都是其学术思考的结果，不乏真知灼见，所以在网络上名声很大，受到青年学生和图书馆员的普遍爱戴。现实中的程焕文、李国新、王子舟、范并思的学问广受网友们的赞赏，在网上被誉为"四大天王"，加上研究制度图书馆学的蒋永福，则被誉为"五虎上将"。于良芝、李超平则是新近被网友们普遍推崇的女学者。

第三，聚散有秩。博客既是独立的，每个博客有自己的网址，又是联合的，每个博客都托管在某个博客社区，社区动态地对博客进行整合、分类、推荐、计量、关联，网友们通过博客社区对某一类博客进行浏览相当容易。更方便的是，目前还有多种站点摘要浏览器（英文缩写为 RSS）可以对互联网上不同社区的博客进行选择性整合，网友们可以通过自己的设置，利用 RSS 每天动态地查看自己感兴趣的所有博客的最新发帖，而不必要逐个输入网址进行访问，大大节约了时间，提高了阅读效率。网友们还可以通过自己或别人创建的新闻聚合器对大量感兴趣的博客进行浏览。

有人形象地把论坛比作广场、客厅，把博客比作自留地、包厢，由此可见论坛和博客的不同。正是由于博客具有上述优势，所以在网络图书馆学界流行后，对论坛这种形式造成了极大冲击，以学网为例，其在 2004 年上半年达到高潮，到下半年因为博客的出现，遽然走到低谷，霎时间非常冷清。

但是论坛仍然有自己的优势，比如其门槛很低，只要会打字就可以发表意见。包容性强，几乎不限专题，不限立场，什么帖子都可以发，就像在广场上说话，话题五花八门，被清除的情况比博客少，博客主人为保证自己博客内容的专业和纯粹，为维护个人的声誉，自律性强，往往对回帖有更严格的审查、过滤标准，删帖的情况较多。在论坛上发帖可以用形象生动的语言，嬉笑怒骂皆成文章，很多人借助马甲可以说些真话实话，冲击一下现实中的虚伪和潜规则。而在博客中回帖，等于到别人的包厢里说话，往往要看主人家的面子，既不想让主人知道自己的真实思想，又不想因自己的言论连累主人，往往会弱化自己的表达。显然，论坛和博客具有互补关系，各有千秋，所以在博客兴起后，论坛经历了短暂的失落期，又进入到了一个平稳的发展状态。目前，论坛经过冲击和淘汰，保持活力的还有学网和 E 网，一网则因为非专业网民的大量加入，专业性不断淡化，逐渐沦落为生活类论坛。其他的论坛则失去了影响力。

《大学图书馆学报》是图书馆学网络论坛的策源地，在博客兴起后，对这个新事物也很感兴趣，在了解了其功能特点后，也于 2005 年元月在网络图苑上注册了一个博客，名为"博客：大学图书馆学报"，又成为国内图书馆学界最早创办博客的期刊①。学报创建这个博客不是哗众取宠，主要想利用它以第一时间传播一些编辑部的审稿进度和业界动态等信息，尽管编辑部有自己的网站，但网站随着期刊的出版周期，一般两个月更新一次。在论坛上以版主的名义发帖既不权威又不能保持格式，这样博客的创建就很有必要了，恰好可以弥补网站的不足。更何况，博客给人的印象是动态的，网站给人的印象是静态的，很多读者有追踪阅读博客的习惯而没有经常点击网站的习惯。同样的信息，如果在网站和博客上重复发布，受众面就会更大。

## 2  网络图书馆学兴起的原因

从时代背景看，导致网络图书馆学兴起的最根本原因是信息技术条件的成熟。如果没有互联网，没有计算机在图书馆的普遍应用，《大学图书馆学报》就不可能创建自己的网站，开辟网络论坛。如果没有博客和 RSS 技术的兴起，就不可能有图书馆学博客群的涌现，网络图书馆学就上升不到一个新阶段。网络图书馆学的发展很大程度上受益于这个时代，受益于信息技术的日新月异，是时代进步、社会发展、科学发达的必然结果。随着网络和通讯技术的发展，相信网络图书馆学的载体会不断地升级换代，网络图书馆学的形式也会不断呈现出新的面貌。

从图书馆、图书馆学发展史的角度看，网络图书馆学在短时间内迅速兴起并呈星火燎原、如火如荼之势，貌似偶然，实

---

① http：//libforum. xmu. edu. cn/tiki － view_ blog. php? blogId ＝ 26

际上是图书馆行业和学科的一些长期被压制的需求猛烈释放、反弹的结果。

## 2.1 行业需要动态传媒

我国图书馆界几乎没有新闻类报纸，沾边的只有《新华书目报》于 2004 年推出了一个"图书馆专刊"副刊，但因为其发行对象主要为图书馆的编目部门，除了编目员，大部分图书馆员无缘见到其真面目。更何况这份报纸是新华书店总店办的，其立场不可能与图书馆行业完全一致，不能算是图书馆行业自己的报纸。我国图书馆界出版的期刊倒是很多，有正式刊号的数十种，可惜的是类型极为单一，同质化严重，绝大多数都是发表学术论文的学术期刊，且多为双月刊，月刊只有两种。中国科学院文献情报中心虽然有一份《图书情报工作动态》，但不是正式刊物，且为月刊，页码少，出刊慢，所谓的动态也主要是关于中科院图书馆系统的，近年有所改进，也主要是加强了对全国图书馆学情报学领域科研项目的审批和进展信息的发布。中国图书馆学会秘书处有一份《中国图书馆学会工作通讯》，确实报道业内动态，但为非正式刊物，多发布会议内容，只发给当年交纳了会费的会员，双月刊，容量小，影响有限。广西图书馆学会办有名似行业动态刊的《图书馆界》，但按中国图书馆学会的分工，主要发表具有科普性质的图书馆学论文，而非界内动态的报道。如此一来，诺大的图书馆界涌现的具有新闻价值的事件、人物、动态就没有专业报刊可以报道，凡有全国性的行业大事，图书馆员们如能从综合性报纸的边角文缝里找到点滴记录，已经非常知足感恩了，想读到关于图书馆界大事的全面深入的报道简直就是奢望。图书馆界的新闻报道与否，完全靠文化类和综合类报刊记者的兴致，行业几乎没有什么主动性。至于系统、区域、地方图书馆所发生的新闻，就只有在机构网站上发布了，网络已经成为发布图书馆行业新闻的主要渠道。不上网的从业者，对图书馆行业的热点和焦点事件、人物，就只能从发表在月刊或双月刊上的学术论文里了解，那样得到的基本上都是旧闻。

客观信息都报道不出来，更何况先进理念的传播。长期以来，图书馆界的馆长、教授们的新鲜想法、理念、灵感、经验如果不花费时间写成论文，就无法与同行广泛分享和互相激发，隐性知识失去了大量转换为显性知识的机会，这对事业的发展绝对是一个损失。馆长、教授们不是没有表达的欲望，而是表达的渠道阙如，大家都热切盼望着早日创办类似于《中国图书馆报》这样的传媒。

论坛和博客的兴起，填补了图书馆新闻和言论渠道的空白，图书馆界的理论家和实践家们在正规行业类新闻报刊求之不得的情况下，自然而然地把言说的愿望寄托到了网络，论坛和博客补偿了动态类传媒的缺失，成为其替代品。

## 2.2 学科需要公共空间

理论的进化、学科的发展需要自由、宽松的研究和争鸣的环境，但是在我们这个人情至上和泛政治情结浓重的社会环境中，要真正做到学术自由并不容易，所以在期刊、会议、讲台这些正规的学术渠道上，我们通常不容易看到真正的学术争鸣、学术批判，甚至连见解中肯、鞭辟入里的书评也殊难读到。经常有图书馆从业者一方面在大声疾呼学术民主，倡导学术批判，一方面又出于种种顾虑，自己也做不到。按道理，期刊、会议、讲台都是学术的公共空间，但是在各种人情交往和社会规则的约束之下，实际上并不公共。大家都希望再造一类公共空间，真正实现学术民主、学术自由，互联网成了大家不约而同的选择。

图书馆学论坛和博客就是这种选择的结果，其兴起后，大大改善了图书馆学研究的民主气氛和自由气息，百家争鸣、百花齐放成了网络图书馆学最可贵的特点，人们从中不但发现了精彩纷呈的观点、新颖翔实的数据，也发现了对高卓见解的热情回应、到位点评、由衷赞赏，对错误观点的无情批判、深入剖析、诚恳点拨。图书馆从业者们欣喜地感叹到，盼望已久的学术公共空间，不期然地竟然在互联网上找到了，图书馆学学术发展的格局和历史，居然就这样轻易地被改写了。而且大家相信，网络图书馆学公共空间的发展壮大及其优势的日益突显，必然也会对现实图书馆学公共空间的改革发挥积极的推动作用。

另外，按照一些图书馆学家的观点，我国的图书馆是在现代性实现不充分的情况下，随着社会大环境的巨变，骤然过渡到了后现代社会，因而普遍缺乏对理性及知识的崇尚、对读者获取知识的平等权利的尊重、对知识资源最大利用的追求等这些现代性特征，职业精神严重发育不良。较长一段时间内，我国图书馆走入了有差别服务、有偿服务、被动服务的误区，以致读者怨声时起，屡屡诉诸媒体，其症结就是现代性的缺乏。而彻底改进之良策就在于对图书馆重新进行现代性启蒙、现代性构建。网络图书馆学兴起后，图书馆现代性及与图书馆现代性密切相关的图书馆精神、图书馆制度、图书馆法制建设等成为其热门关键词，标志着网络图书馆学已经成为图书馆现代性启蒙的一支重要力量。单就这个角度论，网络图书馆学的兴起便堪称功不可没。

总之，网络图书馆学的兴起为图书馆学的学术进步构建了一个比较理想的话语情景，是对传统图书馆学话语方式的极大解放，其对图书馆学发展所起的连锁推动作用，将会随着时间的推移而愈发呈现出来，其重要性会日益被认识而得到更高的评价[①]。

---

① 蒋永福. 何以完成现代性?——就图书馆职业的现代性问题答于良芝女士. 图书馆建设, 2005 (4): 20

## 2.3 同行需要扩大交往

图书馆从业者包括图书馆事业管理者、图书馆员、图书馆学理论研究者、图书馆学教育和受教育者，他们出于管理参与管理、业务交流、学术研究、专业学习、职业规划等原因，希望结识更多的志同道合的同行，彼此沟通信息、交换知识，形成一个专业兴趣共同体。传统的兴趣共同体的形成主要通过面访、书信等进行，受地理空间的制约，效率很低，形成的也多是校友、师承、会友之类基于人际关系的小圈子。而且传统交往的范围大小跟个人权力、声望的大小也有很大关系，权力越大、名声越响的人，组织和出席各种会议、活动的机会也越多，属下、门生、朋友也越多，那么他正式和非正式交流的圈子也就越大，获得的各种信息和知识也就越多，更容易形成良性循环，有益于其专业知识的丰富和事业的发展。

与图书馆高层管理者、理论家比较起来，普通的有事业心的图书馆从业者因为对外交往的机会不多，反而有更强烈的扩大同行交往的愿望，网络的兴起为这个愿望的实现带来了转机。网络是一种全新的信息交流方式，一个人在网上的权威，更多地取决于他说了什么，而不是他现实中的地位。一个现实中的图书馆长，如果他在网上的发言逻辑不通，枯燥无味，水准很差，照样会受到无情奚落，失去朋友。一个最基层的图书馆员，如果他的发言多是真知灼见，生动风趣，照样会受到欣赏，获得友情。这样，普通图书馆从业者通过网络就突破了地理、地位的限制，广交朋友，扩大视野，充实知识、更新理念，快速提高自身的专业化程度。更重要的是，网络是一个平等的平台，它没有论资排辈，没有上下尊卑，没有门第等级。在这个平等的交往环境里，图书馆员们形成的专业圈子的基础完全靠才识、幽默感和话语中所表现出来的人品，因而更纯粹、更牢固。习惯了传统交往的图书馆馆长和教授们，也有不少人尝试在网络社区中寻找知己，一般情况下，他们都表现出了和他们现实中的地位相符的才能和魅力，受到了网友们的热烈欢迎。如果他们的言论不受欢迎，也有助于他们进行反思，这也是一种别样的体验，等于把自己的理念拿到人数不可预测的听证会上进行会商，有益而无害。

网络论坛和博客的快速兴起可以说反映了广大图书馆从业者希望扩大同行交流的强烈愿望和急切心情。

### 2.4　人才需要展示平台

我国图书馆界传统的让人才展示才华和发现人才的平台主要是学术期刊、学术会议，但是由于这两个平台的参与面相对较窄，经常"出镜"的多是已有一定名望和职称的行业中坚，总体上有重名人薄新人的倾向。况且论文的发表有较长的时间差，论文作为成熟的思想成果，字里行间也很难表现出一个人的个性特点和道德品质，如此就不利于新秀的快速脱颖而出。

对于那些在校生来说，其才华高低则基本上由一系列教育标签所决定，如其毕业院校、毕业成绩、是否三好学生、学生干部，获得过哪种层次的奖学金，研究生还要看其发表文章的数量、导师的学术地位等。究竟某个学生的道德品行、专业兴趣、治学天赋到底怎么样？众所周知，单凭这些标签是不能准确判定的，即便加上面试环节，用人单位对招聘对象的了解也相当有限，很难达到全面深入的程度。由于供需双方的信息不对称，经常发生埋没人才或用人不当的情况。

网络的发展为人才的自我展示、自我推销提供了平台，所谓真名士自风流，不管你是有理论慧根还是有技术天赋，在网络表述中都会自然流露，你的人品个性也会在自己不甚自知的情况下，被关注者把握得一清二楚。在文学和音乐领域，不少年轻人就是首先在网络上发表作品、展示才华，被广大网民认可后，继而得到文坛、乐坛的承认，一举成名。例如网络写手痞子蔡靠《第一次亲密接触》、网络歌手杨臣刚和庞龙分别靠《老鼠爱大米》和《两只蝴蝶》迅速踏上了明星之路。网络图书馆学的兴起，客观上也有造星的作用，有益于发现人才、认识人才。例如，在网络图书馆学领域享有大名的老槐、超平、Keven、一问，固然在未经常参与网上讨论之前就有一定的声望，但是对网论的参与，显然进一步扩大了他们的影响力。网络影响力的提高或早或晚、或大或小会投射到现实当中，与现实发生良性互动。最近人们惊讶地发现，《中国图书馆学报》、《图书馆》等刊物上，网络明星们纷纷登场。由此可见，网络不仅是个人展示才华的平台，也是各方面发现人才的平台。对于在校生来说，长期参与网络上的专业研讨是他们展示自身才学、专业志趣及恒心的一种较好的方式。如果其果然专业思想稳定、基础知识扎实、才学识德均佳，是一位路遥显马力的人才，在稍长一段时间的网上讨论中自然就能够表现出来，这样就容易引起上一级学位导师的青睐或图书馆领导者的欣赏，在求学、就业和事业发展的道路上赢得机会，对招生和用人单位来说，也会少一些选才的盲目性，真正做到人尽其才。目前在网络图书学中，不乏招聘信息和求职信息。有的图书馆的负责人在网上曾表露过欲招聘某位人才的意愿。有的考场发挥不理想的考生在网上也曾表达过调剂志愿的愿望，确实也得到了网友们的帮助，实现了继续深造的梦想。

## 3　网络图书馆学讨论过的内容

网络图书馆学兴起后，图书馆理论界和实践界关注的方方面面在其中都有反映，参考网友游园惊梦先生总结的网络图书馆学 2004 年度大事风云榜[①]，概括来讲，被网络图书馆学热烈讨论过的核心内容主要包括以下专题：

- 图书馆精神的争鸣
- 抽象图书馆学的争鸣
- 制度图书馆学的争鸣
- 图书馆现代性的争鸣
- 阅读疗法的争鸣
- 由全国博士论坛的专家点评引发的关于学术规范的争鸣
- 《图书与情报》落选 2004 年北大版核心期刊要目而引发的关于核心期刊的争鸣
- 于良芝著《图书馆学导论》的争鸣
- 中国图书馆学会 2004 年苏州年会的全面报道。
- 中国图书馆学会 2004 年哈尔滨理论峰会的全面报道
- 中国图书馆学会 2004 年绍兴青年论坛的全面报道
- 国家图书馆多次被读者投诉媒体之事的争鸣
- 苏州图书馆被读者投诉媒体之事的争鸣
- 信阳师范学院图书馆被读者投诉媒体之事的争鸣
- 讨论聚焦的热点人物：范并思、李国新、于良芝、李超平、叶鹰、蒋永福、程焕文、王子舟等[②]

限于篇幅，网络图书馆学讨论过的主要专题的详细内容不再展开，从网络图书馆学发展的势头来看，其正沿着讨论范围更广、专业和社会影响更大的方向滚动向前，将像奔腾大潮那样覆盖更多甚至所有的专题。

---

① 游园惊梦. 2004 年度网图大事风云榜. 游园惊梦之博客. http：//youmeng. bokee. com/364105. html

② 游园惊梦. 2004 年度网图人物龙虎榜. 游园惊梦之博客. http：//youmeng. bokee. com/357467. html

## 4  网络图书馆学的正面作用

网络图书馆学的积极作用是显而易见的，具体而言，突出表现在如下几个方面：

### 4.1  舆论监督

随着网络图书馆学的发展，讨论的主题越来越丰富，举凡图书馆界的理论热点和事业焦点，包括那些在正规刊物或会议上不便讨论的问题，不登大雅之堂的行业花絮、名人佚事，在网上都有议论。这些议论因为多是匿名的，因而更加民主和自由，更加公正和具有批判性，客观上可以起到舆论监督的作用。有网友称，从 2004 年开始，图书馆界进入了"多事情之秋"，意思就是说网络图书馆学已经形成了一支不可忽视的舆论力量，今后图书馆界的一举一动都在网民的监督之中，不管是一次会议的一个安排失当，一个专家的口误或举止失态，一个图书馆规章制度存在的瑕疵等等，都有可能被网友发布到网上进行群众性的审视、解剖和批判。发表谬论的理论家和做出错误决策的实践家都要为自己的行为在声誉和威信上付出代价。

### 4.2  理论彩排

网络还是一个学术答辩会和听证会。通常，教师们可以把自己的研究成果拿到课堂上与学生交流，在学生们的质疑下不断完善；学生们的学位论文需要老师们严格把关，在答辩会上听取权威们的评点和检验。教学领域的师生们有便利的条件实现教学相长和互动切磋。但是对于广大普通图书馆员来说，大范围向同行请教和切磋学问的机会就很少，网络为学术试验和学术争鸣提供了场地。不管您是学术界的大师还是新兵，在学术上有了新的想法，都可以先发布到网上征求意见，这样互联网就成了理论预演和理论彩排的舞台。当前图书馆界的许多热点和前沿问题，在其以严整的体系呈现于学术期刊之前，都曾在网上进行过预演和彩排，如公共图书馆精神研究，在网上预演时，呈现的标题是"龙战于野"，意思是关于公共图书馆精神的研究是一个重要的大题目，但当时却不为主流图书馆学家所重视，不是"在朝"的学问而是"在野"的学问①。其他不少理论问题也都在网络尤其是在专家的博客中被预演过，此后被有心人所吸收，改编加工成正式论文发表在专业期刊上，期刊上参考文献中论坛和博客的被引频次的不断走高就说明了这个问题。

### 4.3  信息速递

网络广泛开放的特点决定了任何人都可以即时地把自己的所见所闻、所思所想发布在网上，无论是行业新闻还是学术观点，借助于网络，传播的速度和广度明显提高了。例如，随着网络图书馆学的兴起，中国图书馆界尤其是中国图书馆学会的每一次会议，包括年会、青年论坛、理论峰会等，会议的内容和花絮都被参会的网友及时而充分地发布到网上，会议的精神得到充分的传播，其传播效果不但不亚于正规印刷出版物，甚至比其更深入全面。社会上围绕图书馆的赞颂之辞和批判言论也会迅速地被精选整合到网络上的图书馆学社区，如读者对国家图书馆坚持区别服务的媒体投诉、读者对信阳师范学院出售座位的媒体投诉、读者对苏州图书馆古籍管理办法的媒体投诉，都及时地变成网络图书馆学热烈讨论的案例，有益于图书馆界判断环境，摆正位置，改善服务，及时针对危机制定应对

---

①  论剑.e家之言：降龙十八掌之"龙战于野"——公共图书馆. 大学图书馆学报，2004（1）：72

之策。

## 4.4　德行修炼

　　网络图书馆学园地也是一个砥砺德行、培养学术精神和学术人格的好课堂。凡是参加过网上讨论的同行可能都有这样的感觉，参与网上讨论的时间越长，资格越老，你的网络道德不是下降而是提高了，有一个阶段性的升华过程。刚开始时你可能只是一个对网络讨论这种方式感兴趣的愤青，喜欢用直白嚣张的语言攻击比自己年长和地位高的人，也就是所谓的＂拍砖＂，以显示你的与众不同和才华。但是随着拍别人砖和被别人拍砖，经过换位思考、换位体验和自己的成长、生活阅历的提高，你渐渐便会发现网上也有做人之道和做人之格，网上也同样存在着约定俗成的令每个人自发遵守的伦理规范，这种网络伦理和社会上的美德标准和武术界的武德标准十分相似，要想在网络上受人尊敬，赢得美名，自己首先必须是一个网德高尚的人。据笔者观察，最早一批参加网络图书馆学讨论的人，其在网上所表现出的道德水平、学术水平无一例外都在提高，这也是网络图书馆学不需要担忧而值得提倡的重要原因之一。

## 4.5　自我教育

　　参与网络图书馆学，除了道德上的自我提升，业务和学术上的自我提高也是一个方面。在网上，许多论坛和博客已经专题化了，不少在某个方面比较专精的同行都在有意地展示自己的特长，如名为＂数图研究＂、＂编目精灵＂、＂精彩搜索＂的博客，介绍了大量的关于数字图书馆研究、图书编目和信息检索方面的信息、知识和独到经验。在收集和介绍这些内容的时候，相信这些博客创建者自身也在不断地扩大知识面，不断地把自己的思考精确化，有个自我教育的过程。更重要的是，更多的这些博客的访问者、崇拜者通过对这些专业水平较高的网络内容的访问，快速提高了自己的业务水平，实现了自我教育。在网络图书馆学萌芽发展的这几年中，通过帖子质量的不断提高，可以明显感觉到，不少青年图书馆员，通过网络上热点人物、事件的转换，也在不断追踪阅读着围绕着这些人物、事件的相关文献，在扩大知识面和完善专业基础知识方面的进步是十分明显的。因此，武汉大学信息管理学院的詹德优教授把网络学图书馆的主要作用归结为自我教育①，是恰如其分的。

### 4.6 人才遴选

图书馆人上网的目的略有不同，有人为了表现，有人为了发现。同是表现，年轻图书馆人和中老年图书馆人又是不同的。年轻图书馆人的表现是为了展示自己的专业激情和才华，寻求友情和理念认同，以获得更多的学术灵感和发展机会，是出于一种专业拥抱式的热情。已经成名的中老年图书馆学人之所以上网，是为了逃避撰写八股式学术论文的麻烦，寻求别样的表达方式，把自己的思考尽快地初步精确化并表达出去，是为了抓住稍纵即逝的隐性知识和灵感，使其不至于白白浪费，希望对行业的发展和年轻人的学习有所启发，是出于一种专业关怀式的守望。但不论出于哪一种表现，客观上都起到了遴选人才的作用，网络就像一台造星机器，透过雪亮的群众的眼睛的筛子，把年轻的新星和不朽的明星淘洗出来。新星被编辑、教授、馆长们所发现，有了更多的发展机会。明星们赢得了同行们的理解、欣赏甚至崇拜，可以招到更优秀的学生，在行业里发挥更大的作用。

### 4.7 友学兼得

网络图书馆学园地还是一个虚拟的社交场所、一个虚拟的

---

① 詹德优，于迎娣. 馆员论坛——图书馆员自我教育的一种新途径. 新世纪图书馆，2005（2）：69－72

学术茶馆，来的人在谈天说地、吃茶论道之间，也在收获着友谊。如同网恋可以造就婚姻，网络图书馆学也可以造就师生、朋友、合著者等现实关系。目前，已经有不少图书馆员通过网络图书馆学培养了感情，通过学术会议见了面、订了交。这些今天的网络图书馆学参与者，已经形成一支不可忽视的力量，必然要对未来中国图书馆学的理论和实践的发展产生影响。

### 4.8　随笔勃兴

中国的图书馆学，在 20 世纪上半叶，由于西方的学术规范尚未全面传入和应用，许多开创现代图书馆学的大师名家的图书馆学论著继承了古文简约精练的传统，文体活泼多样，内容言简意赅。但是随着现代学术规范的应用，到 20 世纪下半叶，图书馆学论著中学术论文一统天下，就很难见到其他文体了。其他学科也有类似的情况。文体的僵化筑起了学科与学科、学科与社会的壁垒，使优秀的学术成果主要在专业领域里回旋，传播不到外行和公众的耳目里，限制了学术成果社会影响的扩大。为了解决这一矛盾，自上个世纪 90 年代起，文史哲、法律、经济等学科的一批顶尖专家效法前贤，在撰写专业宏文的同时，纷纷撰写随笔，或进行专业科普，或以专业视角、博通知识纵论各种社会现象，表现人文才情、社会关怀，赢得了广泛关注和喝彩，涌现出了一大批公共知识分子。可惜的是，图书馆学家们却一直游离在这个潮流之外，其思想、魅力难以被公众所认识。综观学术史，大师名家几乎也都是文体大师，学者只有通过多种文体传播自己的思想，才能赢得更广泛的认同。而随笔是表达学术思想最快捷的途径，写不写随笔某种程度上已经成为制约图书馆学者难成大家的一个因素。所以，蒋永福教授极力鼓动图书馆家写随笔①，《图书馆》杂志也开设了随笔栏目，但是因为杂志出版周期长，应者寥寥，尚未成气候。谁知博客的勃兴极大地推动了随笔这一文体的发展，老槐、超平们一挥而就的帖子，实际上就是真正的随笔。随笔抛开了学术论文为追求严谨而附加的四平八稳、前后交代、虽然但是、一分为二等等烦琐沉重的外衣，是赤裸裸的思想和灵感，更鲜活、更天然，一出现便受到了广泛欢迎。借助于网络弗远无界的特性，这些图书馆学者也逐渐被包括新闻记者在内的业外人士所了解，遇到与图书馆有关的新闻事件，经常成为新闻记者采访的首选对象。

## 4.9　名师胜出

当前，人们把那些热心社会活动、青年号召力强、媒体曝光频率高的教授称为"明星教授"。随着高校招生竞争的加剧，明星教授显然对人才更有吸引力，判断一名教师是否优秀已不能只看其在本校本地的学术影响，还要看其是否具有"明星教授"的知名度及其特质。当前，很多高校的法律、经济等院系评职称，不仅看教授的科研成果，还要看教授是否拥有学术性的社会兼职，是否积极参与社会服务，这就是对教授明星化的要求。教授要明星化首先需要公共化，在互联网上展示才学显然是个不错的选择。在网络图书馆学发展演变的这几年，已经造就了好几位明星教授，他们或是网络图书馆学的积极参与者，或是网络图书馆学关注的对象。他们都是以自己的学术贡献和人格魅力赢得网络声望的，是很有可能在未来被称为大师的人。

---

① 蒋永福．关于随笔的随笔——图书馆学文风散论．图书馆，2004（1）：28–29

## 4.10　编读互动

就《大学图书馆学报》来说，为网络图书馆学提供地盘的初衷就是促进编读互动，改进编辑工作。当网络图书馆学发展到今天的程度，实际上已经不仅仅只有该刊从中受益了。不少图书馆学期刊的编辑工作或多或少地都受到了网络图书馆学的影响，最近一些刊物在遴聘编委、组稿约稿、选题策划等方面的新变化，都能够明显看到是受到了网络图书馆学的启发。如《图书馆》杂志关于"新图书馆运动"的策划；《图书馆建设》关于"走向权利时代"的策划，关于"苏图事件"的讨论等。编辑部已经开始知道通过网络研讨发现优秀作者、提炼热点选题、选择编辑顾问。网络上有名的意见领袖也纷纷有大作出现在期刊上，网络与传统印刷媒体走向了良性互动。相信今后将有更多的青年才俊走上先在网络中成名，后在现实中加冕的成才之路。

# 5　网络图书馆学的负面作用

互联网从来就不是无政府主义者和民族、国家虚无主义者的乐园，更不是文化殖民主义者的殖民工具。网络图书馆学若要健康发展，就应该时时加强自律，模范遵守各种社会规范，远离各类危险的禁区和陷阱，将自身可能存在的负面作用消除在萌芽状态。网络图书馆学可能存在的负面作用主要表现在：

## 5.1　政治犯险

网络上有极大程度的言论自由，但必须是在国家性质和法律许可的框架之下。青年人社会经验不足，思想活跃但偏于幼稚，容易头脑发热，在言论中犯政治错误。网络图书馆学的最大危险也在于此。一旦政治犯险，发帖者自身不但要承担责任，还会累及网络图书馆学的生存。网络图书馆学几年来虽然未曾出现过严重的政治问题，但是有些帖子在介绍台湾图书馆学情况的时候，政治敏感还是不够，今后应引起充分注意，切记要在一国两制的前提下报道台湾图书馆界的相关情况。

### 5.2 法律越界

在网络上讨论问题，难免要涉及相关的当事人和单位。有些人还偏偏喜欢论说人物、评鉴机构。在网上图书馆学讨论中，曾多次出现过直接人身攻击和暗示性人身攻击的情况，对一些机构也有一些以偏概全的恶劣评论。这类情况如果升级扩大，很容易构成侵犯隐私、诽谤、诬陷等罪名。网络图书馆学容易触犯法律的还有侵犯知识产权，泄漏机密等行为，需要参与者加强自我约束。

### 5.3 自我贬损

网络上还有一种不良现象就是自怨自艾、自我贬损，时常将自己笼罩在一种集体无意识的自卑阴影下。有的人无视整个图书馆行业在新世纪所发生的深刻变革，展现的蓬勃活力、崭新面貌，时常将本馆的一些不良现象放大为整个行业的现象，动辄以偏激的言辞进行攻击。如图书馆员学历偏低、知识结构不合理、整体素质不高，图书馆是老弱病残人员安置所、博士太太流动站等。这些问题在许多先进地区的大中型图书馆已经不复存在，再以此评价图书馆已经是不切实际的陈词滥调，但是在我们的学术期刊和网上研讨中，类似的评语却是层出不穷，数十年不变，极大地损害了我们的职业形象。任何职业都有悲观的个人，但不能把个人的悲观和事业上的失败全部怪罪到行业的头上，这对行业和我们个人的形象塑造和进一步发展都绝对没有好处。要清楚，维护职业就是维护我们自己。

## 5.4　道德失范

网上有些言论虽然尊重事实，但是却不合人伦之常，在网上发布也会起到不好的作用。如有些老专家在为学、为人上不一定每件事都处理得十全十美，对他们有些意见就不能得理不饶人，刻薄地在网上大肆抨击、借题发挥，还要考虑到作为普通老者他们的承受能力，要把他们作为学科的宝贵财富而珍视他们的健康。可惜的是，在网络图书馆学中，向老者发难的帖子并不少见。当然，除老少之间，同行、同事、同学、师生、同门之间也有许多道德规范，网上言论固然允许有大量的多于生活的戏谑成分，但也需要掌握个度，不要弄到反目失和的地步。

## 5.5　网络成瘾

网络图书馆学的发展是一把双刃剑，一方面其规模的扩大推动了图书馆界的信息传播、知识创新；另一方面，其内容如滚雪球似地扩张，也拉长了关注者阅读和筛选信息的时间。参与网络图书馆学的人可能都有这样的感受，阅读网上的专业言论已经成为我们的习惯，我们每天花在网上的时间越来越多了，多少挤占了工作的时间。对馆员或者学生负有管理责任的馆长们或教授们，也越来越担心其属下或者学生因为耽溺于网络而影响工作或学业。不论是网络图书馆学的领跑者还是潜水员，都有患上"网络成瘾综合征"的潜在危险，应该经常反省，做好自我预防。

## 5.6　职业分裂

网络文化整体上属于后现代主义的大众文化，反对理性的新霸权是其重要特点。相应地，拒绝权威、各抒己见也成了网络图书馆学的鲜明个性。这种个性的优点是可以充分发挥学术民主，使各类问题得到充分争鸣，开阔研究者的思路，改善知识成果的品质。但是其不足也是很明显的,那就是很容易由于其无中心性、无根基性而将各类论辩带入相对主义的泥潭,网络图书馆学讨论了一个又一个专题,可是却没有一个留下权威的结论。于良芝教授提醒我们,要特别警惕这种相对主义最后发展成为职业分裂的诱因。因为在此前的讨论中,图书馆员、图书馆学教师、图书馆学研究人员之间的分歧不是在缩小,而是在加大,互相激烈攻悍的事情经常发生。配合着现实中图书馆学教育对图书馆学的背叛、图书馆对图书馆学教育的背叛,职业分裂已经处于萌芽状态①。这种分裂对理性对话、精神启蒙和制度构建都是有害的,基于强化职业认同、维护行业团结的共同立场,今后网络图书馆学的每一个参与者都有义务克服这种学术上的相对主义、情绪上的分裂倾向,努力使网络图书馆学产生更多的共识,使之在提高职业认同、促进行业和谐方面发挥积极的推动作用。

## 6  对网络图书馆学发展的建议

网络图书馆学发展壮大到一定程度,引起现实图书馆界关注后,很多期刊都发表了关于网络图书馆学的介绍、调研和展望之类的论文,有的论文的观点言之有理,令人赞成,有的论文的观点则不切实际,令人不敢苟同。

(1)不赞成图书馆网站托管博客。有的学者以国外的某些大学图书馆为本校读者提供博客托管服务,颇受师生欢迎为由,呼吁图书馆网站开发博客平台,提供博客托管服务。从我国高校图书馆的实际情况来看,这个建议基本上是缺乏可行性的。一方面,当前我国的高校图书馆都引进了尽可能多的国内

---

① 于良芝. 精神·制度·组织——就当代中国图书馆职业的现代性构建答蒋永福先生. 图书馆建设, 2005 (4): 23

外全文数据库，每周 7 天 24 小时提供服务，网上信息服务的任务很重，设备已经在满负荷运转。另一方面，大学图书馆员们都面对着以定岗定编为主要形式的人事改革，每个人的岗位职责从理论上讲已经是满负荷了。因此，既没有额外的服务器也没有额外的人力来开展这一工作。更重要的是，图书馆长们更关注实际困难问题的解决，对网络图书馆学研讨的理论问题不是很感兴趣，甚至抱有偏见。更何况，管理好博客就要及时浏览博客，绝大多数图书馆长不可能允许馆员把大量时间花费到创建、浏览和管理博客社区上。

（2）不赞成大量的普通图书馆员开设博客。网络图书馆学，尤其是博客有其适用对象。如大学师生脑力活动的时间多，且以知识的创造、思想的传播为己任，有良好的条件创建和维护博客。至于有的学者呼吁图书馆员更多地开设博客，似乎不太切合实际。从管理者的角度看，图书馆员并不方便参与博客，因为其所有的工作日程和任务都是被预算好的，根本没有参与博客的时间成本。如果图书馆员不能保证在业余时间上网，经常利用上班时间在博客上展示才情，那么其言论记录很容易成为不务正业的罪状，遇到评职称等激烈的竞争考验时，难免要在此事上受到竞争者的攻击。另外，据观察，教授们以读书写作为日常基调，生活已经艺术化、审美化了，他们对博客往往抱着审美的态度、欣赏的态度，阅读博客文章的时候，心里是在评判其学术含金量，为发帖者的才华打分。馆长们以管理决策为工作重心，生活已经程序化了、实用化了，他们是以监管的眼光、成本核算的眼光来看博客，阅读博客文章的时候，心里盘算的是其是否切合实际，并为经常发表如此长篇大论该浪费多少时间、耽误多少工作而感叹。由于教授和馆长对待博客的出发点之不同，所以博客更适合在校研究生经营，而不太适合图书馆员。

（3）不赞成网络图书馆学的实名化趋势。网络的最大优势在于语言形象、生动，文风泼辣、大胆，发言者可以借助网名的掩护，冲击潜规则，发表独到、惊人的见解。但是随着网络图书馆学的发展，网上发言积极的网友的网名纷纷被破解，其锐气也渐渐钝化，最后竟混同于现实中的唯唯诺诺。这样，网络图书馆学也就慢慢地与现实中的座谈会毫无二致，丧失了原来的魅力。网络图书馆学要想可持续地赢得发展和关注，就应该遏制住实名化趋势，重新用网名来续写百家争鸣的盛况。

鉴于网络图书馆学已经在行业内产生了广泛影响，出现了一批成果，方兴未艾，有进一步发展的必要。同时，也提出如下建议：

（1）建议相关的图书馆学专业出版社出版以《老槐随笔》为代表的图书馆学家随笔丛书。网络图书馆学兴起后产生的最优秀的成果是老槐的发帖，其上百个帖子涉及的范围之广、给人的启发之大都是十分罕见的。这些帖子观点鲜明深刻，形式自由潇洒，是图书馆学家随笔中的上品，应该由相关专业出版社结集出版。正如鲁迅的杂文盖过了他的其他成就，《老槐随笔》也很有可能会比老槐的学术论文更有生命力而传诸后世。"数图研究"和"超平博客"等博客中的帖子也很有水平，可以跟进出版，形成丛书。

（2）建议图书馆学教师、在校研究生、图书馆管理层、退休图书馆工作者多参与网络图书馆学。目前网络图书馆学的几种形式中，博客已经成为主力，博客需要长期维护和更新，需要创建者有较充足的时间，在图书馆界，图书馆学院系师生、图书馆管理层和退休图书馆工作者，或者有时间安排弹性较大的工作岗位，或者以休闲健身为主要生活内容，应该为网络图书馆学的发展多作贡献。投身网络图书馆学，一来可以为图书馆学大造舆论；二来可以短平快地将宝贵经验、精彩观点周知于同行，同时还可以分享广大同仁的思想火花；三来可以调剂生活、慰怀养心、充实精神。如此既增长知识、有益学术，又追赶时尚、休闲身心的事情，何乐而不为。

（3）建议各图书馆及图书馆学会等行业协调机构多开设会议博客、项目博客等临时性、专题性博客。有了 RSS 阅读器之后，人们的网络阅读习惯已经由访问偏好的网页演变到整合访问偏好的关键词，这是一种自拉式的信息收阅方式。也就是说，静态的内容反而不如动态的内容更容易被注意到。如果一个网站不提供站点摘要服务，那么其传播效果很可能不如一个博客，因为博客社区通常都具备此项服务。所以，为了使图书馆行业的活动能够被图书馆工作者更加及时地了解，多开会议博客、项目博客等临时性、专题性博客是十分必要的。

（4）建议《图书馆界》进行《出版广角》式的改造。有专业刊而无行业刊，这是我国图书馆学期刊规划上的重大缺陷，直接导致了当代图书馆事业的新闻缺乏详细系统的记录，对历史和未来都不够负责。一个很早就有而未有机会表达的建议是，广西的《图书馆界》是一个潜力很大的品牌，它占有了一个很好的刊名，很有希望改造成我国图书馆界的第一行业刊。而且就在广西，已经出现了一个著名的出版类行业刊物《出版广角》，该刊开放办刊，虽然为地方所办，但是却有全国甚至国际视野，纵览时代出版风云，在出版界深受业内人士好评，实际上起到了全国性出版行业刊的作用。《图书馆界》应该重新调整刊物定位，变学术刊为行业刊，变科普刊为新闻刊，就近向《出版广角》取经，将该刊打造成具有全国甚至国际视野和影响的图书馆界行业刊。

（5）建议网络图书馆学保留网络语言的特点，预防网络图书馆学和现实图书馆学的同质化。网络图书馆学跟现实图书馆学的重大区别甚至说是优点，就在于其语言的生动活泼幽默。然而随着网络图书馆学的发展，发言积极的网友们的真实身份往往会被识破，在世俗身份的约束下，发言就多了很多顾虑。当然也有一些保守守旧的人，从来就看不惯网络语言，自然极力排斥。然而大多数人认为，网络图书馆学的最大魅力就在于其采用了网络语言的风趣、幽默和讽刺力度，可以举重若轻地批判或讽刺一下现实中的虚伪和不公等现象，打破现实图书馆界的沉闷。因此，呼吁网络图书馆学继续保留网络语言的特点，拒绝和现实图书馆学同质化。

　　总之，网络图书馆学的发展趋势是多元化，从形式上看，各种载体形式均有，论坛和博客齐飞。从语种上看，中文与外文兼备。从地域上看，内地同港台及国外呼应。从开发单位看，既有图书馆界相关机构的，如《大学图书馆学报》的"读者沙龙"，也有商业公司的，如"E线图情"，新的网络图书馆学园地还在不断涌现。信息时代日新月异，不久的将来还会出现何种形式的信息传播方式实在难以预料，可以预料的是，网络图书馆学一定会假各种传播方式为我所用，与时俱进，欣欣向荣。图书馆学学术交流方式的革新、研究格局的变动、研究新秩序的重建才刚刚开始。

# Web2.0 环境下的图书馆学
# 情报学期刊 2.0<sup>*</sup>

当互联网普及到一定程度，寻常得像一本无穷厚的工具书，被动地等待人们查阅翻览，变得有点死气沉沉的时候，2004 年来了，这一年，在"用户就是上帝"这则市场天条的指引下，互联网关联企业竭力发掘和满足用户需求，对万维网的应用模式进行了人性化的创新，博客、维基、标签、聚合、开源、集成，这一项又一项的意在发动用户贡献和吸引用户体验的新应用，像投入平静湖面的礼花炸弹，使得万维网上惊涛拍岸，五彩缤纷，成功地调动和唤醒了新老网民们的热情。仿佛一夜之间，春风吹闹了万维网，网上万物复苏，气象更新，生机盎然，人气飙升，全民上网的第二波潮起浪涌。人们把万维网此番具有二次革命性质的巨变，称作 Web2.0。

Web2.0 的的本质特征是提升万维网的交互性、关联性、共建性、共享性、体验性、自助性、粘附性，使网民们既能享

* 原载于《数字图书馆论坛》2006 年第 12 期

受到"冲浪"过程中接受信息的快感,又能享受到系统管理员发布和掌控信息的快感,使全民上网变成全民织网。例如通过几乎没有什么技术门槛的维基、博客,人们可以轻易上载张扬个性的文字、照片等各类信息;通过标签、聚合,人们可以迅速地把网络信息归类集成,在网上形成自己的门户网站;通过开源软件、集成软件,人们可以不花费什么代价就可以便捷地搭建自己全盘掌控的信息平台。越来越多的普通人享受到了Web2.0带来的美妙,过起了快乐的Web2.0生活。人们用"电驴"、"电骡"下载"VeryCD"网站上的时新电影;用标签式浏览器"遨游"和"火狐狸"快速冲浪,一目十页;用"雅虎365度"、"狗狗网"、"美味书签"、"Blogline"等整合、追踪喜爱的博客的新作;通过"豆瓣"网站交流看电影、读书、听音乐的感受;用"Google Earth"查看老家屋顶上的太阳能热水器;用"Gmail"带聊天功能的大容量信箱保持实时和延时的通讯联系,兼将其作为移动硬盘;在"新浪"、"搜狐"、"和讯"等网站上写博客;在"Flickr"和"新浪"等相册上上载照片;在"Wiki"上共同完善知识;在新浪网的"爱问"上你问我答;在"帖吧"上为捍卫自己的选秀偶像"超女"和"超男"互吐口水;在"土豆"网站上观赏播客们不断更新的艺术的或搞怪的视频[①]。……网络上的大千世界、声色犬马空前丰富地满足着人类的需要。

Web2.0在带给人们新锐、时尚的生活方式的同时,为期刊也带来了办刊理念上的启发和辅助办刊的利器。无论是时政新闻类期刊还是学术类期刊,都有一些敏锐的办刊人在思考:Web2.0将会给刊物运作带来哪些影响?人们发现,不但各种软件和整个万维网都存在着测试、升级,不断由1.0版迈向

---

① Keven. 我的2.0生活."数图研究"博客.[2006-8-27]. http://my.donews.com/keven/2006/05/20/mylife20/

2.0 版的问题，万事万物也都存在着不断升级的问题，比如 Web2.0 的概念提出后不久，就有人提出了图书馆 2.0 和图书馆员 2.0 的概念。相应地，期刊也存在着插上 Web2.0 的翅膀，由 1.0 向 2.0 进发的问题，提出期刊 2.0 的概念有其积极意义。所谓期刊 2.0，就是在期刊的编辑、印刷、发行的各个环节，灵活应用 Web2.0 所提供的各类新型平台，扩大作者范围，优选相关资讯，创新工作方式，提高工作效率，使期刊犹如软件和万维网的升级换代一样，在质量方面跃上新台阶，在气质和境界上更上层楼，达到一个新的更佳的状态。近似于期刊 2.0 的概念，有人已经提出了传媒 2.0 的概念。

下面笔者重点谈一谈图书馆学情报学期刊 2.0 的建设问题。

## 1 停滞在 Web1.0 时代的图书馆学情报学期刊

由于图书馆学情报学期刊所在和面向的是一个以信息的收集、整理和服务为己任的行业，其数字化、网络化的程度要领先于其他行业的期刊，但是彼此之间差距较大，基本上可分为三个层次。第一个层次以《图书情报工作》、《图书馆杂志》两刊为代表，它们已经拥有了由专业公司量身定做的编辑出版系统，集成了投稿、审稿、退稿、用稿、发布、反馈等功能，使编辑业务的全流程在一个系统平台上实现。第二个层次以《数字图书馆论坛》、《图书情报知识》为代表，它们拥有规范专业、功能比较丰富的网站，但没有全流程的业务处理系统。第三个层次包括《中国图书馆学报》、《大学图书馆学报》等绝大多数图书馆学情报学期刊，各家都只有简单的网站，主要发布刊物简介、各期目次等。

不管属于哪个层次，这些图书馆学情报学期刊网站基本上停留在 Web1.0 的阶段，其特征是：多数是卖方的网站，买方参与不进去，既不能吸纳读者的智慧，从善如流，在网站建设上体现读者的贡献，在期刊编辑方面吸引读者的监督和建议，体现互动，又不能提供特别有效的推送服务；系统结构比较死板，缺乏组合变化，而且价格不菲。这些和互动、参与、免费、体验的 Web2.0 特征是不相吻合的，已经落后了时代一小拍。读者们期望以创新、求实为追求的期刊能够尽快赶上以新锐、时尚、实用为特质的 Web2.0 的热潮，打造图书馆学情报学期刊 2.0。图书馆学情报学期刊 2.0，主要指的是其网站的2.0，其次指的是以网站的 2.0 带动期刊内容的 2.0，使其发表的科研成果具有激励创新、贴近实践、文风清新、与时俱进的神采。

北京大学图书馆的戴龙基馆长在 2006 年 8 月召开的"第一届中美大学图书馆馆长论坛"上说：图书馆不是公牛，信息技术不是牛仔，图书馆不能让信息技术牵着鼻子走。我们图书馆界应该把信息技术看作是超级市场，到这个市场会上主动、自由地选择我们需要的东西①。Web2.0 就像是信息技术的日用品批发市场，里面的东西虽然不够高端，但花样繁多，廉价实用，符合老百姓家居生活的需要。期刊的终极目标是追求传播效果，是要把知识传播给更大范围的更多受众，这和Web2.0 通过社会性网络、通过几何级数递增传播信息的愿景是一致的。作为期刊编辑，我们有责任从这个批发市场上选择几件我们合用的工具来改善我们的编辑出版工作。

图书馆学情报学期刊在数字化、网络化方面起步早、迈步小，在网络出版、开放存取、资源共享等方面都遗憾地没有成为期刊界的先驱和模范，在 Web1.0 的阶段停滞得太久，面对

---

① 程焕文．程焕文的博客．［2006 - 08 - 27］．http：//blog．sina．com．cn/u/4978019f010004lo

Web2.0 的潮流，不能再无动于衷了。无论是出于团结读者、发现和培养作者的目的，还是为了吸引优质稿源、扩大发行，拿来 Web2.0 技术为我所用，打造图书情报 2.0 都是一个值得尝试的选择。

## 2  与 Web2.0 的试探性接触

编辑是信息的发布者，从来就是分布在社会神经末梢上的神经元，Web2.0 这个新生事物也逃不出一些编辑的法眼，被他们早早地接触和尝试。有的期刊编辑在期刊 2.0 的建设方面已经摸索出了一些初步的经验，这些做法主要有两种形式：

### 2.1  开设论坛，加强编读交流，收集信息，扩展视野

在图书馆学情报学期刊界，开设论坛促进编辑出版工作已是一种惯常的做法，如《大学图书馆学报》的论坛"读者沙龙"已经发展成为我国图书馆界最活跃、最有影响的专业论坛，该编辑部从论坛上了解学术动态、捕捉学术热点、追踪学术前沿、感知学术舆论、观察学术批评、接受学术反馈、预测学术发展、物色实力作者，通过和广大读者的良性反馈，为保证该刊作者新锐、内容先锋、视野宏阔、引领学术潮流而又理论联系实际起到了一定作用。《图书馆杂志》在其投稿系统中，《数字图书馆论坛》、《图书情报知识》在其主页上，也都设置了论坛板块，均收到了较好的效果。目前没有开设论坛的期刊编辑部，估计也在经常关注诸如"读者沙龙"以及"E 线图情"这样的专业论坛。论坛是 Web1.0 时代就有的 Web2.0 的萌芽形式，各个图书馆学情报学期刊编辑部可以利用这种形式伸展专业触角、提高专业敏感，以自身专业化程度的加深和专业精神的提升来带动图书馆学情报学专业期刊学术质量的升华和办刊方法的创新。

Web2.0 提倡共享，没有网络论坛的编辑部没有必要各建一个，但经常关注业内知名论坛的内容则是应该的，这对提高编辑队伍的信息素养、思想代谢频率以及期刊内容的创造性具有潜移默化的作用。

### 2.2　开设博客，吐纳信息，宣传刊物，扩大发行

博客是 Web2.0 的典型应用，它是网络服务网站提供的一种具有固定域名，能够按照时序逐篇发表文章，兼有评论功能而且维护方式简单的个人空间。博客出现后，受到了广泛欢迎，从富国到穷国，上到国家元首，下到田舍草民，成千上万的人纷纷加入到博客写作的行列。编辑、记者、教师，这些以写字为职业的文字工作者更是尝试这种 Web2.0 时代的个人网站的急先锋。究竟有多少期刊编辑活跃在博客上？恐怕数不胜数。

国内以编辑身份写作博客，推动书刊宣传和发行的典型案例，笔者认为最值得研究和借鉴的有两位。

一位是《三联生活周刊》的主笔王小峰①。王小峰的博客名为"按摩乳"，主要发表王小峰在刊外写作的直抒胸臆的文字，表面上是王小峰个人的文字自留地，但由于王小峰和《三联生活周刊》不可分割的联系，读者不可避免地是将王小峰的个人博客当作该刊的副刊和赠品看待的。王小峰在博客上表现的才情基本上也被看作是《三联生活周刊》主笔潜在的和可扩展的才情，作为一个在岗的编辑，王小峰的博客给人的印象实际和他服务的刊物给人的印象是分不开的。

不出各方意料，主笔才情与网络热恋，开出了鲜艳的花朵，王小峰的博客受到了热烈欢迎，一度被认为是中国文化人博客的代表，点击率遥遥领先，他的博客文章结集《不许联

---

① 王小峰."按摩乳"博客.［2006 - 08 - 27］. http：//lydon.yculblog.com/

想》成为大陆出版界最早推出的"博客书"之一。由于王小峰的网上言论奔放无羁,其博客的关与闭的命运还成了检测国内言论自由开放程度的晴雨表,受到国内外广泛而密切的关注。

从王小峰博客的链接看,他在《三联生活周刊》的同事们可以说无一不写博客,已经形成了一个耀眼的博客群,吸引着热爱阅读博客的年轻人。一个编辑部的编辑全体开博客,这一群体行为无论最初的动机如何?是否经过了策划?客观上都给人一种为刊物宣传造势的嫌疑,而且的确起到了这样的作用。从各个编辑的博客的庞大点击量可以预测,一定有读者通过对这个博客群中某个人或对整个群体风格的喜爱而认同《三联生活周刊》,成为其忠实订户。《三联生活周刊》是著名的大众时尚新闻类杂志,通过书刊等传统媒体做的广告通常走的是大众营销的路线,面对的是不确定的读者。而编辑们分头写博客,分头创造自己的粉丝(fans),则把大众分众化了,面对粉丝的暗示营销是一种小众化的间接营销,变得更隐蔽,更有捕获力。《三联生活周刊》通过发动或者说是鼓励全体编辑写博客,把大众营销和小众营销巧妙地结合起来,实现了刊物和编辑声望同步扩大的双赢。该刊全体编辑踊跃投入而不是临渊观望 Web2.0 的大潮,成了中国期刊界率先对期刊进行 2.0 建设的先驱,造就了传媒 2.0 比较成功的范例。

《三联生活周刊》对 Web2.0 的认识和介入是全面的、深刻的,在该刊 2006 年 6 月出版的第 23 期上,还以特别报道的形式发表了主题文章《Web2.0 照耀中国一年记》,并以系列文章介绍了豆瓣、土豆、狗狗、博客中国、VeryCD 这 5 个典型的国内 Web2.0 网站,以简介的形式推荐了国内外的 10 个能代表 Web2.0 新口味的新兴网站。Web2.0 的相关报道在该期上,成为和当月娱乐界盛事"加油!好男儿!"的报道在版面上有得一拼的重要内容。

　　如果说《三联生活周刊》的编辑们是占领博客阵地，对期刊进行成功的心理营销、口碑营销、亲民营销和商业营销的团体冠军。那么网上人称老六的张立宪则是通过博客对自己编辑出版的书刊进行成功营销的孤胆英雄、个人冠军①。张立宪是个人文理想主义者，立志在他 36 岁本命年的时候，也就是2006 年，出版一套"有趣、有料、有种"的综合性人文丛书，于是成了书刊个体户，独自编辑出版着一种书型刊或者说是一种刊型书——《读库》。《读库》的开本、厚度是书，用的是书号，但书名、封面有继承性，连续出版，可以说既像丛书又像期刊。更奇特的是，张立宪是这本书的唯一编辑，是以个人而不是机构的名义和力量在编辑出版这本书。张立宪对他的《读库》的宣传方式的选择也十分时尚而有个性，就是利用他的博客来向读者吆喝推销，同时吸引和物色作者，走的是小众化的极有针对性的征稿策略和发行路线。《读库》每期限量发行 1000 册，有些大学学报的发行量尚达不到这个数，因此张立宪利用博客这种虚拟的社会网络发行书刊的方式应该说是比较成功的，值得为有心打造期刊 2.0 的图书馆学情报学期刊所借鉴。另外，在新浪博客上长期占领点击量第 4 名的洪晃女士，也是期刊编辑，她是时尚杂志《乐》和《世界都市》的主编②。在新浪"媒体群博客"中，我们还可以看到许多名牌期刊的身影③。这些编辑、这些期刊的 Web2.0 行为都为我们树立了榜样。

　　在图书馆学情报学期刊界，也有编辑较早注意到了博客的

　　①　老六."见招拆招"博客.［2006 - 08 - 27］.http：//pigu6.yculblog.com/
　　②　洪晃."洪晃找乐"博客.［2006 - 08 - 27］.http：//pigu6.yculblog.com/
　　③　新浪媒体群博客.［2006 - 08 - 27］.http：//blog.sina.com.cn/lm/groupblog/index.html

作用。例如笔者 2004 年就在业内论坛"网络图苑"上注册了博客"大学图书馆学报",主要发布该刊最新采用文章的清单。由于这是一个机构博客,代表编辑部的立场,不能发表主观性比较强的言论,而清单又没有多少可点评的价值,加上编辑部处于选择别人稿件的相对强势的地位,也没有读者愿意主动指出编辑部的不足,所以该博客的互动功能基本没有实现。于是笔者便停用了此博客,改而以自己的名义注册了名为"书间道"的博客,以个人的名义谈自己对业内种种问题的看法,捎带介绍《大学图书馆学报》(以下简称"学报")的最新内容。笔者从学报 2006 年第 2 期开始,在每期学报刚刚定稿付印之后,用"以人带文、有趣、有重点"的手法撰写导读文章,希望能引起读者尤其是经常上网的新生代读者对学报的关注。由于图书馆学情报学期刊专业性很强,读者面十分固定,以图书馆订阅为主,指望通过博客宣传提高其发行量可能收效很小,但从留言的反映看,对期刊品牌的巩固和声誉的扩大应该有一定的帮助。

抱着同样的目的,《数字图书馆论坛》的执行主编顾晓光先生也开有一个博客"图有其表",在发表他个人言论的同时,也公布刊物的最新目次、最新动态和重点文章等①。通过阅读同行博客,顾晓光先生还发现了一些适合刊物发表的有价值的论文,如在网友"钱涂无量"的专门发表国外图书馆学论文译文的博客"图林中文译站"上,他就发现美国重要的图书馆学期刊《图书馆杂志》(《Library Journal》)第 9 期的一篇关于 Web 2.0 的文章,第一时间被翻译并发表出来,阅后收获不少,特别是"任何服务,无论是实体或者虚拟的,只要能够成功地被读者所用,被经常性地评估并利用读者创造的信

———————

① 图有其表."图有其表"博客.[2006 – 08 – 27].http://blog.sina.com.cn/m/xiaoguang

息就可以称为图书馆2.0"，"使用新技术未必就能说是图书馆2.0"等观点给他很大的启发。顾晓光先生觉得有必要将此文介绍给国内的同行，便致信给作者 Michael Casey，过了一段时间，《图书馆杂志》的编辑回函确认可以发表，他便迅速联系"钱涂无量"，约来经过进一步精细修改的译文，发表在《数字图书馆论坛》第11期上。看博客和写博客就是这样改进了期刊编辑工作的方式。

上海《图书馆杂志》的常务副主编王宗义先生最近也开设了博客"河边夜谈"①。这些在岗编辑的博客的开设，开启了打造图书馆学情报学期刊2.0的尝试。

## 3 打造图书馆学情报学期刊2.0的理论依据

Web2.0的倡导者和信徒们不是盲目崇拜技术和跟着感觉走的蔑视人文的程序员，他们推出的一项项实用亲民的技术其实都牢牢扎根于深刻的社会科学理论。打造图书馆学情报学期刊2.0的理由或许有一打，但至少可以用两个支撑 Web2.0 的社会学原理来说明。

### 3.1 六度空间理论

"六度空间"理论又称为六度分隔（Six Degrees of Separation）理论。该理论可以通俗地阐述为："你和任何一个陌生人所间隔的人不会超过六个，也就是说，最多通过六个人你就能够认识任何一个陌生人。"该理论产生于1967年，是由哈佛大学心理学教授斯坦利·明戈瑞姆（Stanley Milgram）提出

---

① 河边. "河边夜谈"博客. [2006 - 08 - 27]. http：//blog. sina. com. cn/u/1245448107

来的①。

　　按照六度空间理论的说法，一个普通中国老百姓，如果他想认识大明星章子怡或者美国总统布什，只需要经过六个人的介绍就能实现梦想。这听起来似乎不可思议，但科学家们已经从一个普通的德国人通过六个人认识明星马龙·白兰度之类的案例研究中得出结论：这并非天方夜谭。只不过这个过程必须是优化的，你必须动用你最优良的人际资源，当然通过六个人便认识一个人也指的是社会交往中的平均水平。斯坦利·明戈瑞姆教授的贡献是在 20 世纪 60 年代设计了一个连锁信件实验，将一封连锁信件随机发送给居住在内布拉斯加州奥马哈的 160 个人，信中放了一个波士顿股票经纪人的名字，信中要求每个收信人将这封信寄给自己认为比较接近那个股票经纪人的朋友，朋友收信后照此办理。最终，大部分信件在经过五、六个步骤后就送到了该股票经纪人手里。六度空间的概念由此而来。也有科学家通过数学算法，证明了在当前世界人口总量的前提下，六度空间理论是可信的。

　　六度空间理论意在说明，不要小看小百姓之间的"弱链接"，"弱链接"也能解决大问题，普普通通的人缘，善于利用就能变成通天的桥梁。Web2.0 的经典应用——博客就是建立在这个著名的关于社会网络研究的结论的基础上。写博客的最大好处就是能够滚雪球似地形成兴趣相同的朋友圈，不期然地邂逅旧雨、结识新朋。

　　六度空间理论对于期刊的启发在于：不管是在现实环境下，还是在网络环境下，不管你是大众熟悉的著名期刊还是小众关注的专业期刊，通常经过六个人的推荐就会被一个新读者所了解或接受。图书馆学情报学期刊恐怕没有哪一家不把最大

①　六度空间理论. [2006 – 08 – 27] . http：//baike. baidu. com/lemma – php/dispose/view. php/357796. htm

范围地传播本刊作为追求的目标，那么多发展一个读者、多销售一份期刊都是进步，既然在现实环境下我们一直都在这样做，为什么不到网络上开辟一片新天地呢？Web2.0 的理论基础是社会学中关于社会网络的研究成果，Web2.0 网站都是根据人们世俗的需要，对现实社会网络的模拟和优化，故而博客等被称为社会软件。图书馆学情报学期刊和其他期刊一样，是依靠社会网络生存、传播、发展的，现在社会网络在互联网上开辟了第二条战线，我们的脚印就应该跟踪到那里。相比而言，在互联网上营造社会网络，搞推广，搞销售，打品牌，足不出户就可以，远比在现实的社会网络上开展类似业务要容易。

### 3.2　长尾理论

根据网上的相关介绍，"长尾"（The Long Tail）这一概念最早是由"连线"杂志主编柯瑞思·安德森（Chris Anderson）在 2004 年 10 月的《长尾》一文中提出的，用来描述诸如亚马逊之类网站的商业和经济模式①。

"长尾"实际上是统计学中的指数律（Power Laws）和帕累托（Pareto）分布特征的一个口语化表达。柯瑞思·安德森认为，只要存储和流通的渠道足够大，需求不旺或销量不佳的产品共同占据的市场份额就可以和那些数量不多的热卖品所占据的市场份额相匹敌甚至更大。这就是长尾理论的核心思想。

长尾理论和图书馆情报界著名的用来筛选核心期刊的布拉德福定律十分相似。举例来说，我们在科学研究中常用的核心期刊实际上不多，但因为利用和引用的频次高，所以这些为数不多的期刊在利用次数上占据了图 1 开阔的三角区，绝大部分的其他期刊难得一用，它们就属于那长长的尾巴区。用图书馆

---

① 播客宝典．〔2006 – 08 – 27〕．http：//hopesome. com/index. php？ p = 203

图 1　长尾示意图

学情报学期刊的发行量分布来解释，那就是，图书馆学情报学期刊的大宗订户并不多，主要是大中型图书馆，但因其订阅份数多，所以在订阅量上占据了图 1 开阔的三角区，其他订阅量小的个人订户则构成了那长长的尾巴。

　　和"二八率"、"布拉德福定律"所不同的是，"二八率"、"布拉德福定律"强调的是核心区，也就是三角区的重要性，提示人们要抓住重点、抓住主要方面，重视核心对象、优质客户和人才精英的作用，长尾理论强调的则是边缘区，即长长的尾巴区，提醒人们不可忽视次要方面、散户和乌合之众的作用。长尾理论的通俗解读是：一、许许多多小市场聚合成一个大市场，一个小数乘以一个非常大的数字等于一个大数，涓涓细流，汇成江河；二、80%的过去不值得一卖的东西，有可能通过社会网络找到对其有特殊需要的人，无物不销，无时不售，二八定律可以休也。

　　互联网已经造就了不少善用"长尾"理论的成功案例。比如谷歌公司面对不计其数的中小企业和个人降低广告价格，使发布广告变成自助、廉价的谁都可以做的举手之劳的小事，从而争取到了海量的小客户，正是这些小客户使谷歌赚得杯盈钵满，飞速壮大。网上书店"亚马逊"，也是通过网络把全人类作为其潜在客户，结果为很多冷僻奇怪的书都找到了需要它的读者。一个前"亚马逊"公司员工精辟地道出了公司面向"长尾"销售所取得的胜利：现在我们所卖的那些过去根本卖不动的书比我们现在所卖的那些过去可以卖得动的书多得多。

Web2.0 正是长尾哲学指导下的产物，是以六度空间主义和长尾主义为意识形态的虚拟的弗远无界的统一全世界的庞大帝国，理论上服务的是全人类，现实中服务的是有条件上网的所有网民。如果说以前，即便人们重视长尾，也没有手段和办法找到和发展长尾，那么 Web2.0 则使寻找和发展长尾变得具有可操作性，社会软件构成的社会网络，使得全世界有相同兴趣的陌生人越来越有机会快速在网上形成兴趣共同体，彼此影响，去消费同样的东西。博客、维基这些平凡渺小的微中心一旦通过社会网络联结起来，就会构成能够动摇世界，能够造就政治家和百万富翁的大中心。

长期以来，图书馆学情报学期刊无论是在物色作者、筛选稿件、宣传发行、吸纳广告方面都是"二八率"的忠实信徒，偏重于针对精英作者、大宗订户、优质客户开展业务，受专业范围的限制，这些核心对象毕竟有限，久而久之，各个方面就会保持稳定，停滞不前。纵然我们有心扩大作者、稿件和广告客户的范围，提高发行数量，但限于人力、物力的吃紧，广泛寻找和发展潜在对象着实不易。Web2.0 时代的到来，解决了我们在寻找和发展长尾——潜在客户方面的工具和手段障碍，如果不抓住这个机会做点扩大宣传、寻找和发展长尾的事情，我们办好杂志的诚意和职业责任感岂不就是很值得怀疑？

按照"亚马逊"员工的说法，大多数滞销书和怪书都能在"长尾"的魔法下找到需要它的人，那么如果我们的图书馆学情报学期刊 2.0 打造好了，各个编辑部滞销的过刊和光盘岂不是也就不愁销路了。

## 4  图书馆学情报学期刊 2.0 的具体表现

以上我们从现象和理论两个方面介绍了 Web2.0 的相关情

况，那么究竟该怎么打造图书馆学情报学期刊 2.0？依笔者对 Web2.0 的粗浅理解，我认为从高级到低级，可以做以下几个方面的工作：

## 4.1　以开源软件打造业务平台

编制多，人员信息技术好，特别是有信息技术发烧友的编辑部，可以结合编辑出版业务，改造 Dspace 等世界著名的免费的创建数字图书馆的开源软件，将其转变为编辑出版自动化系统，一来作为执行编辑出版业务全流程任务的平台，二来作为期刊全文的发布平台，彻底实现开放存取。免费、开源软件和开放存取都是 web2.0 的理念和特征。

开源软件通常是模块式的、可灵活组合的，面向用户的客户端界面通常也是个性化、可订制的。目前有的期刊所用的封闭的业务系统虽然对编辑部来说十分实用，但欠缺 web2.0 所要求的那种开放、自由的气质，不是用户所欣赏和期望的那个类型，有较大的改进空间。

2006 年 10 月 24 日，从在井冈山召开的"第十次全国图书馆学期刊工作会议"上得到消息，为期刊编辑部提供业务流程管理平台的 Web2.0 网站已经出现，名为"中国期刊先知网"，期刊编辑部只需象征性地支付一点费用就可以使用该网站的编辑业务系统，条件是在期刊的开放存取方面和该网站互利合作[①]。看来，以开源软件打造编辑业务系统也不是十分必要了，随着 Web2.0 网站的发展，期刊编辑部选择现成业务平台的余地会更大。

## 4.2　以开源软件打造博客和维基系统

从《三联生活周刊》和《读库》的博客宣传效果看，以

---

① 中国期刊先知网．[2006－11－06]．http://www.firstknow.cn

编辑部或各个编辑的名义开设博客应该是打造图书馆学情报学期刊 2.0 的重要方式。各个期刊的 Web1.0 网站虽然也可以起到宣传刊物的效果，但问题是当今的人们普遍欣赏有个性的东西，普遍喜欢追踪动态的不断更新的内容，人们的阅读习惯已经由主动搜索网站变为等到推送再去细品。Web1.0 网站虽然可以通过增加 RSS 种子实现订阅和推送，但公文式的毫无个性的语言是很难打动读者的。于是创建和写作博客就成了编辑工作的扩展和延伸，对编辑们来说，只要是公开开博，那绝对是一件公私很难分开的事情。编辑部应该动员编辑们开设博客这种私媒体，鼓励他们发挥聪明才智，把私媒体办成刊物的子刊、副刊，从不同的个性化的角度间接地为期刊宣传造势。编辑部也可以利用博客的评论功能快速得到读者的反馈，改进编辑出版工作。

目前提供博客服务的网站很多，但从长远看，利用开源软件自己搭建博客应是较好的选择。不久前，新浪网上点击量第一的徐静蕾的博客就因为广告收入归谁的问题而引起争论。编辑部自己搭建博客，可以在博客上加上编辑部的统一标识，对刊物也是一种宣传，还能保证将来博客所可能产生的品牌和广告收益无可争议地归属编辑部。

维基作为一种可以共笔编写的工具，在编辑业务上有实际的用处，比如校对时遇到疑问，可把有疑问的段落放在维基上，再通知作者去修改，改后还可以前后对比版本。这比电子信箱来回传递要方便得多。在文件的修改等方面也有类似的用处。目前提供维基应用的网站比较多，需要时可以借用，但有能力的编辑部不妨自我搭建，如果能引导广大读者构建一个专业知识库，对提高期刊的影响力无疑是有帮助的。

### 4.3　提供站点摘要的推送服务

在 Web2.0 时代，订阅和推送是最时尚的信息交流方式，编辑部要想把静态网站上期刊的目次和相关信息在第一时间让读者看到,群发电子邮件已经是一种落后的做法了,新鲜的做法是在网站上提供站点摘要的种子,即 RSS,让愿意追踪期刊网站的读者订阅。这样,只要网站一更新,读者通过 RSS 阅读器就能接收到相关信息。在这方面,《数字图书馆论坛》捷足先登,已经做得非常好了。

## 4.4 提供标签式、网摘式分类导航

在 Web1.0 时期,对专业网站进行浏览筛选,分类集成到一个网页上的网络导航十分必要,也十分流行,各个图书馆在这方面都做了一定的工作。但是这样的导航网站维护起来比较困难,因为随着网站链接的变动,经常会出现死链接,而维护人是没有时间经常检查链接的,除非用户反映,对死链接往往发现不了。

Web2.0 时期的导航出现了新形式,有专门的标签式、网摘式信息集成网站供用户所用,如"blogline"、"雅虎 365度"、"狗狗"等,用户只要在自己注册的页面上不断添加收集到的 RSS 种子,这个网页就成了一个专业门户式的导航网站。这样的导航网站,系统都由服务商管理,用户几乎不花任何成本。页面上的信息动态显示,一旦链接的源网站出现问题,很快就能反映出来,非常方便检测、剔除无效网站,明显胜于以往完全自建的导航网站。有能力的编辑部也可以利用专门的开源软件,自己构建一个新闻聚合页面,动态显示提供 RSS 的网站的新闻。

图书馆学情报学期刊作为图书馆学情报学专业信息的集散地,一直很重视专业信息的导航和整合。如我们《大学图书馆学报》编辑部在 2002 年就推出过"图书馆学情报学网络导航",在当时是领先的,起到了很好的作用。进入 Web2.0 阶段,标签式、网摘式导航浮现出来,最敏感、最先应用的是一

些从事信息技术工作的图书馆员，等我们接触到这项应用时，已经有了名声比较大的专业网摘和新闻聚合，所以我们采取了节约资源、不重复建设、择优链接优秀导航页面的做法，如我们在编辑部论坛"读者沙龙"上链接了网名为"钱涂无量"的馆员推出的专业新闻聚合，换成"图情全博总目"的名字推出，链接了上海大学图书馆推出的专业新闻聚合，换成"中国图书馆界'不老哥'"的名字推出等。当然目前的新闻聚合都是基于个人兴趣，聚合的内容不是特别全面，如果哪个编辑部能基于学科立场，出面搞一个更综合、更完整的导航将是广大从业者期待和欢迎的，这也是图书馆学情报学期刊2.0建设应有的一项内容。

### 4.5　善于利用 Web2.0 网站移动办公

编辑是一个办公场地灵活，时间安排灵活，需要随时打开电脑工作的职业，尤其是出差报道会议时更需要移动办公。如果准备不充分，往往会遇到忘带电脑、忘带移动存储器、忘带文件等情况，有时候借用的电脑还会出现办公软件自己不熟悉的苦恼。Web2.0 很大程度上解决了这些难题，比如您可以申请一个容量大到 2G 的谷歌的电子信箱，当作移动硬盘使用，在出差之前把可能用到的文件悉数发到这个信箱，到了目的地随时下载使用，借用别人的电脑生成的文件、下载的照片也可以发到这个信箱存储起来。如果遇到别人的电脑用的文字处理软件不是你所熟悉的 MS－word，还有专门的网络办公网站提供 MS－word 界面，直接在上面写作存储就是了。传递照片除了发给自己的大容量信箱，还可以上载到 flick、新浪、搜狐等网站提供的相册。

以人为本、无微不至的 web2.0 网站提供了许多方便移动办公的应用，掌握这些应用，就会提高编辑的职业生存能力，是编辑信息素养的一部分。各个编辑部的领导应给予编辑们一定的时间接触 Web2.0 网站，不要简单地把编辑们沉湎 Web2.0网站视为追踪时髦、玩物丧志，或许在关键的时候，正是 Web2.0 网站像一把利器，改善了编辑们的工作质量，提高了编辑们的工作效率。图书馆学情报学期刊 2.0 的打造需要图书馆学情报学期刊的编辑首先 2.0 了，正如图书馆 2.0 需要图书馆员 2.0。

## 5 结论

凡是不断进化的事物都运行在发展的轨道上，以前人们用"前"和"后"来描述事物发展的阶段性变化，如前数字图书馆时代、数字图书馆时代、后数字图书馆时代，但随着科学技术的日新月异，事物进化的速度明显加快了，用"前"和"后"这类标识长时段的名词已经不足以反映事物前进的节奏，于是人们开始用数字给节奏作记号。从本质上讲，1.0、2.0 这些序号的出现，只是为了更及时地揭示事物链条式发展变化的过程，Web 可以有1.0、2.0，改进了技术或口味的肯德基、麦当劳、方便面也可以有1.0、2.0，更不用说图书馆、图书馆员、图书馆学情报学期刊、期刊编辑的1.0、2.0 了。当前 Web2.0 还是一个新概念，已经有人在讨论 Web3.0 了。Web2.0 并不神秘，只是 Web 发展史上一个阶段的标签而已。我们给图书馆学情报学期刊贴上 2.0 的标签，根本目的是想给其注上一针强心剂，将其往前推动那么一小步。

Web2.0 的一个重要概念是"beta"，即软件上市前的"测试二版"，Web2.0 网站好像永远挂着"beta"的字样，这昭示了 Web2.0 的信仰：升级无止境。图书馆学情报学期刊只要以办得更好为目标，信奉"没有最好，只有更好"，实际上永远也是 beta 版。

在此我们可以模仿电影《大腕》中的经典台词，将心目中理想的图书馆学情报学期刊 2.0 漫画为："编辑要会上网，免费信箱最小也得 2G，Gmail 账号至少有俩，什么 blog 啊、wiki 啊、RSS 啊，对编辑业务有帮助的，全给它用上。电脑要买 IBM 军用的，不怕土不怕水，最好是小人国的女生也能提得起，走到哪儿都能 WiFi 上网，上网 8 个小时电池一点不肾虚的。处理器要两个核的，显示器 17 寸以上，不是宽屏不带玻璃钢防护罩的还看不上。网站一定是读者能够参与的，左上角 logo 边上放个 beta，右下角计数器下边放个 RSS。找几个硕士以上的编辑，特儒雅，会写博客的那种。作者和读者一进门儿，甭管有事儿没事儿都得跟人家说，某某教授最近开博了，谁和谁又在网上干上了，一副阅读严重过度的网虫样，白脸皮儿红眼丝儿，是成瘾了点，但倍儿有精神。"

当前，已经升格为杂志社，有独立法人地位，自负盈亏，能够自我决定在 Web2.0 方面参与程度大小的图书馆学情报学期刊还是少数，大部分图书馆学情报学期刊的机构性质还是隶属于大型图书馆情报机构的编辑部，本身的数字化、网络化程度主要取决于母体的技术支持，往往和母体同步甚至略有差距。因此，要想打造图书馆学情报学期刊 2.0，首先要实现图书馆 2.0，加上图书馆学情报学期刊的编辑通常也兼任图书馆员的角色，故而要想成为 2.0 的期刊编辑，首先要成为 2.0 的图书馆员。

# 图书馆学论文写作与投稿全攻略<sup>*</sup>

《葵花宝典》、《武穆遗书》、《九阴真经》……，在金庸的武侠世界里，珍本秘籍的重要性被夸张到了极致，关乎天下第一武功的修炼。在现实生活中，情形大致相同，是医生就有人向你打探祖传秘方，是编辑就有人向你咨询发文真经……。笔者既然做了编辑，就免不了时常被人请教发表论文的心法，问得多了，也就有了好为人师的冲动，现乘兴结撰图书馆学论文写作与投稿攻略一篇，以供参考。

## 1 图书馆学论文写作攻略

### 1.1 端正态度

图书馆员写论文，不排除功利目的，比如不少图书馆员写论文是为了评职称、得学位、结课题、赚稿费、赢取单位的科

---

　　* 连载于《图书馆工作与研究》2008 年第 1 期、第 2 期

研奖励，既为名，又为利。抱有这些目的无可厚非，人都是社会人，每办一事的动机往往兼顾多方面的考虑，此乃人之常情。但是从科学研究自身的发展规律看，研究者的研究动机越单纯，越接近于格物致知、追求真理的目的，取得的成果的价值就更大，相应的荣誉和利益作为社会对创造性劳动的奖励自然会找上门来，而不是研究者在从事创造性活动之前就能打好算盘的。反之，如果科学研究的动机太复杂，则往往欲速而不达，落下空悲切的孬下场。

为了写好论文，建议图书馆员们不要平时优游度日，到了评职称的时候才临时抱佛脚，急切命笔，求山神拜土地，苦苦钻营。而应该提早数年着手，使自己能够从容地以一种单纯的求知态度来确定研究方向，运思自己的论文。

值得提倡的图书馆员写论文的非功利的出发点主要有三个：

一是解决问题。目的是解决实际工作中遇到的困难，找出方案，付诸应用。如对复合图书馆印刷型馆藏和电子馆藏比例确定的研究，对新兴的数字参考服务的研究，对数据库跨库检索的研究，对图书馆管理和各项业务中的问题的发现与解决等。

二是规划方向。有些问题属于理性的主观设想，并没有客观的绝对权威的答案，但却能够对学科以及事业的发展起到至关重要的影响和指导作用，比如制定什么样的图书馆法？图书馆学教育怎么改革？图书馆怎样为弱势群体服务，成为消弭"信息鸿沟"的一支重要力量？图书馆怎样进行制度创新？某个或某类图书馆如何进行科学的战略规划？图书馆各项业务应该制定什么样的发展政策？图书馆的核心价值和核心竞争力是什么？等等。

三是还原真相。就是探索事物真实、客观的面目，工作中经常会遇到一些引起自己强烈好奇心、特别感兴趣的存有疑问的数据、事件、人物等，令人产生对它们进行全方位了解和探究的冲动。如"图书馆"一词最早到底是由谁引入中国的？20世纪的"新图书馆运动"到底起于何时、终于何时？对这些同行们也感兴趣的问题的答案的找寻，也是一种有意义的研究。

四是理论抽象。就是对图书馆本质属性的追问和探索。在长期的图书馆工作中，我们不禁要思考什么是图书馆？图书馆产生的根源？图书馆存在的价值和意义？图书馆的发展应遵循哪些规律？等等，对图书馆建设的这些终极问题的思考，对图书馆的属性和规律进行精确提炼和描述，就是图书馆学理论。图书馆学理论是图书馆学实践经验的升华和结晶，由于经过了多层抽象，和实践表面上会有距离，但内在一定要有经脉相通，否则就没有生命力。

图书馆员倘若能够基于上述四种出发点来搞研究、写论文，出成果、评职称都是自然而然的事，可谓水到渠成，发文难、落评悲的不良体验一般就不会发生在您的身上。经历过考试的人都知道，第一次过关非常重要，如果第一次过不了，心理就会大受影响，会连锁影响到下次考试的发挥，从而导致"习惯性流产"，以后也很难过关。同理，如果一个人从事研究的动机不纯，创造不出高质量的成果，发论文、评职称的目标一两次不能实现，本来比较正常的评审和激励机制对他而言逐渐就会演变成人生的枷锁，使其为之所困、所累，陷入恶性循环中不能自拔，痛苦不堪。要避免这种不幸的遭遇，最关键的第一步就是要摆正自己的研究动机。

由于每个图书馆员的学科背景、倾向旨趣和所处岗位不同，写作论文的优势也各不相同，各人应该了解自己的优势所在，选择感兴趣和有心得的课题来研究。例如，图书馆的中高层管理者负有规划、组织实施图书馆业务的责任，接触图书馆实践前沿的东西比较多，适合写解决问题的文章，由他们写此类论文，可信性、权威性更强；文史基础好、沉静认真，有长时间坐冷板凳习惯的图书馆员，通常博闻强识，具有善于搜集资料的基本功，适合写钩沉索隐、溯源析流这类探真的文章；事业心强，有激情，有理想主义精神，善于管理，有正义感、道德感和社会责任感的图书馆管理者和图书馆活动家适合写反思过去、谋划当下、展望未来这类行业规划和指导性强的文章；心思缜密，善于思考，有思想家气质和雄辩才能的图书馆员，适合写图书馆学基础理论方面的论文。只有当一个人的个性、兴趣和他的研究选题十分吻合的时候，写出的论文才更有说服力和感染力，相应地，发表的机会也更大。

图书馆员们要根据所接触的工作、学科背景、专长甚至生活阅历，选择适合自己的研究方向，以免走弯路。假如违背了这个原则，硬对自己不熟悉的领域发些不着边际、隔靴搔痒的高蹈空论，被认可和发表的可能性就很小了。试想，一个基层馆的图书馆员，硬要讨论全国的文献资源布局和共享问题，一个连打字都不会的图书馆员非要讨论数字图书馆，其所谓的"论文"的质量可想而知，被经验丰富的编辑退稿也就在情理之中了。

## 1.2 讲究方法

科学研究有无数种方法，刚走进学术殿堂的年轻人尤其着魔于科研方法的比较和挑选，就好像初学武术的年轻人，总是不知道拜师是去少林寺还是武当山，选兵器是要双节棍还是流星锤。在《大学图书馆学报》的网络论坛上，经常有一些青年朋友们热衷于讨论治学方法，信息论、系统论、耗散结构、客观知识、范式、证伪、博弈论、知识管理、图书馆政治经济学等各种各样的理论模型、分析工具和方法都被曾被热烈议论过，对它们在学科建设中的促进作用，大家众说纷纭，褒贬不一。我个人认为，无招胜有招，研究方法尽管千变万化、林林总总，但貌似空洞无招，实为众法之宗的还是胡适先生提出来的"大胆假设，小心求证"。所有的科学研究无非就是以直觉或些微之依据，而提出大胆之猜想，然后再以扩大之依据，小心对猜想进行证实或证伪的过程。"大胆假设，小心求证"是科学研究的总战略，至于其他研究方法，不过是不断变换的花样和视角，是为攻克猜想而作出的战术调整。真正掌握了"大胆假设，小心求证"这一招，就像掌握了武学真谛的大侠一样，草叶、琴音皆为武器，杀敌破阵随心所欲而不逾武德之矩，您就会成为真正的学术大师。

在落实"大胆假设，小心求证"的过程中，应该走好以下几步：

### 1.2.1 第一步：大胆假设——精心选题

"假设"就是选题，就是找亮点，就是寻找当前学科和事业发展的着力点、关注点、空白点、困难点。找选题的途径有二：一是从工作中找，那些曾经使自己困惑的，而现在已经部分或彻底解决，自己确有心得，想讲出来让同行借鉴、推广的问题，通常就是一个好的选题。二是从阅读中找，那些感觉在以往的文献中别人没有研究过，自己首先发现，或虽有相关文献，但有把握比别人研究得更深入的问题，也是一个好选题。

但是，选题究竟怎么样？不是评感觉就可断定的，还要通过查新来检验。查新就是对你选定的这个选题的学术史进行全面的回溯检索，从而对选题进行肯定、否定或修正。如果通过检索，发现此选题已经研究得很充分了，没有发展的余地，就要敢于自我否定，另行选题。如果觉得此选题虽有相关研究，但不够完善，就要缩窄选题的范围，把力量集中到前人未及的方面。当然，最有新意的选题是前人所不曾涉及的，查新检索不到相关资料或相关资料很少，对这样的选题一方面要充满信心，立志做好，另一方面也要充分估计因为资料缺乏而造成的研究难度，做好在素材收集方面下更大工夫的思想准备。

### 1.2.2　第二步：小心求证——备足论据

求证就是精心而广泛地搜集理论素材和事实素材，使猜想建立在坚实的逻辑基础、理论基础和事实基础之上，让读者心悦诚服地认同猜想的成立。论证的小心体现在：只有孤证的东西不写，明知没有操作性、不可重复的东西不写，论据不充分的东西缓写。

求证的环节是一个严格遵从学术规范的过程，最能体现一个学者的学术素养。求证应做到：对学术史尽可能进行全面、公允的回顾，不遗漏、不歪曲；对自己研究的意义进行客观评估，不夸大、不护短；所有的论据出处明确，不断章取义、不造假；所有不注明出处的内容，皆能做到言从己出，不抄袭、不剽窃；方法上力求定量和定性研究相结合，文献研究和实证研究相结合，逻辑推演和调查归纳相结合，主观判断和科学实验相结合。

### 1.2.3　第三步：精心写作——精益求精

学术论文虽然有各种学术规范的约束，不能像文学作品那样天马行空、语言华丽、情节生动，但也要服从一般的文章写作规律和审美要求，这包括：一气呵成，保持文气的连贯性；逻辑纠错，增加文章的严谨性；语言斟酌，提高文章的可读性。一篇学术论文，不管论据多么充分，观点多么精辟，结论多么重要，如果不符合上述几点写作要求，读起来味同嚼蜡，就会应了孔子的警告："言而无文，行之不远"。缺乏语言美的论文就像蓬头垢面的女子，自然引不起别人的重视，难以登上选美的擂台，更不用说夺冠封后了。

学术论文不仅在求证时要从内容上严格遵守学术规范，在写作和修改时还要从形式上遵守学术规范，后者实质上是对内容必须严格遵守学术规范进行二次约束和提醒。形式上的学术规范使学术论文通常比一般文章具有更多的要件，包括中英文题名、姓名、单位、摘要、关键词，脚注、尾注、通讯地址、电子信箱、作者简介等。作者在论文完成后，不可忽视这些小要件，要像对待正文那样，认真增补、校对，要件的完善正确与否，也是作者学风上严谨程度的反映。

论文完成后，不要急于投稿，建议进行一段时间的冷处理，放置几天或更长时间后再看，这样可以发现文章刚写好，自己处于兴奋状态时所难以发现的语病和逻辑问题，以便进一步修改论文，使之更加严谨耐读。

### 1.3 贵在创新

论文的价值取决于其创新性，"新"是论文的灵魂。对于人所共知的宏观情况、历史情况、负面情况可不介绍或简要介绍，如图书馆人员素质低、知识结构不合理、人才流失严重等，与事业无益，徒费笔墨，可直接谈自己的建设性意见，不要固守一反一正、先抑后扬、非昨厚今的老模式。碰到那种陈陈相因、似曾相识、俗不可耐、叙述失禁、内容空转、套话连篇的"大路货"式的文章，编辑们通常比较反感，容易一眼就将其否决了。

为了使论文出新，应特别重视以下几个方面的自我训练和实战运用：

#### 1.3.1 提炼新概念

大多数学者对炒概念十分反感，这是一种偏见。在我看来，学者应具备的才能之一就是擅长提炼新概念，通俗地说就是要善于炒概念。概念是理论的种子，理论都是从概念生发出来的，无能力创造新概念的人，怎么能指望他创造新理论呢？

科学技术发达的美国是一个善于创新的国家，表现之一就是其炒概念的能力举世无双，从总统到百万富翁都是炒概念的高手。大家经常可以看到，当美国总统在某个重要场合的演讲中运用了一个新名词，马上就能引起全球学术界的大地震，而这个词不一定是个政治名词。如果您记忆不是很差的话，不难想起，风靡全球的"信息高速公路"这个词就是由曾担任美国副总统的戈尔在任上提出的。即便是在美伊战争中，美方的一个个攻击行动也都被赋予了既具有威慑力又好记易懂的名称，如"沙漠风暴"、"斩首行动"等，可见在美国，炒概念也是武夫的必备才艺。在我们所熟悉的图书馆学领域，那些曾经或者至今仍在引领风骚的时尚概念，诸如信息高速公路、知识经济、信息资源管理、CIO、知识管理、元数据、信息构建、学科馆员、数字图书馆、后数字图书馆、知识服务、知识导航、信息鸿沟、e‒knowledge、Web2.0 等，无一不源自美国。这一系列概念，在原有的图书馆学知识体系中难道完全没有吗？不是的，其中一部分的确是结合新技术所产生的新概念，另一部分则不过在修补旧知识的基础上，给旧概念涂上了新油彩，如知识管理、元数据等。美国同行最善于通过概念创新和分析模式创新来带动理论体系的全面更新，不但在理论上新词不断，在数字图书馆建设方面也为许多项目和产品注册了典雅的名称，如"美利坚记忆（America Memory）"、"独角兽自动化系统（Unicorn system）"、甲骨文公司、复合数字对象解决方案"桶（Bucket）"等。

反观我国图书馆界，概念创新的能力极端不足，令人汗颜。在理论上，对外开放后一味崇洋媚外，严重缺乏学术的本土化意识，对我国古人创造的概念从不放在眼里，陷入了言必称美国、亦步亦趋、步步拾荒的学术怪圈，离开了美国式概念，唯一的结果就是哑然失语、重度伤残、不能自理。在实践

图书馆学

尤其是方兴未艾的数字图书馆建设上，也暴露出了概念创新的惊人缺席，上马的数字图书馆项目不是命名为这工程那工程、这计划那计划，就是命名为这中心那中心，因为名字太长，又把其英译名称的词首字母捏到一起当成缩写，一个 CALIS，讲坛上的专家有人念成"开利斯"，有人念成"卡丽思"，也不知道谁的更标准，谁应该笑话谁。如果碰上一个第一次听到该词的外行，他更是一头雾水，不知道这个 CALIS 是什么的干活，是外国美女的名字？是一种香肠的品牌？还是中国哪个航空机构的缩写？中英文溯源一番就得折腾半天。

在我们这个创造了回文诗、璇玑图，唐诗宋词万古传，最会玩弄文字游戏的国度，居然创造不出像"美利坚记忆"这样典雅的数字图书馆项目名称，简直是天大的讽刺！不知道后人看到我们今天在国家项目中玩弄洋泾浜是何感想，会不会像我们今天看到上世纪 20 和 30 年代那些充斥媒体的中英文混排的文章那样感到好玩和可笑！显然，在概念创新方面，我国的图书馆界确实也应该举一举本土化的旗帜，该出手时就出手，力争创造出也能让全球的同行欣赏或产生共鸣的有价值的概念。

目前国内炒概念意识比较自觉，而且能炒出本土概念的行业的代表当属房地产业，它们炒概念的技巧俨然已驾轻就熟，每推出一个楼盘，利用温泉的就冠名"汤 House"，能提供宽带网的便美曰"韦伯（web）时代"，想卖给北大教师的猛吆喝"教授花园"……煽动性的概念确实给客户们带来了改善生活质量、跟上时代的良好感觉。信息时代缺的不是信息而是注意力，学术研究特别是像图书馆学这样的社会应用性学科的研究，应该学会设法把自己的发现用最精当、最响亮的概念提炼出来，最好是中英文概念一块提出来，让学术界通过你的新概念就知道你的理论的大意。采用新概念容易给整篇文章的表述都带来奇崛和陌生化的效果，可以有效地消解枯燥感，增加新鲜感和可读性。

　　如果你消耗了大量脑细胞，沥血创造了一个新概念，就不要藏在袖桶里，像冬天的陕北人，双手抄着装闷憨，琢磨着趁人不备，当暗器一般发出，一举中在学术界的脑门上。说实话，这样做其实很难得手，倒容易被文字的流沙连人带暗器给埋没了。常规的容易见效的做法是像程咬金耍板斧一样开门见山，尽力把新概念甩出，使之骄傲地戳在标题和引言中，让编辑和读者一眼就能发现这个亮晶晶的新货。在这一点上，作者们不如多学一些新闻学知识，掌握了新闻记者们拟标题的技巧，就是修得了写作上的画龙点睛术，会让您的论文因为标题词序的调整而瞬间脱俗刺眼。举例说，某位先生写了一篇图书馆学研究对象再思考的论文，核心思想是提出图书馆学的研究对象是文献知识单元的可获得性，那么他的文章标题与其拟为《图书馆学研究对象新论》，把新概念"可获得性"留在正文而不是标题中，就不如拟为《文献知识单元的可获得性——图书馆学研究对象新识》，这样就可以让作者着力创造的新概念"可获得性"冲出窝窝囊囊的盖头而走向 T 形台，闪亮登场，引人注目。

　　当然，学术研究的炒概念是有前提的，应做到严谨，合乎尺度，不可夸大其辞、无中生有地狂炒滥炒。学术上的炒概念严格地说是提炼概念而不是乱扣帽子、哗众取宠，是为了把自己的观点和理念简洁地表达出来，显豁其特色，这与伪劣新闻中牵强附会、虚张声势、反复报道某一概念的炒法是不同的。按照惯例，学术论文的标题的字数一般不能超过 20 字，因此也不能为了突出新概念和论文的中心思想而把标题起得过分特指和冗长，那样新概念反而会被不必要的字词遮盖得密不透光，无疑于珍珠藏在乌贼肚，明珠暗投了。

### 1.3.2　阐发新观点

学术论文不是讲义，讲义是对成熟的优质知识的汇编，可以述而不作，允许收集前人的口水，照着讲，学术论文是创造新知，交代学术史的小述是为了创造性的大作，必须从前人讲完的地方接着讲，发前人之未发，所以最忌讳陈陈相因、老生常谈、重复老掉牙的旧说。

要想灵感如泉涌，头脑起风暴，成为新话题、新观点的连环制造者，经常有学术论文顺着核心期刊满坡滚，让同行们一不小心就被您的大作撞闪了腰，那就需要娴熟掌握三板斧。

第一斧，别具只眼，细察深思。最近，我国有五位年富力强的图书馆学理论家成果丰硕，引领着学术潮流，在专业论坛和博客社区中被称为"五虎上将"，他们是范并思、李国新、王子舟、程焕文、蒋永福。五虎将的共同特点就是博学、慎思、明辨，能够透过纷繁复杂的现象，诊断出行业发展不前的症结和瓶颈。如范并思对图书馆精神的研究、李国新对图书馆法和信息自由的研究、王子舟对知识援助的研究、程焕文对晚清图书馆史的研究、蒋永福对制度图书馆学的研究，都是瞄准了我国图书馆事业发展或者学术研究的空白点、软肋或者说是七寸，猛然发力，以大胸襟、大格局的醒世恒言、喻世明言、警世通言来救学济业。

第二斧，面向未来，把握先机。优秀的学者对新事物总是有一种超乎寻常的敏感，善于观察专业大势，能够选准国际上最新鲜、最前沿的热点，开展研究与对话，如刘国钧对 MARC 的引介，汪冰对数字图书馆的研究，董小英对知识管理的研究、刘嘉对元数据的研究等。这些研究犹如诸葛亮茅庐纵论三分势，具有很强的预见性和指导性。

第三斧，冷眼观潮，审视批判。真理并不一定总是站在地位高的或名声大的人的一边，也不一定总是为多数人所拥护，对既有的理论和形成热潮的东西保持审视和批判的眼光，多一些独立的冷思考，对相沿成习的东西多存一份怀疑，想想有无改进的可能，往往也可以得出发人深省之论，或拿出高明的改进方案。如黄俊贵对图书馆学研究中某些丑陋现象的批判、李金荣对图书馆学本土化研究的误区的揭示等，都起到了棒喝当下、扶正固本的作用。

有新鲜观点的文章，上品当然是具有建设性、开创性的文章，可以快速直接地推动理论创新和事业进步，反思文章、翻案文章、批判文章等可以为创新卸掉包袱、披荆斩棘，也各有其意义。

### 1.3.3 切入新视角

同样的材料，由于切入角度不同、组织方式不同，就能说明不同的问题，从而产生新意。例如围绕着书籍的历史研究，如果只见书不见人，就是书籍史；如果既见书又见人，就是出版史或阅读史；如果见书见人又见场所，就是图书馆史。这些不同科目的历史所依赖的素材很大程度上是相同的，只是因为分析、重组、阐释的角度和目的不同，而垒砌出了不同的理论大厦。

循规蹈矩、习惯了纵向切苹果的人，永远也不知道苹果如果横切的话，果核的切面会呈现出美丽的五角星状。面对常见的素材，高明的学者总是能够转换一下切入的角度，就能打开别一洞天，把被习惯所遮蔽的长期从我们眼皮底下溜走的本不应然而被误认为应然的东西揭示给我们。例如我们所熟悉的图书馆创收的大量事实素材，多数学者从中得出的结论是图书馆应该大力提倡创收，努力适应市场经济，实行一馆两业、以文补文；而少数学者却从中看到了对公共图书馆精神的践踏、对社会信息保障制度的背离，批判这种集体非理性的传染性失误拉大了社会信息鸿沟，疏远了弱势群体，侵犯了部分读者的合法权益，消减了图书馆的政治优势，反而陷图书馆于不义，使图书馆全盘丧失了政治、精神、道德、人文、制度的立足点、制高点，损害了自身的生命力。显然，后一部分学者是站在绝大多数读者的立场，以历史的眼光研究问题，而不是从惯常的图书馆员的短视的角度研究问题，结果在众声捧扬中发现了潜在的危险因素，所以他们的结论更催人警醒，更有益于事业的长远发展，当然也更具创新性。

### 1.3.4 例举新举措

新观点需要由新论据来支持，对图书馆学论文来说，新论据通常不是史料也不是经典著作中的言论，而是图书馆工作中的实践经验。实践经验可能很多，但不能全部拿来，过度堆积容易造成"叙述的失禁"。作为论据的实践经验最好是新近采取的新举措，新举措的例举也是有讲究的，不仅可以列举已经实现的，也要讲理论上可行，未来能够实现的，即所谓的思想实验，如 FRID 技术在图书馆到底可行否，如有现成的成功运用的例子固然很好，如果没有，周全地设想一下应用前景也是有一定的说服力的。另外，有些新举措，如果成功开展的不止本馆一家，在谈本馆经验之前，最好也介绍一下著名的图书馆的做法，以提高论文的普遍性和代表性。如推荐书目的编制，北大、清华开列的书目可能更受关注，倘若你所在的是一个不太知名的高校图书馆的话，只谈本馆的做法显然不能引起足够的重视，而若是能把北大、清华最新的且它们自己忽视了宣传的举措也连带披露分析一下，就会加大论文的信息量，吸引编辑和读者的注意。编辑选稿，受主办机构宗旨和读者兴趣的制约，首先会对论文内容的代表性、普遍性、新颖性、可读性等进行考量，这样来自偏僻地区的小型图书馆或者专科大学的图书馆的论文，如果只谈本馆的具有个别适应性的新举措，就很可能因为缺乏普遍性和代表性而被否定，解决的要诀之一就是扩大阅历以解决亲历范围之不足，把文献中其他图书馆类似的举措总结一下，扩大信息量以吸引读者的注意力。如果您所在的图书馆不是明星大馆的话，标题最好不要拟为《我馆……》或《某某学院……》，因为读者都是势利的和追星的，这样的标题并不吸引人，而杂志并不是为作者办的，而是为读者办的，满足了读者就是赢得了市场，所以当您和您服务的图书馆处于声望弱势的时候，拉大旗做虎皮也是一种叙述策略，可以在重视普遍性的前提下宣传一点本馆的特色，但不能相反，否则您的论文就很难被采用。

### 1.3.5 升华新理论

概念和观点的交代都是为了对现有的理论进行修改、补充和完善，所以在对既有成果的追述等方面一定要从简，但对自己的心得及自认为对理论发展有独特贡献的地方一定要浓墨重彩、说深说透，充分加以表达。理论的升华是新颖鲜活且具有高度概括力的概念，科学、规范、独特的研究方法，和优美的语言表达的化合反应。只有这三个方面都操作到位，理论的升华才能更璀璨、更成功。在编辑工作中经常可以发现，有的论文对现象的描述很到位，有的论文调查数据很认真，但结论却一点也不出彩，辛辛苦苦的分析和实证只是为一句常识性的结论作了垫背，让编辑很为作者惋惜。实际上写论文是在发现问题，而不是为现行的政策和工作找论据。如果作者改换思路，把注意力集中到与预期不同的现象和数据上，往往能发现新问题，为现有的理论找到修正方案，或创造新的理论，为学术的发展做出较大贡献。读中西方学术大师的名著，让我们惊叹的往往是他们于众人不疑之细微处质疑，于众人忽视之细微处探询，以客观零度之感情执手术刀精密解剖问题的精神。只有把平淡的东西焦化和馏化才能升华、抽象出纯粹的理论。

## 1.4　不落俗套

当前的图书馆学论文中有几类常见的问题，如果在写作时注意加以克服，会明显提高论文的质量。

### 1.4.1　样本要有代表性

实证研究是当代学术界非常推崇的一种研究方法，图书馆学领域对实证方法的应用也有越来越广的趋势，文献计量和问卷调查分析一类的文章越来越多。但是实证方法正确应用的前提是科学选择样本，如果样本选择不当，研究就毫无意义，结果就毫无价值。好的样本应该有代表性、示范性，最好是公众感兴趣的对象。很多作者不重视样本的选择，在样本的确定上不动脑筋，比如对本校或本校某个学院的读者阅读倾向、利用图书馆的情况等的调查，对某种专业期刊的文献计量分析，对本馆核心期刊的计量分析和遴选研究等。这些基于小样本的研究论文，特殊性强，普遍性差，发表在本校的学报上应该是合适的，但是要发表在全国性的期刊上，感兴趣的读者能有几何？从编辑的立场看，显然是不适合发表的，而且这类文章易于仿制，每个图书馆的馆员都可以把文中的数字对照本校的情况改一下或编造一下，再投给编辑部，那编辑部要不要发呢，不发必然被指责厚此薄彼，发了必然被讥为千篇一律。所以，作者在给编辑部投寄实证性文章的时候，一定要换位思考，站在编辑的立场审视一下稿件中样本的代表性，看适合投到哪种类型、哪个层次的期刊。

多年以来，图书馆界养成了一种很不好的风气，就是对图书馆学期刊发文的计量过于频繁，几乎一两年就有多人计量多次，而且动机不纯，对刊物的褒奖多于建议，结论毫无新意，占的是刊物不好意思拒绝作者为刊物投入大量劳动来歌功颂德的便宜。这种一步一回头的做法，浪费了大量版面，实为有识见的期刊所反对。今后此类文章不是不可有，但一定要大力加以遏制，刊物每隔 5 年、10 年可以有一篇计量文章，这样时间跨度大、样本大，或许能发现些问题。至于 1 年、2 年便计量、便总结的文章，就只能发表在废纸篓里了。

### 1.4.2　谨慎翻译

因为牵涉到版权问题，我国图书馆学期刊绝大多数不发或少发翻译文章，没有给翻译文章单辟发表栏目，只有个别刊物，如《图书馆理论与实践》有"海外链接"栏目，《图书馆杂志》有"新视野"栏目，接收翻译稿。打算发表的翻译稿应征得原作者许可，将作者的信件等许可凭证和文章一道投寄到编辑部，编辑部才能择优选用。将多篇外文消化吸收，烂熟于胸后，把大意带上个人的评价转述出来，称作编译稿。编译稿加入了自己的智力成果，无须征得所引用的外文作者的许可，信息量大，侵犯版权的风险小，通常比单纯的翻译稿更受编辑部欢迎。

### 1.4.3　严守规范

近几年学术界违反学术道德的恶劣事件不断出现，全社会要求整肃学术规范的呼声很高，措施之一就是强化学术论文的形式规范。由于文献计量方法是从图书馆学生发的特有的研究方法和科研评价方法，学术论文的规范，特别是参考文献的规范，会提高核心期刊遴选等文献计量学研究成果的准确度。加上国家参考文献标准的历次修订都吸收了图书馆学家的参与，充分考虑了图书馆界的意见，所以图书馆学期刊对加强学术规范的响应一贯相当积极，所发表论文的形式规范程度一直高于社会科学领域的很多期刊。为提高对学术规范的要求，2005年《大学图书馆学报》等杂志进一步细化了投稿格式，对注释、引用、参考等提出不同的格式要求。今后，要想写出更加符合学术规范的图书馆学论文，就要在论文完成之后，详细阅读各家杂志社的投稿要求，把参考文献等附加项按要求著录详尽，久而久之，就会养成在收集资料时就重视记录出处的好习惯，养成优良的学风。对待学术规范，不可存有侥幸心理，败坏学术道德的事千万不能做，一旦被发现，身败名裂，得不偿失，后悔莫及。

## 2　投稿攻略

写作是播种，投稿是收割，"只管耕耘，不问收获"的治学态度已经过时，如果不注意及时收割学术庄稼，时效性强的学术成果就会发霉变质，沦为垃圾；耐放的学术成果也存在着被学术田鼠剽窃、抄袭的危险。投稿也有投稿的知识和技巧，应该有所了解，在投稿的时候才能做到有的放矢。

### 2.1　扫描病毒

在长达 9 年的编辑工作中，为职责所系，笔者一方面为人作嫁，广结善缘，另一方面辣手摧稿，四海结怨，退掉的来稿不计其数，退稿的理由千差万别，分类总结一下，稿件落选的原因主要有 18 种。大家可以视这 18 种原因为病毒定义，在投稿之前对自己的论文扫描一遍，删除或隔理各种病毒和 bug，这样您的论文才有可能顺利突破编辑的经验防火墙，离被选用更接近一步。

（1）结合现实选题，有新意，但同类来稿太多，"撞车"严重，已留相关稿件，不便再用。例如信息高速公路热时谈信息高速公路、知识经济热时谈知识经济、知识管理热时谈知识管理……随着热点的转移，同类稿件便一窝蜂地投来，殊不知，第一个形容女人为花的是天才，第二个形容女人为花的是庸才，编辑部选留了一篇同类来稿，就算是对这个问题表了态，对以后的来稿的要求相应就提高了，如不能超越前文，是很难发表的。可惜的是，很多作者不明此理，不断追风，不断落选，还为同样的选题，前面发了，自己未发，而鸣冤叫屈。

（2）题目太大，类似题纲，未能深入展开。有的作者，喜欢宏大叙事，写文章动辄就是纲要、论纲、战略，内容却十分单薄，全篇都是大标题和小标题，好像文章刚列了个提纲，便投到了编辑部。对这种电报体、古龙体未完成的作品，编辑部还是等其竣工再说吧。

（3）选题不新，炒冷饭，未能跳出以往讨论的窠臼。这类来稿很多，比如数字图书馆和传统图书馆的区别，明明吴建中、黄宗忠等名家圣手已经给出了高明权威的见解，可是很多作者还要用口语再啰唆一遍寄来，分明是小看编辑们的知识积累。作者们应该了解，编辑们阅稿无数，各个编辑部之间还有互赠刊物的礼节，所以编辑在把握学术进展方面有很大的优势，任何以次充好、以旧充新的试探都是不明智的。

（4）立论牵强，提法不妥，论证不足。如图书馆要走市场化或产业化道路的提法，新世纪以来已经从理论上和政策上对其进行了彻底否定，图书馆界拨乱反正，已经重新回到了公益性服务的基本原则和轨道上来。但是当前仍有一些文章，参考上个世纪90年代的论文，大力鼓吹图书馆开展营利性服务，进行产业化。事过境迁，这样的文章显然是不会被发表的。

（5）内容虽新，但移植痕迹太重，文章前后缺乏有机联系，给人"两张皮"的印象。学科发展的跨学科趋势使移植现象在学术论文中大量出现，善于移植是图书馆学论文的一大特点，但移植要成功，首先要解决排异反应，才能做到水乳交融、浑然一体。而很多论文并非如此，往往用大半篇幅介绍要移植的东西，再用小半篇幅轻描淡写在图书馆的应用，前后结合不紧，给人以"两张皮"的印象，而且结论多是猜想式的，理论上想当然的，至于具体怎么应用？应用的限制条件是什么？作者所在的馆尝试过没有？对这些读者很容易发问的问题，却一概没有解答。对这类文章，编辑也只能敬而远之。

（6）写得全面、系统，但无新意、无新的突破。有的作者善于综合，能把当前讨论的某个热点问题面面俱到地熔于一炉，像教科书的一章，写得全面系统，但是仔细分析起来，观点都是他人的，作者自己毫无创见。相比起来，期刊更欢迎对某个小问题深入掘进的文章，宁要有心得、有创见，但想法不一定成熟、表述不一定完美的论文，也不要这种四平八稳、显示不出创新精神的文章。

（7）内容较空，可行性差，无实际意义。有的论文只追求理论上求新求异，哗众取宠，不考虑落实的种种困难，看起来很美，实际上一无可用。对于图书馆学这样的社会应用性学科而言，只能停留在纸面上，落实不到现实的论文究竟有多大的价值呢？

（8）涉及面窄，无普遍意义。有相当一部分投稿，内容是本馆的业务总结、本馆的自动化系统的使用经验和评测等，这样的论文对该馆的业务促进可能是十分宝贵的，但是作者似乎忘了，由于各个图书馆所处的地域、所属单位的类型、所形成的传统、所确立的特色、所选定的自动化系统等等的不同，事实上各个图书馆在某些具体业务上不一定有共同语言，其平台和做法都各有一套，如果作者所在的图书馆，不是北京大学图书馆、清华大学图书馆等这样的业界表率，他所写的经验总结论文实际上代表面很窄，并没有普遍的指导作用，编辑自然不会拿其占用版面、广而告之了。

（9）内容过简，理论深度欠缺。有的论文选题过小，只是谈装订、分编等具体业务上的一个小经验、小窍门，自有刊物发表这类论文，但对于挂着"学报"、"学刊"这类名头的期刊来说，理论深度几乎没有，显然是不够格的。

（10）重复讨论，知识性内容偏多，创新不够。有的作者投机取巧，把中外百科全书、中外图书馆学教材上的内容复述一遍，就当作论文投到编辑部，这样的行为，从法律上讲是侵犯知识产权，从知识创新的角度讲是无效劳动，这是令编辑部最反感的，不但不能发表，严重的还要进行批评教育。

（11）图表过多，不便排版，图表中某些内容与文字叙述重复。这是从形式上对投稿进行要求，当前的学术论文中，图表是一种常见的内容分析和表达方式，好的图表的确能起到提纲挈领、化繁为简的作用，但是在有的投稿中，明明图表已经说清楚的问题，作者还不厌其烦地用文字再说一遍，一来容易造成叙述重复，二来累赘无用的图表容易造成排版印刷的不便，面对这样的稿件，如果还有表述简洁、主题近似的来稿，编辑们肯定会倾向于选择后者。可以说，图表当用而用是优点，当用而不用或滥用便成了缺点。

（12）引文分析、期刊分析和调查研究样本偏少，流于形式，没有采用新方法，发现新问题，得出新结论。这一条前面已经讲过，无论再繁琐、再庞大的实证研究，如果结论平淡无奇，跟不调查所想象的一个样，那这样的调查研究还有什么意义？

（13）篇幅过长，且内容一般化。图书馆学期刊的承载力有限，拥有的作者群又比较庞大，为了以有限的版面照顾更多的作者，因而选用的稿件的篇幅不可能太长，通常以 3000 字到 6000 字为宜。对优秀的稿件，虽然可以适当扩大版面，但通常也只能以连载的方式最多分两期发表。为提高投稿的命中率，作者在投稿时应自觉精简文字、压缩内容，争取在篇幅上合乎编辑部的要求，不要因篇幅问题而给编辑部留下退稿的理由。

（14）综述文章意义不大。综述文章泛滥和文献计量文章泛滥是多年来图书馆学论文的两大痼疾，其共同的毛病或者是选题缺乏时代感，或者是概括力不强，或者是时间跨度不够长，或者是样本偏少等，综述每年或更长时间发表一篇，信息量必然大，有助于人们把握学术前沿，但是如果针对一个问题，扎堆写综述，月月出综述，那信息量必然稀薄，读起来寡淡如水，发表的可能性就会大打折扣。

（15）编译水平欠佳，食洋不化，生涩难懂。国内的图书馆学长期以来追踪西方，亦步亦趋，因而介绍国外新动态的编译文章受到各个图书馆学期刊的普遍欢迎。但是在编辑部收到的大量编译文章中，绝大部分的质量实在令人不敢恭维，其主要问题是作者还没消化，就生吞活剥地转销，句子保留着外语语式，不合汉语习惯，别扭晦涩，硬译误译之处满篇皆是，理解起来一头雾水，这样的以其昏昏还想使人昭昭的文章，当然入不了编辑的法眼。

（16）非图书馆学论文，与刊物不对口，或体裁不是学术论文。在编辑部收到的来稿中，夹杂着漫画、诗歌、小说、散文，经济学、政治学、文化学论文等，更不用说图书馆学的亲缘学科，诸如新闻学、出版学、档案学方面的论文，这些论文都是找错了对象，投错了胎，期刊有分工，图书馆学期刊自然要发表图书馆学论文，纵然你是经济学的泰斗、政治学的巨擘，论文可获诺贝尔奖，图书馆学期刊也不太可能发表你的论文。另外，编辑虽然是杂家，但也不能杂到行行是专家，越俎代庖的地步，不识货就不能乱发，这是他的职业要求和职业道德。奉劝作者在投稿时，一定要看准目标，否则无异把雪莲种在沙滩上，木耳栽上仙人掌，瞎耽误功夫。

（17）缺摘要、关键词，或参考文献著录不规范。学术论文有一套行头，就像和尚必须穿袈裟、戴念珠、敲木鱼，这是行业规定、职业形象，违背不得，做学问就得有做学问的样子，要老老实实按照学术论文的要求，把摘要、关键词、参考文献等著录齐全。时间长了，您就会认同、欣赏这种学术论文的严谨、繁琐之美，偶尔抛出一篇光秃秃的只有正文的文章，就会觉得好像没化妆就走到了大街上，无脸见人，浑身不自在。据说，搽惯香水的人，一日不搽就感觉好像没穿衣服，什么时候你感受到了学术论文的形式美，对参考文献的依恋就像美人对香水的依恋，你在学术上基本上算是登堂入室，离成长为一名成熟的学者已经不远了。相反，学术论文的附件不全，就像女人不穿礼服、不戴首饰、不化妆就参加高级酒会一样，人家很可能会将你拒之门外的。

（18）抄写潦草，打印质量差，稿件看不清；或写作欠认真，语句不通，层次不明，逻辑性较差。这两项是对稿件的最起码要求，大部分投稿都能达到要求，但遗憾的是，仍有个别稿件连这两项要求都达不到。目前，随着人们物质生活水平的提高，再简陋的稿件也不至于写在手纸上、香烟盒上，手写稿已经是稀有品种，打印稿占了绝大多数。影响编辑阅读的主要是那些打印在废纸的背面，墨色又太淡，字迹挂了白道，难以辨认的稿件。编辑部不要求投稿都要用新纸彩色打印，但字迹容易辨认是最低要求，希望作者在投稿时能稍微讲究一些，保持稿面整洁、字迹清楚，也算是对编辑部的起码尊重。这跟面试还得穿套西装的道理是一样的。还有一种稿件，也让编辑们一接触就头疼，其特点是一上来就表态，希望编辑部高抬贵手，予以发表，那么他将"不甚感激"。一看到"不甚感激"，编辑就知道遇上语言高手了，果不其然，正文里满篇都是别字，喝醉了酒的句子颠倒错乱、纷至沓来，对这种读着费劲的稿件，编辑们的高手想抬也抬不起来。

"18"谐音"要发"，作者们投稿的目的就是"要发表"，可是稿件中常见的上述18种不足，影响了作者们愿望的实现。

学术论文的写作实际上是比赛周密、比赛严谨的过程，希望作者们每写一稿，都能痛快淋漓地扫除这 18 种障碍，彻底征服编辑，如此在学术之路上才能要风得风、风风光光，要发就发、发得漂亮。

## 2.2 谨慎投稿

### 2.2.1 精校稿件

投稿之前要对稿件作最后一次认真检查、审校，仔细校对、推敲所有文字，尽可能杜绝错别字。尽量做到附件完整，中英文题名、摘要、关键词、参考文献完备，论文附件存在的瑕疵很容易被编辑判断为做学问不严谨，累及整篇文章的选用。例如编辑有的时候本来是对来稿中的某个事实或某个观点的来源产生怀疑，但亲自核实这些资料需要花费较大的精力，那他就会从作者的论文格式是否严谨、错别字是否多等能表现一个人学风的细节上来判断其正文的原创性和严谨性，决定来稿的取舍。所以对摘要、参考文献等这些正文以外的要项的正确性千万也不能忽视，以免因小失大，累及论文的落选。

### 2.1.2 精选期刊

投稿的关键一步是选择期刊，要争取把自己的论文投给与其风格、主题最切近的期刊。我国的图书馆学期刊虽然同质化问题比较严重，绝大多数为综合性期刊，如撒胡椒面似地发表图书馆各个业务方面的文章，专题性期刊极少。但在中国图书馆学会的协调分工和市场经济的冲击下，各刊在选稿方面还是有一定的特色。因此在投稿前要了解各个杂志的特点，有针对性地投稿。如大型课题文章优先投给《中国图书馆学报》，该刊近年把课题文章作为选稿的重点，每期课题文章占的比例很大。广义信息管理领域的文章，举凡知识管理、信息管理、编辑出版、竞争情报、政务信息投给《图书情报工作》和《图书情报知识》，因为前者重视图书馆学情报学与社会环境的互动，重视刊物的论题和读者覆盖面的扩张，重视信息资源管理领域的宏观研究，后者是图书馆学情报学院办的刊物，随着学院学科结构和课程体系的扩张，需要容纳更广泛的学科内容。具有新、洋、实、快特点的纯粹的图书馆学论文投给《大学图书馆学报》，该刊十分重视论文的指导性、实践性、时效性和国际性，拒绝发表与大学图书馆实际工作关系不大的宏观信息管理领域的论文，把图书馆学论文和非图书馆学论文进行严格区分，强调所发的每一篇文章都能落实到高校图书馆的实际工作当中。传统的以体系设计和概念辨析为特点的图书馆学基础理论文章投给《图书馆》、《图书馆理论与实践》，这两种刊物一以贯之地注重发挥理论、理念、精神对事业的引导作用，其善于制造理论气氛的特点得到读者的认可。文献学文章投给《图书与情报》、《四川图书馆学报》，这两种刊物偏居于神州腹地，受差可称为时代病的工具理性主义影响较小，人文气息高于他刊，能够气定神闲地关注传统文化，为包括目录学、校勘学、版本学等在内的文献学研究保留了一块绿洲和净土。

除此之外，还有一个总的投稿原则值得注意，那就是论述大学图书馆的文章投给图工委系统办的杂志，论述公共图书馆的文章投给各省学会办的杂志。由于期刊刊名的制约，投给《大学图书馆学报》的来稿，标题上不应有"公共图书馆"的字样。

兵法云：知己知彼，百战百胜。从众刊中选定目标刊后，应把该刊最近一两年的论文浏览研究一遍，衡量一下自己的论文有无新意，有无发表的必要。只有内容、风格等和预投刊物的要求相匹配，才更容易被选用。

### 2.1.3　准确投递

初次投稿或很少投稿的作者总是把投稿方式神秘化，不知道采用哪种方式才能把辛苦之作安全快速地发送到编辑部，并引起编辑们的注意。实际上投稿并不神秘，把内容完整，格式完备的文章，按照编辑部公布的最新地址，邮寄给编辑部即可，挂号最好，不挂号也行，根据编辑部的经验，中国邮政的信誉相当好，只要编辑部工作认真，极少发生丢失稿件的情况。为确保投递安全，最好能找到编辑部通过网站、期刊等发布的投稿指南和论文格式要求，严格按照编辑部的要求办理。一般情况下，编辑部更欢迎接收页面整洁、项目齐备的打印稿，为保险起见，作者在寄发打印稿的同时，可发去电子稿。当然也可以不发，但切记不要只发电子邮件。从利于审阅的角度看，打印稿最好，手写稿次之，稿件上最好写清楚电子信箱，以便同行评议通过后，编辑部向您提供修改建议并索要电子稿。为了控制编辑成本，非紧急和重要事务，编辑部通常不会主动给作者打电话，所以在稿件上留电话一般必要性不大，但也没有坏处。

## 3  余论

最后需要指出的是，文章的评价毕竟是一种主观评价，因为各个期刊的宗旨、办刊方向、学术旨趣、选稿重点和倾向不一样，不同编辑的才、学、识、德有差别，对同一篇文章的价值判断的差别有时会较大，同一篇文章在此刊收到冷遇，在彼刊受到热遇，都是很正常的现象。经验丰富的大教授和编辑也难保没有被退稿的经历，收到退稿信后，若有编辑部的意见，可揣摩编辑部的意见认真思考修改，没有编辑部意见的，可跳出主观意气，设想自己处在编辑的位置，再来反思一下自己文章的优劣，完全没有必要沮丧、难受，修改完善后，再改投其他刊物就是了。编辑部退稿除了稿件的质量问题，还有多种非学术的原因，有时候是同类稿留下的太多，即便有更好的，也不宜再用；有时候是会议报道任务比较重；有时候是约稿发表不过来；有时候是期刊的口味、风格和作者的刚好不同，等等原因；并不完全是稿件的学术水平不行。作者应对编辑部的工作特点有所了解，不要因为退稿而影响情绪、影响工作。

一个合格、正直、有职业道德和学术精神的编辑，自己也要写稿、投稿，对写作学术论文的甘苦是非常了解的，对广大图书馆员的需求和期望也非常了解，只要稿件达到了用稿水平，是一定会公正选用的。编辑部通常实行的是三审制，编辑初审——副主编再审——主编终审，特别专深的文章，有时候还要约请专家编委评审，每一关都有淘汰的权力，所以也请大家理解编辑的难处，不要把发表论文的希望寄托于与编辑的人际关系，多在稿件的质量上下工夫。

最后祝广大作者的研究能力不断提高！论文越写越好！投稿顺利！成为图书馆学的学问家！

# 图书馆阅读推广亟待研究的若干问题[*]

## 1. 国内外图书馆阅读推广的简况

人类是高级信息动物，其丰富的精神追求，特别对生命价值的追求是人和动物的根本区别，因而人类须臾离不开通过对文本的解码而实现信息和精神的交流乃至价值观共塑的阅读活动。阅读的历史是人类的精神发育史，阅读是人类相识相知、分享经验、合作创新的重要纽带，阅读使人类更有凝聚力，也更有创造性，它是人类在知识不能遗传，每个新生命都要重新学习的自然法则下，能够跨越缓慢的知识形成步骤，直接在人类已有的知识基础上，递进式发展人类文明的主要途径。

正因为阅读如此重要，阅读的推广自然就成了一个世界性话题。如：1970 年，联合国教科文组织第 16 届大会将 1972 年

---

[*] 原载于《图书与情报》2011 年第 5 期

定为"国际图书年",旨在推动人类重视阅读在社会、经济发展中的巨大作用,培养阅读习惯,建设"书香社会"。1982年,联合国教科文组织在伦敦召开世界图书大会,以"走向阅读社会——80年代的目标"为议题,提出世界性阅读推广行动计划。1995年联合国教科文组织第28届大会将4月23日定为"世界读书日",在2001年11月2日,又发起了"世界图书之都"的评选活动。

在国家竞争、民族竞争日益激烈的全球化时代,阅读作为提高人口素质和国家实力的引擎,又是一个国家话题,经常被上升到国家工程、国家战略的高度给予关注和支持。如1997年美国克林顿总统掀起"阅读挑战"运动。1998年美国国会通过《阅读卓越法》。1998年英国政府提出"打造举国都是读书人"的口号,确定当年9月到次年8月为"读书年"。德国、俄国等其他欧美国家,日本、印度、新加坡等亚洲国家也十分重视阅读,发起过丰富多彩的阅读推广活动。具有优良阅读传统的中国一贯重视阅读,2006年中宣部等11个部门联合倡议开展全民阅读活动,延续至今。据统计,到2009年,中国约有400多座城市积极响应全民阅读活动,每年举办的读书活动约3,000多项。10年前,深圳读书月举办了50项活动,吸引170万人参与,2009年举办了372项活动,约850万人参与。国家领导人十分重视读书活动,温家宝总理在2009年"世界读书日"当天专程走访国家图书馆,殷切期望全民族养成良好的读书习惯。

推广阅读是图书馆的天然职责,各国的图书馆都是本国阅读推广活动的主力。美国国会图书馆顺应国策,提出过将美国建成"读者之国"的4年计划,美国图书馆协会在2000年推出"一出生就阅读"计划。从2004年起,中国图书馆学会带动全行业积极参与"世界读书日"的宣传,每年在节日前后都会举办声势浩大的阅读推广活动。2005 中国图书馆学会的"新年峰会"将"社会阅读"作为会议议题之一，并在同年成立与"学术委员会"并列的"科普与阅读指导委员会"。2008年 10 月，中国图书馆学会将"促进全民阅读"写入《图书馆服务宣言》。2009 年，中国图书馆学会"科普与阅读指导委员会"进行了换届，更名为"阅读推广委员会"。

## 2. 国内图书馆阅读推广研究的不足

在国内外阅读推广活动蓬勃发展的形势下，国内关于图书馆阅读推广的理论研究大大落后于实践的步伐，跟不上实践的要求和发展，在很多方面无以回应实践所提出的问题，特别是对国外的相关情况了解较少，对实践发挥不了参谋和指导作用，突出地表现在：

第一，对联合国教科文组织、各国国家层面的、图书馆层面的阅读法案、阅读计划、阅读运动等推广活动大多只是蜻蜓点水地介绍，没有进行普遍调研，没有进行案例分析式的深度报道，更没有总结其经验教训，迫切需要一个全面系统的研究报告，来改变研究层次低，重复介绍多，深层次剖析少的现状。目前关于阅读推广所参考的资料仍主要来源于 1993 年南京大学出版社出版的由王余光、徐雁主编的《中国读书大辞典》和王龙的《阅读研究引论》（香港天马图书有限公司，2003），还有一些网站上的简单报道，信息陈旧、零乱。2007年北京图书馆出版社出版的由王余光主编的《中国阅读文化史论》，只有一篇文章《图书馆与大众阅读关系研究》，概略综述图书馆的阅读推广问题。

第二，只关注阅读推广的政策法案和活动现象，没有对阅读推广活动的合理性和科学性进行学术论证。在图书馆的阅读推广活动中，一直存在着"教育派"和"中立派"这两大分歧。"教育派"强调指导、引导、灌输，认为阅读推广是一种图书馆员主导的教育活动，将图书馆员预设为知识强势者、导师，将读者预设为知识弱势者、学生，主张图书馆员通过判定好书劣书、开列推荐书目、传授读书方法等方式，来培养读者的读书习惯、读书兴趣、读书品位，指导读者的阅读行为。"中立派"强调维护阅读自由，认为图书馆员并不比读者高明，图书馆的职责是提供藏书、场地、环境、气氛、服务，可以提供读书信息和阅读建议，但没有理由抱教育和指导的目的。不对这两种分歧进行理论上的探源和融合，不利于发挥各方面的积极性。而这两种理念都是教育学上有过深入探讨的，需要开展阅读推广活动时取宏用精，以指导活动的方向，而目前这方面的有分量的研究还没有。

第三，阅读推广活动要讲实效，不能停留在排场、场次、参与人数等表面指标上，有没有实效，读者说了算。需要对读者调研，了解读者对阅读推广活动的实际感受，了解读者需要什么样的阅读推广。目前的研究多是从图书馆的角度和立场出发，而转换研究视角，从读者角度，用实证方法来评估和重新设计阅读推广活动的研究几乎没有。阅读推广活动的满意度研究和有效性研究是一个迫切的课题。

第四，阅读推广活动不应该是应景、应时的短效性、节日型、运动型活动，而应该成为图书馆的常规活动，必须探索长效机制、可持续发展机制，在人员、经费、资源等方面作长期规划和安排，这样才能积累经验，保障阅读推广活动具有发展性、创造性、节约性，落到实效。

## 3. 国内图书馆阅读推广亟待研究的问题

针对上述不足，当前关于阅读推广的研究宜从 5 个方面首先展开。

第一，对全球丰富多彩的图书馆阅读推广活动进行调研。这又包括两个层面：一是作为全世界最大的文化合作组织——联合国教科文组织，经常性地发起阅读推广活动，动员全球各国的出版商、学校、图书馆等文化机构参与，规模宏大，涌现出许多成功的、典型的图书馆阅读推广的项目和案例，图书馆接受项目资助，输出社会效益，实现了双赢，许多宝贵经验值得总结。二是发达国家的图书馆都有长期开展阅读推广的传统，特别是美国、英国、日本等国的阅读推广活动创意十足、口号鲜明、效果良好、影响广远，新加坡、我国台湾地区的图书馆阅读推广活动亦富有特色，但对国外以及我国台湾地区的图书馆阅读推广活动，目前内地图书馆所了解的渠道很少，多是新闻报道中所透露的点滴，对专业研究和业务参考而言是十分不够的，亟待从专业角度进行系统译介，总结出海外图书馆阅读推广活动的基本类型和经验，以作开展更节约、更有效、更精彩的阅读推广活动的决策参照。

第二，为图书馆阅读推广活动寻求理论支撑。图书馆为什么、凭什么开展阅读推广，其逻辑合理性在哪里，符合哪些教育学原理？这个问题不解释清楚，就无法圆满回答资助者、合作者、读者的质疑。这个问题实际上和为什么要建设学校是类似的，十分古老，中外教育家都曾给出过精彩的解答。关于图书馆是应该担负主动教育读者的责任，还是中立地提供自由阅读的环境，中外图书馆学家也有过深刻的论述。开展阅读推广活动时，应该吸收教育理论史和图书馆学史上那些具有权威性、说服力的圣贤之论，选择正确的令读者信服的理论路线，如此才有利于行动的推行，增强图书馆员推广阅读的决心、信心和使命感。

第三，开展阅读推广活动的有效性研究。目前图书馆行业内外都对图书馆的效益评估十分重视，以便纠偏补缺，有的放矢地指导下一步的工作，同时符合信息公开的潮流，向纳税人交代图书馆的功用，说服纳税人继续支持图书馆事业。关于图书馆的全面质量管理有 ISO9000 评估体系①，对外了解读者满意度有 LIBQUAL⁺ 评估体系②，对内了解图书馆工作氛围和内部文化有 ClimateQUAL ⁽ᵀᴹ⁾ 评估体系③。同样，阅读推广活动的效益的评价不能停留在参加开幕式的领导的级别高低、人数多少，场面是否宏大壮观，参与人数是否众多，发放材料是否海量，媒体记者是否云集等表面指标，而应该设计一套科学的、多点观测的评价指标体系，来立体、全息地考量阅读推广活动的得失。这个评价指标体系的设计可先从两方面着手，一是基于图书馆的阅读推广活动评价指标，比如是否符合预算、是否节约经费和人力、是否影响其他业务、媒体报道量等，这是读者所不考虑的，但对图书馆来说却很关键或有意义。二是基于读者的阅读推广活动评价指标，比如活动是否有创意、宣传口号是否鲜明诱人、推荐书目是否合用、现场环境是否优雅、服务态度是否到位等，有时候图书馆的过度设计、过度服务也会引起读者反感，图书馆通常意识不到甚至自我感觉良好，却可以通过读者评价指标检测到。基于图书馆和基于读者的两个评价指标体系都完成后，再进行对接和整合，便是综合性的评价指标体系。

第四，探索图书馆阅读推广活动的长效机制。目前国内图书馆的阅读推广活动的基本特点是：行政指令启动，红头文件

---

① 海南大学图书馆全面质量管理体系 ［EB/OL］. ［2011 - 08 - 21］. http：//210.37.32.30/zlgl_ qmzlgl_ gltx_ 2. html
② 谢春枝. LibQUAL + （R）图书馆服务质量调查的实证分析——以武汉大学图书馆为例 ［J］. 大学图书馆学报，2009（5）：24 - 28
③ 包平，周丽. ClimateQUAL ⁽ᵀᴹ⁾ 图书馆服务质量评价新体系 ［J］. 大学图书馆学报，2010（5）

一发，自上而下层层动员、层层督促、层层检查，何时开展阅读推广活动，搞多大规模，花多少钱，意图达到什么效果，全听行政指令。即便是相对固定的读书月活动，每年根据上级指令力度和投入力度的变化，也在规模和形式上不断发生变化。阅读推广通常定位为亮点工程、节日工程、形象工程、示好工程、贿民工程，而不是定位为常规的图书馆基础服务，图书馆往往临时抽调精干人员，举全馆之力，以突击应付的方式开展阅读推广活动，开幕式铺张浪费，短暂的活动期间服务过度，影响其他业务的开展，破坏图书馆幽静的环境，易结临时读者之欢心，却讨长期读者之反感。而观国外图书馆，通常设专门的阅读推广办公室，如美国国会图书馆从 1977 年运行至今的专门负责推动全民阅读的机构是"图书中心"（The Center for the Book in the Library of Congress），隶属于图书馆服务部下的合作和拓展项目部（Partnerships and Outreach Programs Directorate），有 4 位专职人员，包括主任（Director）、项目官员（Program Officer）、通讯官员（Communications Officer）、项目专家（Program Specialist），活动经费全部来自企业和其他部门的捐款和赞助，只有专职人员的薪水由国会图书馆拨款①。建立负责阅读推广的常设机构，表明是将阅读推广活动作为图书馆的基本业务来看待，有益于经验的积累、效率的提高、学识的增长、活动的衔接和连续，有益于培养图书馆自己的阅读学专家和阅读推广活动策划专家，对于阅读推广活动的可持续发展是一个重要保障，调研国外这方面的经验，无疑对我们发现国内现有的图书馆阅读推广模式的弊端，建立图书馆阅读推广活动的长效机制有重大启发。

第五，比较中外图书馆阅读推广活动的优劣。从直观上

---

① The Center for the Book in the Library of Congress [EB/OL]. [2011 - 03 - 22]. http://www.read.gov/cfb/

看，国外发达国家的图书馆阅读推广活动在创意、策划、口号上更胜一筹，像它们先进的工业设计一样，往往让发展中国家视为经典、叹为观止，如美国国会图书馆 1998 年发起的"一城一书活动"，1998 年英国政府提出"打造举国都是读书人"的口号，听起来就十分吸引人，每次活动都设计配套的画面亲民、贴心的图标、旗帜、宣传画等，深受读者欢迎。国外的阅读推广活动规模都不大，善于利用走近本地作家、与作家座谈的方式推介文学作品，动员参加活动的读者多是"散户"，主要是常来图书馆的居民、中小学生等。而我国的图书馆阅读推广活动主题生硬的多，名称和口号让人过目不忘、适合媒体传播的少，活动的一大特点是开场即高潮，所有的"精彩"都聚焦在开幕式，领导讲话和团体诵读是大戏，活动期间的效果反而被遮蔽和忽略。由于中国的知名作家出场费高昂、喜欢签售、联系困难，所以图书馆阅读推广一般不以作家而以文史学者唱主角，推广的也不限于文学作品。为了体现活动的盛况，喜欢动员学生、驻军、护士等团体读者参加，这样做的效果不能说不好，从征文情况看，的确对一些读者产生较大的积极影响，甚至培养其终生利用图书馆的习惯，但那些常来图书馆的熟客、散户，却往往因为此种应季性的活动而被边缘化或受到干扰，而对图书馆颇有微词。作为旁观者的市民，也会出于对一切"盛大"作秀活动的习惯性逆反心理，而对阅读推广活动的效果抱以怀疑。通过一些新闻纪录片和网上大量言论我们可以得知，美国的任何一个读者，其对本地图书馆的服务，包括阅读推广活动，多抱由衷赞赏和自豪的态度，而国内的不同评价则较多，这一点最值得各个图书馆深思，如何让阅读推广活动照顾到每一个读者，在形式上内容上让所有读者满意，是有技巧需要学习的。当然，发达国家和我国的图书馆阅读推广活动的差异是不是如此，还有那些具体的表现？各自的优劣在哪里？怎样取长补短？都是值得深入挖掘的。

第六，探讨图书馆阅读推广活动的发展趋势。图书馆学某种程度上是一种未来学，需要不断地侦探信息技术、读者需求等环境变化趋势，来及时改变服务重点和服务方向，若顺应潮流、应时而变，则能赢得读者的喜爱和拥护，反之，保守恋旧，甚或逆流而动，则很容易被各式各样的文献数据库性质的数字图书馆、资源海量的互联网等所替代。故而西方不断推出关于未来图书馆的研究，我们应该重视收集那些具有代表性的研究报告，结合各种阅读推广报告，分析阅读推广的未来表现形式，适时地修正阅读推广活动的使命和愿景，大胆进行阅读推广创新，力争赶上甚至引领读者的阅读趣味和阅读体验，使阅读推广活动受到读者的真心欢迎，发挥实效。

## 4. 图书馆阅读推广研究任重道远

无论是从提高国民素质、增强综合国力、树立读书风气、提升民族形象、促进文化繁荣的国家层面，还是从充分发挥资源优势、提高公共文化服务能力、让人民享受文化权利的部委层面，以及从扩大读者到馆率、赢得读者拥护、充分发挥服务职能的图书馆层面，图书馆的阅读推广活动正在得到各方面的空前重视，以国家课题立项的方式研究图书馆阅读推广，既是对已有图书馆阅读推广活动成就的总结，更是为了解决图书馆阅读推广活动中的困惑问题和瓶颈问题，服务于国家全民阅读战略的落实，正当其时，十分必要。目前关于图书馆的阅读推广活动尚无系统的研究报告和专著，这样一项研究可以起到填补空白和开拓新领域的作用。

如前所述，图书馆阅读推广研究的基本目标是：在图书馆阅读推广活动的国内外调研方面广采博取，拿出全面、系统、准确、权威的报告，掌握世界各国的成功经验，作为今后图书馆了解这方面情况的必备参考；在图书馆阅读推广活动的认识论方面，要吸纳教育理论的精华，总结代表性意见，起到理清分歧、统一思想的作用；在阅读推广活动的评价方面采用实证方法，找到影响变量，在此基础上为阅读推广活动提供建议，提高活动的有效性，乃至制定指南和范例，指导全国的同类活动；阅读推广活动不是政绩工程，要结合国内外经验和实证结论，探索建立图书馆阅读推广活动的长效机制，以制度和经验保效率、促节约；最后通过对图书馆研究的未来学派的主要预测成果的分析，预测未来的图书馆阅读推广活动，对图书馆阅读推广活动的使命和愿景进行理论推导，指引发展方向。

然而要实现上述目标，并非一蹴而就，面临许多难题需要攻克，如图书馆阅读推广活动究竟应该采取什么样的理论指导思想，这方面的分歧由来已久，论证好并得到广泛认同有相当难度。判定图书馆阅读推广活动有效性的评估指标体系的设计，需要调查大量读者，也有相当难度和工作量。建立图书馆阅读推广活动的长效机制，拿出广泛认可的可操作性的方案也是件相当困难的事。不过，开展图书馆阅读推广研究，正是在认识到一系列问题的重要性、紧迫性、艰巨性的基础上，所发起的一次攻坚，尽管任重道远，但只要起步了，总有到达目的地的一天。

# 对改进图书馆阅读推广活动的建议

2006 年中共中央宣传部等 11 个部门联合倡议发起全民阅读活动以来，我国图书馆界的阅读推广活动蓬勃开展，受到广大读者的欢迎和好评，取得了良好的社会效益。但是和国外图书馆的阅读推广活动相比，仍有改进的空间，下面结合对国外图书馆阅读推广活动的了解，提出若干建议，期冀对改进图书馆阅读推广活动有所助益。

## 1  改革图书馆阅读推广活动的投资模式和合作模式

国外图书馆阅读推广活动的一个显著特点是：图书馆只出力不出资，资金来源多元，主要出自出版商、基金会、感兴趣的其他公司。如由美国国会图书馆主办的国家图书节，每年所需经费大概 150 到 175 万美元，主要来自出版商。英国则出现了一个专门为阅读推广服务的公司——开卷公司和一个独立的慈善机构——阅读社，还有多家信托基金会扶持阅读推广活动。整体来看，出版商和基金会是国外图书馆阅读推广活动最重要的经济支撑。

　　和国外相对照，国内的图书馆阅读推广活动的经费来源比较单一，主要有两块：一是图书馆经费，二是图书馆服务商——主要是图书发行商和硬件设备提供商的赞助费。大型图书馆或许能拉到赞助，中小图书馆则可能纯粹占用采购资源的经费。由于全民阅读活动是中宣部等 16 个部门联合发起的，各文教系统都有阅读推广的任务，所以出版社、各类学校只偶尔和图书馆合作搞阅读推广，大多数情况下是独立行动。如此带来的弊端是，出版社搞阅读推广，铺张浪费，商业气息浓厚，奋力宣传自产畅销书，把滞销积压的庸书大量赠送给基层图书馆，有损阅读推广的形象，导致人们对阅读推广反感。学校里搞阅读推广，主要方式是作家签售，掏学生腰包，亦导致广大学生、家长对阅读推广反感。图书馆的阅读推广立场最端正，最重视图书的品质，却因为出版社和学校的独自行动，而拉不来出版社的赞助，请不来宁愿到学校签售的作家。

　　因此，建议政府相关部门整合阅读推广的各方力量，借鉴美国的做法，统一搞阅读推广活动，让图书馆发挥主力作用，公正地推荐图书，让出版社赞助和捐书，杜绝中小学的签售活动，让学生参与图书馆的阅读推广活动。同时，呼吁各种文化基金会支持图书馆的阅读推广活动，号召图书馆以申请项目的方式争取基金会的赞助。如此，便可以盘活各类资源，正向发挥各类机构的长处。

## 2　图书馆应建立专门负责阅读推广的常设机构

　　目前国内图书馆阅读推广活动的基本操作方法是：每年 4 月 23 日——世界图书与版权日之前，图书馆的行政主管部门按惯例发布阅读推广活动动员令，红头文件一发，自上而下层层动员、层层督促。阅读推广活动搞多大规模，花多少钱，意图达到什么效果，全听行政指令。阅读推广活动通常定位为节日工程、形象工程，而不是定位为常规的图书馆基础服务，图书馆往往临时抽调精干人员，举全馆之力，以突击应对的方式开展阅读推广活动，短暂的活动期间，阅读推广服务过度，影响其他业务的开展，破坏图书馆幽静的环境，易结临时读者之欢心，却讨长期读者之反感。参与举办活动的图书馆员，因为是临时参与，不将活动视为岗位工作，往往不重视经验教训的记录，活动一结束，就全部忘掉，第二年换了人，又从头摸索做起。

反观美国的图书馆阅读推广，通常设专门的阅读推广办公室，如美国国会图书馆从 1977 年运行至今的专门负责推动全民阅读的机构是"图书中心"，隶属于图书馆服务部下的合作和拓展项目部，有 4 位专职人员，包括主任、项目官员、通讯官员、项目专家，活动经费全部来自企业和其他部门的捐款和赞助，只有专职人员的薪水由国会图书馆拨款。

建立负责阅读推广的常设机构，表明是将阅读推广活动作为图书馆的基本业务来看待，有益于经验的积累、效率的提高、学识的增长、活动的衔接和连续，有益于培养图书馆自己的阅读学专家和阅读推广活动策划专家，对于阅读推广活动的可持续发展是一个重要保障。因此建议中国国家图书馆借鉴美国国会图书馆的做法，垂范建立类似"图书中心"这样的专门负责阅读推广的部门，只要国家图书馆建立了，下面各馆就会层层效仿，阅读推广就会在行业内形成一条线，便于业务交流、培养队伍、造就专家，使阅读推广活动常态化，不影响其他业务的开展，进入可持续发展的轨道。

## 3 制定评估指标体系，加强对图书馆阅读推广活动的评估

目前图书馆行业内外都对图书馆的效益评估十分重视，以便有的放矢地调整图书馆的工作，同时符合信息公开的潮流，向纳税人交代图书馆的功用，说服纳税人继续支持图书馆事业。关于图书馆的全面质量管理有 ISO9000 评估体系，图书馆对外了解读者满意度有 LIBQUAL$^+$ 评估体系，图书馆对内了解图书馆工作氛围和内部文化是否优良有 ClimateQUAL$^{(\mathrm{TM})}$ 评估体系。但是，对图书馆阅读推广活动的专项评估指标目前还没有。

关于阅读推广活动的评估不能粗略地停留在参加开幕式的领导的级别高低、人数多少，场面是否宏大壮观，参与人数是否众多，发放材料是否海量，媒体记者是否云集等表面指标，而应该设计一套科学的、多点观测的评价指标体系，来立体、全息地考量阅读推广活动的得失。这套指标应兼顾图书馆和读者的需要：一、基于图书馆的评价指标，含是否符合预算、是否节约经费和人力、是否影响其他业务、媒体报道量等，这是读者所不考虑的，但对图书馆来说却很关键或有意义。二、基于读者的阅读推广活动评价指标，含活动是否有创意、宣传口号是否鲜明诱人、推荐书目是否合用、现场环境是否优雅、服务态度是否到位、读了推荐的书籍后是否有收获等，有时候图书馆专项活动的过度设计、过度服务也会引起读者反感，图书馆通常意识不到甚至自我感觉良好，却可以通过读者评价指标检测到。有了评估指标体系并严格执行评估，图书馆对公众、对自己、对上级都有了科学合理、客观实在的交待，也对如何开展下一步的阅读推广活动找到了改进的依据。

## 4　提高阅读推广活动的策划水平

国外发达国家的图书馆阅读推广活动在创意、策划上更胜一筹，像它们先进的工业设计一样，往往让发展中国家视为经典、叹为观止，如美国国会图书馆 1997 发起的"读者之国"活动，1998 年发起的"一城一书活动"，美国图书馆协会 2000年推出的"一出生就阅读"计划，英国 1992 年发起的"阅读起跑线"计划，1998 年提出的"打造举国都是读书人"的口号。这些活动的名称听起来就十分吸引人，每次活动都由专业美术家设计配套的画面亲民、贴心的图标、旗帜、宣传画等，深受读者欢迎。而国内的图书馆阅读推广活动大多数主题生硬，名称和口号让人过目不忘、适合国内外媒体传播和发挥的少。今后的图书馆阅读推广活动应改变"闭门造车"的习惯，开门引智，高度重视创意环节，特别要注意邀聘各地广告界、美术界、文学界的高端专业人才参与活动的创意、策划，并公布方案，较大范围内征求读者意见，以提高活动主题的创意水平，推出一批主题响亮、口号鲜明、内容精彩的阅读推广活动。

## 5　广场活动的规模适可而止

国外的阅读推广活动规模都不大，善于利用走近本地作家、与作家座谈的方式推介文学作品，动员参加活动的读者多是"散户"，主要是常来图书馆的居民、中小学生等。而我国的图书馆阅读推广活动的一大特点是开场即高潮，所有的"精彩"都聚焦在开幕式，不论首都还是省城的阅读推广活动，开幕式都是一个模式：红旗招展、锣鼓喧天、气球团团，学生、驻军、护士等团体读者和不远千里前来捧场的同行专家站满广场，领导讲话和团体诵读是大戏，活动过程中的效果反而被遮蔽和忽视了。那些常来图书馆的熟客、散户，往往因为此种应季性的活动而被边缘化或受到干扰，而对图书馆颇有微词。作为旁观者的市民，也会出于对一切"盛大"作秀活动的习惯性逆反心理，而对阅读推广活动的效果抱以怀疑。

英美图书馆阅读推广活动启动准备阶段的精力主要放在主题、口号、标志、招贴画的创意设计、印刷、布展方面，启动仪式则往往简单得多，图书馆前广场或草坪上摆张讲台，第一夫人、嘉宾、馆长面向随机围观的读者，简短发言后就开始了。国内的阅读推广活动应该改掉将经费大量花在开幕式的陋习，使广场活动规模适当、去官僚化，以亲民、轻松、得体的方式赢得广大读者的好感。

## 6　以教育学理论指导图书馆阅读推广活动

图书馆为什么、凭什么开展阅读推广，其逻辑合理性在哪里，符合哪些教育学原理？图书馆不是中立的文献交流机构吗？凭什么指导我们读书？这些问题是少数读者常问的，不解释清楚，就无法圆满回答资助者、合作者、读者的质疑。这种质疑实际上和为什么要建设学校是类似的，十分古老，中外教育家都曾给出过精彩的解答。关于图书馆是应该担负主动教育读者的责任，还是中立地提供自由阅读的环境，中外图书馆学家也有过深刻的论述。开展阅读推广活动时，应该吸收教育理论史和图书馆学史上那些具有权威性、说服力的圣贤之论，选择正确的令读者信服的理论路线，如此才有利于行动的推行，增强图书馆员推广阅读的决心、信心和使命感。

## 7　抓紧申建"世界图书之都"

2001 年，联合国教科文组织发起"世界图书之都"（World Book Capital）计划，这是该组织部署的全球阅读推广计划的重要组成部分。联合国教科文组织每年与国际出版商联合会（IPA）、国际书商联合会（IBF）和国际图书馆协会和机构联合会（IFLA）共同评选出一个城市，以"世界图书之都"的名义庆祝和传扬人类的图书事业和阅读活动，任期始于当年的 4 月 23 日，终于翌年的 4 月 23 日。当选"图书之都"的城市必须已有效果显著的众多阅读推广活动，并在担任"图书之都"那一年实施为该年特别制定的阅读推广计划。目前西班牙马德里（2001）、埃及的亚历山大（2002 年）、印度的新德里（2003 年）、比利时的安特卫普（2004 年）、加拿大的蒙特利尔（2005 年）、意大利的多灵（2006 年）、哥伦比亚的波哥大（2007 年）、荷兰的阿姆斯特丹（2008 年）、黎巴嫩的贝鲁特（2009 年）、斯洛文尼亚的卢布尔雅娜（2010 年）、阿根廷的布宜诺斯艾利斯（2011 年）、亚美尼亚的埃利温（2012 年）、泰国的曼谷（2013 年）以及尼日利亚的哈科特港（2014 年）等 14 个城市都已获得过这个荣誉。我国相关主管机构应积极鼓励、动员、协助图书馆阅读推广活动成效突出的北京、深圳、苏州等城市，尽快成功申请"世界图书之都"，这既是对过去阅读推广活动成就的最大肯定，也是对进一步开展阅读推广活动的极大鼓舞。我国的北京已成功申办奥运会，深圳已成功申办世界大学生运动会，相信只要下决心，申办"世界图书之都"肯定也不是问题。

右舍：阅读学

# 读书读出好心情

## ——在北京大学的讲座<sup></sup>

各位老师、各位同学：

关于读书，大家关心的话题很多，比如说，有人关心怎么把书读得更快，有人关心怎么把书读得更深，有人想了解怎么从书里读出成功，还有人想知道怎么从书里读出愉悦。我认为，读书说简单也简单，说复杂也复杂，如果把它完全讲透，不是一次就能讲好。我今天呢，主要选取一个角度，就是讲怎么读书才能读出好心情。既然咱们谈的话题叫好心情，所以我请大家都放松一点，希望今天晚上不是一个沉闷的晚上，我会尽量让大家感受到读书是一件好玩的事儿。

今天我讲的主要有这几个方面，第一是从一些现象谈起，来启发大家思考读书、学问、健康三者之间的关系。第二是讲原理，大家都知道读书很多时候会带来快乐，有这方面的体

---

    * 2012年以来，本人先后受邀在天津财经大学、北京大学、天津工业大学、青岛职业技术学院等校，作题为"读书读出好心情——阅读疗法与经典文献推荐"的讲座，本文根据录音整理而成。

验，但是为什么呢？很多人从来没有认真地思考过，我今天带领大家一起来探讨。第三是介绍一些读书读出好心情的简易方法。第四是介绍几个书目，推荐一些好书。第五就是简单地总结一下。

## 一、读书读出好心情的常见现象

首先我讲三个现象。

第一个现象是人人都有两类书。

以 20 世纪中国的两位伟大人物为例。一位是新中国的缔造者毛泽东。我们都知道，毛泽东一生酷爱读书，尤其最爱两部书，一部是北宋司马光编纂的编年体史书《资治通鉴》，这是他开展政治斗争和军事斗争很重要的参考书。他通过长期阅读《资治通鉴》，科学汲取古人的治军、治国经验，把中国革命一步步地推向胜利。另外他还特别钟爱一部书，叫《容斋随笔》。《容斋随

《容斋随笔》书影

笔》是南宋洪迈著的一部笔记体的百科全书式的书，它有对经典的考证，记录了掌故、物产等，可谓包罗万象，也讲了很多怎么欣赏文学作品，怎么让精神更加丰润，怎么锤炼坚强的意志，怎么修身养性、享受生活等方面的心得。明代河南巡按李翰赞赏《容斋随笔》："可以劝人为善，可以戒人为恶；可使人欣喜，可使人惊愕；可以增广见闻，可以澄清谬误；可以消除怀疑，明确事理；对于世俗教化颇有裨益"。据说，毛泽东去世的前一天，还请人为他代读《容斋随笔》，可见此书在毛

泽东生活中的重要性。某种程度上可以说，毛泽东靠《资治通鉴》保证他事业上的成功，靠《容斋随笔》来保证他精神上的丰富和博大。

接着我们看蒋介石先生，他也是 20 世纪对中国影响最大的人之一。蒋介石也有他喜欢的两部书，一部是《曾文正公全集》，我们知道，这是曾国藩所有文章的汇集。如果你看反映解放战争时期的电影，你会发现蒋介石办公室案头经常放着这本书。毛泽东也很喜欢这本书，他为军队制定的"三大纪律、八项注意"就是从曾国藩的治军思想里提取、改造过来的，应该说，曾国藩是毛泽东和蒋介石共同的老师。但是比较起来，蒋介石更喜欢曾国藩，他的军政事业主要靠《曾文正公全集》来指导。但是蒋介石结识宋美龄以后呢，宋美龄提出来的嫁给

《荒漠甘泉》书影

他的一个条件，是他必须信奉基督教，所以蒋介石后来成了基督徒，有了另外一本贴身书，那就是《荒漠甘泉》。《荒漠甘泉》是怎样的一本书呢？美国有一个基督徒叫考门夫人，她在服侍丈夫与疾病做斗争期间，今天对圣经有什么领悟，就写一篇，明天有了什么新的领悟，就再写一篇，如此坚持不懈，一年365 天就有了 365 篇，将这本日记结集，就成了《荒漠甘泉》。如果你看《荒漠甘泉》译本的序，它就介绍，这是蒋介石一生中陪伴他时间最长的一本书，蒋介石天天把这本书放到枕头底下，每天看一则，这是对他的精神滋养最大的一本书。蒋介石终老的时候，蒋经国根据他的生前爱好，将《荒漠甘泉》、《圣经》和《三民主义》一并放在他的棺木里。

类似的现象还出现在很多学者身上。比如说，陈平原，他是我们北京大学中文系的教授。在五四运动九十周年的时候，我们北京大学图书馆曾请这些名教授每人推荐 5 本书。陈平原老师推荐的是《儒林外史》、《文史通义》、《国故论衡》、《野草》和《陶庵梦忆》。如果您把这五本书分一下类，就会发现无非两类。一类是对他的专业有帮助或者跟他的研究对象有关系的书，比如《儒林外史》、《文史通义》、《国故论衡》、《野草》。他是研究文学史的专家，这些都是他专业范围内的参考书，开列这些书不令人意外。但是有一本书比较奇怪，就是《陶庵梦忆》。这本书并不是小说，也不是学术著作，为什么陈老师很喜欢它呢？因为张岱的《陶庵梦忆》讲的是明代知识分子怎么享受生活的一本书，讲怎么装修

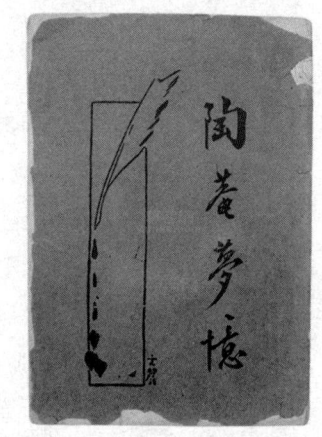

《陶庵梦忆》书影

我的书房，怎么种植我的花园，怎么听曲，怎么赶集，怎么宴会，怎么雅聚……，就是这样一本探讨在生活的方方面面如何追求精致和品位的一本书。这样我们就发现，《陶庵梦忆》是陈平原教授业余生活中最享受的一本书，这本书使他继承古代文士的浪漫情怀，使他更善于发现日常生活的美感，更容易从世俗杂事中体验到人生的幸福和美好。

再如厉以宁教授，他是我们北京大学最有名的教授之一，他培养的研究生有一大批成了国家栋梁，已经是一个国师级的教授了。他推荐的 5 本书是《经济分析史》、《资本主义精神》、《国史大纲》、《宽容》和《花间集》。如果把他推荐的书也略微分一下类，大家会发现，无非也是两类，一类要么讲经济，要么讲民主、讲国情，都在政治经济学的范畴，跟他的专

业都有关系，如《经济分析史》，《资本主义精神》、《国史大纲》、《宽容》。这些书或者开拓他的学术视野，或者给他带来学术启发。但是也有一本书比较独特，就是《花间集》。这本书是后蜀赵崇祚编纂的一部晚唐五代香艳词作的代表集，是描写古代上层仕女怎么画眉，怎么梳头，怎么和诗，怎么幽怨，怎么相思……，诸如此类的生活和情绪的一本书。这样我们就发现，厉老先生心中也保留了一块很温柔

《花间集》书影

的地方，这是个词国，也是个女儿国。厉老师一生遇到很多困难，之所以能够百折不挠，终于取得成功，除了强烈的事业心，恐怕很大程度上和他热爱文学，经常通过写诗填词来排郁解闷有很大关系。厉老师退休后，出版了好几本诗集，记录各个时期的际遇和情感，人们这才发现，在学术之外，厉老师还有如此好的文学素养。厉老师的文学素养从哪里来？对生活的热爱、对挫折的理解从哪里来？《花间集》很可能是重要的源头。

前面我们分享了四位杰出人士的推荐书目，有领袖，有专家，经过简单归纳，就可以发现，人人都需要有两类书：一类服务于事业，一类服务于心灵；一类助我们入世，一类助我们出世；一类让我们追求功利，一类让我们超脱功利；一类帮我们积累智慧，一类帮我们积累趣味；一类让我们严肃庄重，一类让我们轻松浪漫；一类给我们的工作和生活加速度，一类给我们的工作和生活减速度；一类像办公软件，一类像防毒软件。在座的各位如果不信，可以做一个实验，给你的弟弟妹妹或侄子外甥推荐几本书，最后你会发现，你不由自主地也会给

右舍：阅读学

他们推荐两类书，一类是帮助他们好好学习、长大成材的书；一类是希望他们健健康康、终生快乐的书。因此，基本上我们可以得出一个结论：讲究的人生需要两类书。

我们的教材，各个学科的专业书，都是服务于我们的事业，老师平常给我们讲怎么读书，主要是讲怎么选择和阅读专业书，目的是推动我们成为成功人士，推动我们在事业上有所作为，是以这个为出发点的。今天我讲的目标也很明确，就是专门讲那些服务于心灵的书，讲那些类似防毒软件的书。用过电脑的人都知道，再先进再快的电脑，如果不装防毒软件，一旦中毒了，就瞬间死掉了。今天我的报告的目的，就是和大家一块，把那些具有防毒性能的书找出来，预装在大家的头脑中，将来一旦遇到心灵的风寒、精神的感冒，就温习它、感悟它，把这些病毒杀死、杀死。

第二个现象是杰出的人文社会学家多长寿。

大家都生活在大学，各位可以想一想，在大学里，哪些老师总是给人感觉体笔双健呢？我想有两类人，大家都会认可。一类是公共知识分子，他们经常对各类事情发言，感觉这些人好像永远不知疲倦，总是精力旺盛，说明他读书的范围很宽，知识很渊博，善于以书制书，通过不同的书来完善知识结构，调理各种情绪。另外一类就是一些顶尖的人文社会学家，比如北京大学的季羡林先生，他 1911 年出生，一直活到快一百岁。在我们北京大学的校报上，经常会登载一些通告，庆祝王教授米寿，李教授白寿、张教授茶寿。米就是八十八拼起来，正反两个八，中间一个十，米寿即八十八岁。白字差一横就是百字了，所以白寿是九十九岁。茶是八十八加二十，茶寿即一百零八岁。为什么会有比较多的米寿、白寿、茶寿的报道，而且一看报道，都是学贯中西的大学者，这说明一个现象——学问上大师级的人，通常长寿。是不是可以这样理解：大学者读的书多，他通达的道理就越多，他的胸襟就越宽，他的气息就越平，他的生命的基座就越大，他的学问和生命的塔尖就越高。正所谓：阅读进德，大德必寿；阅读近仁，仁者寿。

能够说明读书、学问和健康三者正向关系的，还有个非常典型的例子。中国有个叫阅读学会的组织，是中国写作学会下的二级学会。这个学会的秘书处曾经长期设在河南师范大学。阅读学会会长、河南师范大学教授曾祥芹老师，1983 年不幸罹患癌症，被切除了左肾，医生曾经对他的生命作出了不好的判断。但是在手术之后，曾老师以强烈的事业心，发愤读书著书，将病痛忘到脑后，在此后的近 30 年里，出版了 30 本书，达到了 1，000 多万字，目前仍精神矍铄，活跃在阅读学研究和阅读推广领域，可以说是以读书战胜病魔的最佳广告、最佳代言人。国外有阅读学家说，人类读书的目的只有两个：要么追求理性，要么追求长寿。作为年轻人，我们可能更多的是追求理性，我们看专业书、看哲学书，为的是获得科学知识，加深对世界的认识。但是一旦退休之后，大家会发现，天天到公共图书馆里翻报翻书的多是老年人，他们看的是什么呢，多是《健康文摘》、《益寿文摘》这类内容。我希望大家今天听了我的讲座，从年轻的时候就适当地把长寿这一块给重视起来，读一些对心理健康、精神世界有帮助的好书。

第三个现象是盛世读书。

看待历史有很多角度，从阅读学的眼光看历史，大家会发现盛世和读书关系密切。我们中国人喜欢自称汉人和唐人，因为那是中国历史上最鼎盛的朝代。巧合的是，这两个朝代也是读书风气很浓厚的时期。汉代有一个很重要的现象，就是从君王到诸侯王都养门客或幕僚。我们知道东方朔，这个既有才华又很诙谐的文人，就生活在宫廷里，被皇帝包养着。门客的作用是什么呢？一是出谋划策，当政治参谋。另外就是写诗作赋，献给主人、取悦主人，满足主人在文学艺术方面的审美需求。那个时候书籍很少、制作困难，天下有名气的文人屈指可数，统治者要想常读最新的文学作品，与其到处征集新书，还不如把这些有名的文士都集中到宫廷，随写随读。所以我们可以说，这些门客就是宫廷的移动印刷机，他做了一首诗、一篇赋，让皇帝欣赏，或者斗胆请皇帝相和，皇帝有时兴致上来，或许还会跟他比赛一下，这在某种程度上相当于我们现在发微博，你发个帖子他回复一下，统治阶级通过这种方法来得到精神的愉悦，是读写合一的精神保健法。

再如唐朝，诗歌非常发达。李白、杜甫走到哪写到哪，在墙上做诗，后面的人来了以后，看见前面的名家写了一首，心有感触，就也写一首。当时的百姓家和寺庙，为了方便留下名家手迹，有时会特意刷出白墙或制造白色的松木牌子，静等大诗人经过。相传元稹和白居易是好朋友，有一次元稹从唐州到长安，一路留诗。后来白居易从长安到江州，恰好踏上元稹的来路，于是每到一个驿站，必然下马，循墙绕柱到处寻找元稹的诗。当时，甚至有壮汉以满背纹上白居易的诗为美为荣，招摇过市；有青楼女子因为熟背白居易的诗而生意大好。另外，大家都知道，唐朝的人以胖为美，以杨贵妃为代表的美女，皆以丰满著称。但是唐代留下的很多仕女图，即便在这个以瘦为美的时代，以今人的审美眼光来看，她们的美并不愚蠢，看起来非常高雅，圆如满月的脸庞上总是闪耀着大国幸民的特有风采，自信感、自豪感从她们的神态中油然而生。唐人的胖看来不是简单的生理上的肥，不是食物营养过剩的结果，而是一种文学素养滋养下的丰腴，可以称之为"诗歌肥"，是文化营养过剩的表现。唐代的强盛，军事武功是一个方面，善写好读也是一个方面，老百姓生活在"居有丽句为邻，行有好诗为伴"的大环境中，其自信、茁壮、浪漫、昂扬的精神气质构成了大唐强大包容的文化软实力。

当前我们处在中华民族复兴的关口，已经踩到了门槛上。生存在百年奋斗、来之不易的盛世，我们一定要吸取汉、唐的历史经验，按照习近平总书记"爱读书、读好书、善读书"的要求，以全民阅读的气魄和气势来提振国家的精气神、软实力。

为了增加说服力，我再谈一点个人体验。我以前也是个很自卑很内向的人，特别害怕在大庭广众面前讲话。但是后来有一部电影对我触动特别大，就是《国王的演讲》。我们在座的，如果有特别内向的、上课不爱发言的，建议看一看这部电影。这部电影非常好，讲的是 1930 年代，纳粹野心勃勃，做好了发起第二次世界大战的准备。在这个危急关头，英国王室必须站出来一个人，对公众演讲，动员国家抵抗侵略。但是很不凑巧，乔治五世因病去世，刚继位的乔治六世虽然外表气宇轩昂，但却既内向又患有严重的口吃。1925 年的大英帝国博览会，安排他致闭幕词，他结结巴巴，20 秒也吐不出一个词，而且声音是颤抖的，导致举国上下对他十分失望。然而，新国王永远不露面，永远不发表演说是不可能的，特别是在战争一触即发的关键时刻，国王不出来演讲，怎么能够动员军民抵抗希特勒？无奈之下，王室找了一位心理医生，尝试治疗乔治六世的口吃。在医生的高明引导下，在贤妻的耐心帮助下，治疗了一段时间之后，在希特勒大举进军英国的前夕，乔治六世终于站出来，成功地、没有结巴地发表了一篇完整的动员演说，英国人士气大增，这场演说对战胜法西斯起到了非常重要的作用。通过这部电影，我深切地领悟到世界上没有天生的演说家，恐怕也没有谁上台演说一点都不紧张，台上一分钟，台下十年功，完美的演讲都是发言者认真准备、刻苦练习、勇于战胜内心怯懦的结果。所以我建议大家，特别是那些有演说恐惧症的同学，也认真地看一看这部片子，我想对你一定会有很大的触动，成为纠正你的个性障碍的一个契机。

## 二、读书读出好心情的原理

前面罗列了那么多的现象，在读书读出好心情方面，大家每个人也有自己的体验。但是一般人不会去思考，为什么读书能够读出好心情？根据长期的观察或者研究，我把读书读出好心情的原理总结了一下，现在选择几条汇报给大家，请大家想想有没有道理。

第一个原理：书本来就是为快乐而生的。

不知道大家有没有思考过，为什么会有书，书产生的根源是什么？以叶舒宪教授为首的一批文艺理论家合写了一本书，叫作《文学与治疗》。它认为从人类发展的历史看，书籍就是为治疗或者为快乐而生的。比如诗歌，为什么会有诗歌？远古时期，人们在劳作的时候，运输一根木头，很沉，搬不动，这时有人发出号子："嘿咻！嘿咻！"或者是其他的各种乱七八糟的声音，后来觉得这样喊不带劲，就让喊出来的声音有节律、有内容，这样就演变成了诗歌。号子和诗歌的产生，提高了劳动效率，也使劳动具备了娱乐和演出色彩，让劳动变得更快乐。

类似的还有武侠小说。在集体生活中，人与人之间难免会结仇。比如前些时复旦大学的那个研究生，他就是因为室友不交电费、不交水费这些小事，在心里产生一些不满，日积月累，对室友特别憎恨，最终将其杀掉。另外南昌航空航天大学、南京航空航天大学，近期也都出现了杀人案。以致有人说，那些大学毕业仍然活着的人，应该感谢室友的不杀之恩。对这些事例，我们都感到很惋惜，其实这些杀人的青年如果常读一些武侠小说，或许就可以把仇恨和杀人的情绪转移、释放出去。生活中我们经常发现，那些常读武侠，喜欢比划武术动作的，其实心胸很宽，也很善良，反而是制造了命案的那些人，朋友邻居回忆起来，都是特封闭、特老实。武侠小说为什么要产生呢？就是因为生活中经常会产生仇恨，但是限于法律或者道德，又不能随便杀人，那么怎么办呢？只好在书里杀人。大家可以把自己幻想成乔峰、洪七公或者郭靖，一下子杀掉无数的坏人，这样不良的情绪就会得到发泄。人有无数的白日梦，有美的、善的，也有恶的，那些打架的欲望、杀人的欲望、战争的欲望，都可以通过武侠小说排解出去。

言情诗文也是如此。古代可能有一个部落，50个人，这里面美女只有一个，大家都想娶，但只有一个强者能够霸占。抢不到的弱者怎么释怀呢？这里面可能有一个好编故事的人，他通过幻想，写了一首诗或一篇美文，塑造了一个虚构的美人。然后这些情场失败的人，都去看这些诗文，把注意力转移到虚幻的第二生活里面。虚构的美女可以分身，你读那些诗文，她就在你的心里，而且每个人想象的都不一样，人手一名。这样就在一定程度上医治了失恋的情伤，防止了族群的割裂，维护了社会和谐，这就是言情诗文产生的根源。

另外，我们还听到非常形象的三类产业的说法。说第一类产业是养殖业，即养牛养羊。第二类产业是加工业，即杀牛宰羊。第三类产业是服务业，就是吹牛皮、出洋相。请大家想一想书的本质，实际上它就是第三产业的经典产物，都是吹牛皮、出洋相。只不过有的书，比如学术著作，是科学研究的结果，在某种条件下、某个时间段是相对真理，看起来非常客观、非常严肃，但是放到无限范围、无限时段，它们归根结底也是吹牛皮、出洋相，所谓"人类一思考，上帝就发笑"，讲的就是这个道理。至于别的类型的书，就更不用说了，它们的娱乐性更强。别以为我这样说，是贬低书、诋毁书。我们都知道，小品相声很搞笑，我们也不把它当作高雅的东西，但是我们又脱离不了它。这个领域，也出现了许多伟大的人民艺术家。所以说，我们指出书在很大程度上发挥着吹牛皮、出洋相的作用，改善着我们的心情，这并不是污蔑书，而是因为它在本质上就有这个属性。

第二个原理：阅读是体育。

读书，大家看起来是一件很安静的事儿。比如有个女孩在草坪上很安静地读书，你会觉得这叫静如处子，感觉非常静雅优美。但是她非常安静吗？不一定，如果她读的是爱情小说，她可能心里会波澜起伏，她会为里面的主人公担忧，或者结合到自己的身世，她会痛哭流涕。这就说明阅读不是安静的，它表面上宁静，实际上读者的内心是波涛汹涌的，它是一类内脏的体操、心灵的按摩。

阅读带来的运动，如果仔细划分的话，可分为好几类。第一类是节奏性运动。比如你用文字写一段鼓点："咚锵，咚锵，咚锵锵，咚锵。"或者用乐谱记录一首流行歌。别人在读这段鼓点和乐谱的时候，会和现场听鼓、听歌类似，体内产生顺应这些节奏的反应，这就是节奏性运动。第二类是模仿性运动，比如武侠小说里面主人公打一套降龙十八掌，倘若你是爱好体育的，或者是男生，你在内心里便会模仿。或者当你看一本介绍怎么打排球、怎么打篮球的书时，你看它介绍的要领，便会想象球场的场景，想象自己在那里投篮、在那里扣杀，肌肉也有些紧张，五脏六腑都在做着和真实打球类似的微小活动，这就是模仿性运动。第三类是适应性运动。比如你看到特别好的做菜节目，把一个菜说得特别香，你会流口水。再如，当年延安演话剧《白毛女》，演到凄惨处，下面的一名军人拍案而起，拔出手枪，非要把黄世仁给杀了，这都是适应性运动。

因为阅读包含这样几种运动，所以请大家纠正一个观念，不要以为体育锻炼就是到运动场进行疯狂地跑跳竞技，其实拿一本好书来读，也是一种体育锻炼。

第三个原理：用进废退。

我们都知道，一座新房子，如果你老不住，它会坏得很快，如果你天天住，它倒坏得慢。同理，如果一个人多读书，他的脑袋就会越用越灵光，否则就会越来越生锈。荀子在劝人向学时曾经说过，上天给人眼睛就是为了看的，给人嘴巴就是为了读的，如果一个人懒于学习，不看不读，那就是浪费天赐、违背天道。

第四个原理：阅读是化学。

我们北京大学的前校长周其凤教授曾经写过一首歌，叫《化学是你，化学是我》，社会反响很大。其中一句是："即便你的喜怒哀乐也是化学神出鬼没，即便你的身心健康也是化学密码解锁"。的确，化学跟我们的生活息息相关，很多外界事物都要通过化学反应作用于我们的内心，让我们产生千变万化的感受。比如，谈恋爱的时候，两个人来不来电，取决于有没有产生化学反应。读书的时候，其实体内也在进行着化学反应，脑子里会产生一种叫作吗啡的物质，具有镇痛安神的作用。相传曹操患有严重的头疼病，名医华佗给他治了多次都没治好，曹操认为华佗办事不力，就找了个借口把他杀了。可见头疼是曹操的一个顽症，名医对此也束手无策。但是有一次两军对垒，曹操读到陈琳的檄文，头疼反而一下好了。那么这是为什么呢？原因就是陈琳的檄文对曹操产生了双重的化学作用：第一是陈琳痛骂曹操的祖宗三代，使曹操愤怒异常，脑内大量分泌吗啡，具有镇痛作用。第二是读完全篇，曹操发现陈琳的文采实在超群绝伦，顿生发现人才的惊喜，以兴奋替代了愤怒，脑内再次分泌吗啡，起到了忘掉病痛、再次镇痛的作用。这是古代以阅读缓解疾病痛苦的一个十分经典的案例。

第五个原理：阅读是哲学。

不同流派的哲学有不同的作用。有人说儒家是粮店，就是说我们要想把事业干得好，就要经常读儒家的著作，《论语》、《孟子》之类的，它们教我们怎么入世、怎么适应这个社会，是给我们谋饭碗的。老师经常推荐我们读的经典，大多数都是儒家著作。道家是药店，当你遇到倒霉事的时候，处于逆境的时候，你会不由自主地求教于道家，读《老子》，你会化解苦恼，学会超脱。佛家是百货店，它的思想很博大，适应性很强，从皇帝到贫民都能从中找到适合自己的营养和寄托。台湾学者林安梧认为，儒家是意义治疗学，道家是存有治疗学，佛家是般若治疗学。儒家让你认识到人生有价值、生活有意义。道家让你意识到活着才是王道，道家推崇柔弱，说水表面上很柔弱，但实际上最强大，能够以柔克刚，发生洪灾时，可谓无坚不摧。一颗很高大的树，因为能够盖房子、做家具，可能马上就被砍掉了，但是一颗很纤细柔弱的歪脖子树，却能存活几百年、上千年，因为它没什么用。般若是智慧的意思，佛家是智慧的宝库，就像百货商店一样，任百姓予取所求。

同样，古希腊哲学中的一些学派也有很强的治疗性，比如斯多亚哲学。浙江大学包利民教授汇编的斯多亚学派中的塞涅卡的译文集，就命名为《哲学的治疗》，以突出斯多亚哲学对人有慰藉、治疗作用的特点。

概而言之，世界上所有的哲学都可分为两种：加法哲学和减法哲学，都具有治疗作用。在我们知识少的时候，对一些事理认识不清楚，容易片面和走极端，这时候就需要提高文化素养，往脑袋里下载知识，补充加法哲学。人在年轻的时候，主要学习加法哲学，比如儒家哲学、辩证唯物主义哲学，鼓励自己追求有意义的生活。但是读书多了，有时候也不是好事，常言道"人生忧患识字始"，多读书的人顾虑也多，反而对有些事情放不开、拿不下。这时候就要做减法，把它卸掉，但是就像有些电脑软件一样，有些顽固的价值观也不是你想卸掉就能卸掉，要通过一些专门的卸载软件来卸载，这种卸载软件就是减法哲学。比如《金刚经》，就是减法哲学，是卸载知识的书，读读它，可以把头脑里以前读书时留下的很固执的价值观卸载掉。似乎是个规律，"英雄到老都学佛"，为什么这些人到老了都学佛呢？就是因为一辈子积淀的知识太多，成了精神枷锁，反而对健康不利，通过学佛，可以把一些东西扔出去。我们都知道叛逆精神很强的王朔，上年纪后读了《金刚经》，还专门写了一本书，这样的例子不胜枚举。

第六个原理：阅读是心理学。

为什么读书能读出好心情呢？按照弗洛伊德的理论，主要是三个心理机制在起作用：第一是认同。比如说，我是个大学生，我看到一本书也是讲大学生活的，很自然地对它就会有一种亲近感。看书中这个人怎么应对他生活中的困难，我跟着他学就行，解决了眼前的苦恼。第二是净化。我感觉我很倒霉，但我看了一个悲剧，比如说余华的《活着》，我觉得主人公的生活更悲惨，这样我的心态就得到平衡和净化，不再自怨自艾。第三是领悟。还是读《活着》，读完会明白一个道理，活着就是胜利，平常的小灾难相对于人生的大结局来说，都不值一提。这就是领悟，从此会增强生活的豪迈感和自信心。通过这三层心理机制，人们读书读出了好心情。

第七个原理：阅读是中医学。

中医非常讲究情志相胜，中国古人读书也非常讲究和环境、情绪的呼应，符合情志相胜原理。大家不要以为古人的生活很粗糙，其实很多方面比我们今天的人要精致，比如"刚日读经，柔日读史"，就是说狂风暴雨的时候，天气很刚猛的一天，我们要在家里读经籍，风和日丽这样的柔和天气，我们要在家里读史书。为什么呢？因为史书里面有很多冤屈的故事，忠臣被杀、奸臣得逞，如果恶劣的天气再读这些史书，里面尽是战争啊杀戮啊冤魂啊，你的心情便会越来越糟。但是风和日丽的天气，你读这些书，因为明媚阳光、美好风景的中和，不至于过于压抑。

图书的五行相克示意图

中医以金木土水火五行，对应肺肝脾肾心五脏，再对应忧怒思恐喜五情。中医治病，就是靠五行相生相克的原理来对症施方。书皆有情，如果按照内容细分的话，书也可以分为五情，善于运用情志相胜原理，就可以通过读内容乐观的书来制约自己的坏心情。举一个近年流行的畅销书的例子，比如《中国很高兴》是喜书，主火主心，尽说成绩，读之心跳加速，容易被取得的成就冲昏头脑，喜伤心。怎么办呢？读一读《中国不高兴》，这是一本恐书，主水主肾，夸大中国面临的四面合围的严峻形势，读之令人忧惧，恐胜喜，可以消解读《中国很高兴》而产生的盲目乐观。过于警惕、庸人自扰也不行，这时可读一读《中国凭什么不高兴》；这是一本思书，主土主脾，相对理性中庸，读之心态相对平和。但是平和让人缺乏激情，怎么办呢？可读一读《错在中国不高兴》，这是一本怒书，主木主肝，封面用的就是肝脏乌红那种颜色，内容主要是指责中国的一些反应偏于强势，不够韬光养晦。如果真按这本书的内容做了，你又会觉得中国太窝囊，没有尊严，怎么办呢？再读一读《中国为何不高兴》，这是一本忧书，主金主肺，主要探讨中国不高兴的原因，金克木，此书对《错在中国不高兴》又作了很好的反驳。就这样，通过五行轮回、以情制情，我们不但增长了知识，完善了认识，情绪也更加理性端正。

第八个原理：阅读是美学。

我们中国古人认为士大夫三日不读书，对镜则面目可憎，向人则语言无味。古代有一本书叫《省心宝训》，认为"知书者，秀聚眉峰，俊生口角，神清度雅，真可亲也。"不读书者，则"如面墙而立，如蒙头而卧，如灭烛而行，目盲心塞，无识无知。"现代的一些美学训练，也注意到了书籍的端容瘦身功用。不知道大家注意到没有，空姐的训练、人民大会堂礼仪小姐的训练，都用到了书。方法是找一本半斤重的书，分量不大不小，厚度不薄不厚，让姑娘们放在头上顶着，保持水平，嘴里咬一根筷子，也保持水平。所以我建议同学们，特别是女同学，不妨模仿一下，在宿舍里，读一会儿书，顶一会儿书，这样既美你的内在，又美你的气质，一书两用，不亦乐乎。

另外一般认为，40 岁以后，男女在美学上的差别越来越近了。中年之美，主要看气质和骨相，那么美的气质和骨相从哪里来？靠读书。常言道："腹有诗书气自华"。大家经常看到这种现象，一个小姑娘，刚上大学的时候，又丑又土，四年大学读下来，好像变了一个人，完全出脱成了气质公主，这就是读书多，书卷气加身的结果。所以大家要多读书，多读书的人，中年时自己不觉得多么好看，但是拿起年轻时的照片比一比，还是比当时漂亮多了。

除了以上介绍的原理，读书读出好心情还可以用很多学科的知识来解释，比如说脑科学、教育学、护理学、宗教学、社会学等。有些脑科学家，曾经找一个老和尚、一个小和尚，让他们坐禅入定，用机器监测他们脑活动的变化。30分钟之后，老和尚的脑子里面管慈善的那个区域特别活跃，小和尚因为功力不够，他脑子里管慈善的那个区域，虽然比他坐禅前活跃，但是仍比不上老和尚活跃。读书比不读书能获得更多的好心情，恐怕也可以通过脑科学来监测和解释。护理领域也很重视读书对病人康复的作用，大家是否注意到，在伦敦奥运会开幕式上，英国人为展示他们在全民健康体系方面的成就，特意安排了一个场景：很多小孩躺在病床上，或躲在被窝里打着手电看书，或是由护士拿着书辅导他看。阅读疗法在发达国家，是一种很重要的辅助治疗和辅助康复的手段，特别是针对小孩、吸毒者、犯人等。我想我们中国，随着国家越来越发达、越来越繁荣，人们对医护的要求越来越高，我们的护士终究也会用到这个方法。

## 三、读书读出好心情的方法

前面我讲了现象和原理，大家肯定要问：那么怎么找到读书读出好心情的方法呢？下面我推荐六个方法供大家参考。

第一，收集书目。

我牵头的中国图书馆学会阅读与心理健康委员会，曾经发布过一个书目，叫作《大学生常见心理困扰对症书目》，在《图书馆报》和网上都能找到。我们把现在大学生面临的压力分为四类：学习的压力、经济的压力、感情的压力、就业的压力，分别推荐了一批书，其主题部分是泰山医学院图书馆开展十年阅读疗法所积累的验方，效果甚佳，希望大家找来看看。另外，网上、报刊上，很多热心人推荐了大量的治愈系书目、治愈系电影，目的也是让大家通过读书或观影获得好心情。近日我在微博上看到一条：让这些电影治愈你。博主建议缺乏学习动力的人，看《幸福终点站》、《风雨哈佛路》；对爱失望的人看《偷天情缘》、《初恋50次》；自卑失落的人看《阿甘正传》。我觉得都很好。这些书目或者电影清单，大家平时不妨留心多收集一些。在你志得意满、风采飞扬的时候，或许你不相信它，也用不到它，但是一旦你遇到挫折、身处逆境的时候，或许它们就成了你抓住生命的最后一根稻草，可能因为你看了其中的某一本书、某一部电影，从而观念大变，勇敢地从行将没顶的心理泥沼中跳出来。

第二，对抗法。

前面我讲了，情志相胜是读书读出好心情的法宝，但是情志相胜的方法在实际应用中显得过于复杂，不好实施，因为每种书的情志归属较难判定。那么有没有简化的方式呢？有的，就是对抗法，简单地说，就是当你不高兴的时候，去读一些笑话书，用书籍承载的完全相反的情绪来抵消它。比如说你是学经济的，或者学数学的，你这个人特别刻板，对数字特别敏感，天天陷在在数据里不可自拔，要么强迫症似地反复刷看股票指数，要么斤斤计较，凡事都要讨价还价，计算性价比。此外没有别的爱好，自己都讨厌自己，苦不堪言。遇到这种问题，你就要多看一些哲学书、朦胧诗，尝试欣赏"粉红的月亮、水做的太阳、肥胖的瘦子、以梦为马"等等诸如此类的语句，越是看不懂的东西，越要多看，要纵容自己不求甚解，时间久了，就会冲淡过去那种事事追求精确的强迫症。如果你是公务员，天天跟法律条文、规章制度打交道，写惯了讲稿公文，你可能逻辑性很强，但感觉自己慢慢脱离了地气，笔下变得缺少情趣，写不出朴拙可爱的东西。这时你可以有意识地看一些网上广有争议的作品，比如说乌青体、丽华体。丽华体不知道大家知不知道，网上有个女诗人叫赵丽华，她写的诗，老百姓感觉很好笑，比如说："毫无疑问/我做的馅饼/是全天下/最好吃的"。读这些有些后现代的诗，或许能为公务员僵化无趣的生活增加点乐趣。

第三，共鸣法。

共鸣法就是从书籍中寻找和自己际遇相近的角色，从这个角色身上找安慰。比如说，你失恋了，就读鲍京京的《失恋33天》，这本书也改编成了电影；你是单恋者，就读茨威格的《陌生女人的来信》，这是透彻描写单恋者深刻情感的经典，已被徐静蕾搬上了银幕；你是无人恋者，就读夏洛蒂·勃朗特的《简·爱》和张悦然的《水仙已乘鲤鱼去》，前者是老经典，后者是新佳作。你身体有残障，就读郑丰喜的《汪洋中的一条船》、史铁生的《我与地坛》。你天资一般，又渴望成功，就读兰晓龙的《士兵突击》、温斯顿·格卢姆的《阿甘正传》。

第四，满灌法。

有时候我们不高兴，看了笑话书也高兴不起来，这时候我们可以干脆放弃对抗法，转用满灌法。就是专门找一大摞让人不高兴的书，一本接一本地看。既然不高兴吗，干脆不高兴到底算了。这样做了，有时候反而会起到相反的效果。因为不高兴总有一个限度，物极必反，突破了那个限度，反而高兴了。

比如我们小时候第一次看港片中的僵尸片，穿着清朝官服的僵尸白脸、黑眼、吐着长长的血舌头，平伸着双手，蹦来蹦去，令人感觉恐怖极了，晚上都不敢一个人睡觉。但是倘若你看够 5 部以上，你便会发现僵尸由恐怖变成了搞笑，你还很愿意学着他走路。即便晚上 12 点去看，也不觉害怕。同样，第一次看日本恐怖片《午夜凶铃》，看见女鬼从井里爬出来，又从电视里爬出来，你吓得要死，感觉每次坐在电视前都有心理障碍。但是如果你将这个片子连看三天，你就会对那个女鬼完全免疫，再也没有恐惧感，这就是满灌法。

日本人就非常善于利用满灌法来推销他们的文化产品。我们知道，日本人的生活节奏非常快，人人都是工作狂，那么他们的白领是怎样减压的呢？他们发明了一种减压的方法，叫作"周末号哭"，并围绕着"周末号哭"形成了一个产业链。

"周末号哭"的催泪弹之一是电影《现在，很想见你》。讲的是一名女士因病去世了，她在生前承诺，死后要趁着雨季，回家再活几天。于是，在雨季她就回到了家。因为失去了她一段时间，她的老公和孩子想起了她以前的点点滴滴，念起了她的种种好，她给予家庭的种种爱、种种贡献。觉得她以前办的每一件事都是那么妥当、那么有爱，对她特别特别留恋。于是，这位女士灵魂回归的这些天，反而是她过得最幸福的日子。但是雨季结束了，这位女士最终化成树叶永远消失了。这部电影提醒人们珍惜眼前的亲人、珍惜眼前的幸福，感动了无数人，看这部电影，不嚎啕大哭都很难。

"周末号哭"的催泪弹之二是小说《东京塔》。这是怀念母亲生前诸多小事的书，比如讲小时候母亲总是在半夜起来搅拌酱菜，以做出最好的味道，维持小饭馆的经营。书中充满了对已故母亲的深情，毫不造作地击中读者内心最柔软的部分。这部小说打动了无数人，如果你不想让人看到自己泪流满面的样子，就千万不要在地铁里看这本书。

很多日本女白领，一到周末，就找一帮闺蜜，租一堆催泪的电影或书一块欣赏，一边看一边嚎啕大哭，以此来释放情绪、排毒养颜。因为日本人睡觉的床具叫榻榻米，所以他们把这个释放不良情绪的方法叫作"弗洛依德榻"，比喻它是一种心理床具，有放松心情、改善休息的良效。同样的，我们中国也有各种各样的悲剧名著，比如古有《窦娥冤》，近有余华的《活着》、《许三观卖血记》等，建议大家读一读，读完之后，大家就不会觉得自己是这个世界上最倒霉的人了。

日本人为更好地服务"周末号哭"，有很多公司生产防水的粉底、面霜、睫毛膏、眼线笔等，已形成了产业链。在座的同学们，如果遇到想不开的事，实在想大哭一场，我建议学学日本女白领，准备好毛巾，带上巧克力，找几个闺蜜，一块去看3D版的《泰坦尼克》。当然，满灌疗法适合体质好的人，如果您的体质像林黛玉，哭多了就晕倒了，不建议采用此法。中国人请客，以前多请人吃饭，现在流行"请人吃饭不如请人出汗"，就是请人运动、健身，其实在挚友之间，还有一种请法，就是请人流泪，一块放肆大哭过的朋友，更是铁姐们、铁哥们。

第五，平衡法。

这个方法非常简单，也很实用。其基本原则就是凡事往下看。比如普通人有意识地看一下关于残障者或残障者写的书。澳大利亚有个人叫胡哲，他生下来就没有腿，但是他加强锻炼，居然能坐在滑板上冲浪，英雄气概感动了一位姑娘，娶了位美女当老婆。他出了一本书，叫作《人生不设限》。这本书，不光是跟他一样的残障者读了有启发，普通人读了，也会受到很大的激励。

另外就是活着的人要有意识地看死去人的书。对活着的人来说，大家可能会觉得我这一天好平凡、好无聊啊。但是大家想一想，这如此平凡的一天，可能是昨天死去的人，他愿意花几百万、上千万来买的一天。最近几年，由于博客提供的方便，一些濒死的人，他们每天在网上记日记，讲每天的感受，比如说复旦大学的于娟老师，就写了一本《生命日记》。读一读这样的死亡笔记，看一看不幸去世的人对家人、对生活的留恋，对人生的感悟，往往能够让我们认识到什么是最可宝贵的，什么是无谓的追求，学会少那么一点点的贪心，就能少很多很多的忧愁。

再就是小倒霉的人看大倒霉的人的书。比如说你考试挂科了，或者说你找工作失败了，你觉得你很倒霉，但是你要和历史上倒大霉的人比一比，你会感到你的倒霉非常渺小，算不上倒霉。比如说和苏东坡比。《苏东坡传》是我力荐的一本书，后面我会稍微展开介绍一下。

第六，暗示法。

暗示法就是你想成为什么样的人，就读你的榜样人物写的书，或者看他的传记。比如，你对创业感兴趣，梦想是当企业高管，就读一读李开复的《做最好的自己》，可以开发自己的潜能。女同学，想当一个优雅、成功的名女人，就读一读张德芬写的《遇见未知的自己》。一边读这样的书，一边想象自己将来成功的样子，对自己是一种积极的暗示，会督促自己向好的、成功的方向努力。

第七，全媒体读书法。

很多人推广阅读，不建议读者看电影、看电视，但是我跟他们的观点不一样，我觉得读书的确有时候比较浪费时间，比如说一本 30 万字的书，可能需要一周甚至半个月才能读完，但是如果这本书拍成电影，看完最多需要三个小时，通常只需一个半小时。相对于文字，有些电影是做不到的，比如说深层心理活动。冲突较小的细节，电影也要舍弃。电影主要展示矛盾冲突比较激烈的或者是镜头感比较强的情节，这是电影的特点。但是电影也能延伸出书里没有的东西，比如人物的形象，你读书时想的是一个模样，电影展示的是另外一个模样，有时比你想像的还完美。应该说，书和电影各有优劣。我认为，如果实在没时间，是可以看电影、电视的，而且最好和原著对照着看。假如你没有读过《水浒传》、《三国演义》，播同名连续剧的时候，就可以手拿一本原著，与电视对着看。一边看，一边比较原著与电视究竟有什么不同，这样很有乐趣，会加深对原著的认识，留下更深刻的印象。

名著都有很多的电影版本，比如《简爱》、《悲惨世界》等。大家可以追着不同的版本看，比较哪一版最贴近原著，哪一版的演员演得最好，在津津有味的探讨中，不断温习名著，深化对名著的理解。

第八，分场合、分状况读书法。

前面我已经讲了，中国古人生活讲究，往往跟着天气读书，刚日读经，柔日读史。还有些古人指出，要根据四季的特点择书而读。比如，读经宜冬，冬天天寒地冻，恰值农闲，适合猫在家里，研究儒家经典；读史宜夏，因为史书篇幅都长，夏天昼长夜短，时间充足，适合读宏篇长卷；读诸子宜秋，秋天色彩斑斓、万物丰收，恰如诸子的思想千姿百态、各呈异彩。读诸集宜春，春天万物勃发、花海似锦，是最浪漫的季节，最适合欣赏文学作品。这种读书法符合天人合一的思想，是颇具智慧的。

相反，不分场合读书是十分糟糕的。比如说，你在老师或者上司面前读《厚黑学》，在厕所里读菜谱，要么对你不利，要么被视为神经病。

另外，要根据身体状况读书，陆游说"病里正需《周易》，醉中却要《离骚》"。生病的时候你可以读《周易》，为什么读《周易》好呢？因为《周易》是很深奥的一本书，是中国智慧的象征，读这本书需要十分投入地思考，容易把痛苦忘掉。另外读《周易》要摆卦，既动脑又动手。《周易》里还有劝人知足养生的内容。那么为何"醉中却要《离骚》"呢？有一种解释说，《离骚》中几乎每一句都有"兮"，一会是

"美人兮"，一会是"君子兮"，一会是"香草兮"，全文有184个"兮"。"兮"是吐气音，你把《离骚》读完了，连续读了184个"兮"，就把你的酒气吐出来了，挥发掉了。喜欢喝酒的回去可以尝试一下。

第九，领悟法。

领悟就是从书中学到人生观、价值观、世界观，用来长久地指导自己的人生。这是最高层次的读书读出好心情的方法。就我而言，我特别喜欢苏东坡，从苏东坡那里学到了很多处世的方法，因此很想把《苏东坡传》推荐给大家。

我们知道，中国古人有两位是最超脱的，他们的人生观特别值得学习，一个是陶渊明，一个是苏东坡。但是比较起来，陶渊明的境界略逊一些。原因是他的超脱是以躲避、隐居的方式实现的。他本来是位七品县令，后来看不惯官场，就一躲了之，当了隐士，陶醉于"采菊东篱下、悠然见南山"，从此不再出山。苏东坡的个性也很超脱，但他跟陶渊明不一样，他是能屈能伸，遇到挫折，我缩回来，遇到机会，就又顽强地出去了。他的一辈子起起伏伏特别大，而且在很多领域都有成就，特别值得学习。所以我建议男孩子一定要读一读《苏东坡传》。

## 四、推荐书目

世界上的好书很多，这里推荐的都是我个人认为最有慰藉价值的。

首先推荐两个书目。一个是清代张潮的《书本草》，这是当前发现的中国最早的阅读疗法推荐书目。现在仍没过时，推荐这个的目的，是我想让大家知道，中国古人早就发现了读书对心情的调节作用。《书本草》认为所有的书都有药性，比如它说："四书：曰《大学》，曰《中庸》，曰《论语》，曰《孟子》。俱性平，味甘，服之清心益智，寡嗜欲，久服令人醉面盎背，心宽体胖。"大家可以看到，它是模仿《本草纲目》揭示草药的方法来描述书的治疗作用。另外一个就是《大学生常见心理困扰对症书目》，前面我已经提到过，网上可以搜到。

《大学生常见心理困扰对症书目》推荐了几十本书，不可能一一介绍，那就简要推荐几种吧。先推荐兰迪·鲍许的《最后的演讲》。此书的作者是位大学教授，他快要去世的时候，想把毕生的感悟告诉学生，就写了这本书。此书特别感人，近年在美国十分畅销，我国也有了翻译本，影响很大。建议大家看一看。梭罗的《瓦尔登湖》，被认为是将孤独和寂寞描写得最唯美、最享受的一本书，如果你感觉孤独、寂寞，可以读一读这本书，你会发现孤独和寂寞并不可怕，它们是另外一种美，一种值得享受的生活方式。有糊涂想法的人，可以读一读张洁的《世界上最爱我的人去了》，该书讲母亲活着的时候，作家对母亲的看法，母亲去世之后，她对母亲的体谅和忏悔。这是子女写父母的佳作，通过读这本书，你可以深深体会到父母的养育恩。父母写子女的，最具深情的是周国平的《妞妞》。周国平的一个女儿，很小就得了绝症，幼年夭折。周国平在书中写了他对孩子极其复杂的感受。在场的同学中，估计独生子女很多，建议大家将《世界上最爱我的人去了》和《妞妞》结合来读，会对"可怜天下父母心"这句话体会得更深，加深对家庭、亲情的认识。

另外，我特别想重点推荐给大家的，有这么几部。

第一部是《苏东坡传》，最佳版本是林语堂用英文写成，张振玉译成中文的。苏东坡的经历十分丰富，论成就，他对政治、文学、教育、艺术甚至美食、旅游都有贡献。政治上，他上至尚书下到平民都当过，起起落落好几次，是宋代政坛上的奇人。他当杭州的知州（如今的市长）时领导修造的堤坝，至今被称为苏堤，是西湖最主要的景观。文学上，他吟明月、怀赤壁、念前妻，留下的诗赋感人至深，流芳百代。教育上，他流放海南期间，培养了海南历史上第一名进士。艺术上，他留墨的纸扇，当时足以养家，现在价值连城。美食上，他发明了东坡鱼、东坡肉。旅游上，他足迹所至，皆为名胜。但是这些都不重要，重要的是苏东坡对待挫折有一种非常乐观、顽强的态度。苏东坡遭遇了同时代最频繁、最严厉

《苏东坡传》书影

的流放，"历典八州，行程万里"，最后被流放到海南，这是仅次于满门抄斩的处罚，但他并不消沉，亲手盖房，创新美食，还到处向黎族人收集鬼故事。可以说，遇到任何困难，他都能积极地设法化解，天生有一种变窘迫为浪漫、化逆境为契机的能力。他的人生态度是，朝廷请我做高官我也不谦虚，朝廷把我贬成布衣我也不难过。他自己评价自己：上可陪玉皇大帝，下可陪田院乞儿，眼中无一不是好人。苏东坡能屈能伸，洒脱地纵横于民间庙堂，我觉得特别值得敬佩。像陶渊明那样固然很好，但毕竟消极，不如苏东坡这样，像一颗砸不碎、咬不烂的铜豌豆，无比抗压，一生逍遥，多才多艺，真乃大丈夫的好榜样。

　　第二部是《哲学的慰藉》。这是英伦才子阿兰·德波顿写的，针对六种心理困境，对症介绍了 6 位哲学家的思想。作者认为，如果你这个人落落寡合、不合群，那么该读谁呢，读苏格拉底。苏格拉底本人就是一个不合群的哲学家。他的哲学非常有名，但他在当时的文人阶层里面人缘不好，最后统治阶级

要处死他的时候，让他的哲学家同行投票决定要不要杀他，结果他得了多数票而被杀掉。读苏格拉底的书，结合他的身世，有助于你思考不合群是对的还是错的，你是像苏格拉底那样，宁愿坚持真理而被杀掉，还是为了合群而放弃真理。

如果你缺少钱财，总是为拮据而郁郁寡欢，那么你可以读一读伊壁鸠鲁。伊壁鸠鲁认为，钱财达到一定程度之后，继续增多跟快乐是

《哲学的慰藉》书影

没有关系的，奢侈品并不能给人带来真正的快乐。所以富起来的伊壁鸠鲁，辞掉了他的工作，租了一个乡村别墅，天天跟一帮朋友在那里聊天、散步，他觉得这就是幸福。伊壁鸠鲁的哲学，也传达着这样一种思想，所以当你穷的时候，要读伊壁鸠鲁。

当你伤心的时候要读叔本华，叔本华的哲学适合应对伤心。因为叔本华本人的经历就很不幸。他的书在他活着的时候都不畅销。他当大学老师的时候，他讲课的教室只有 30 个人在听，而他对面的教室里，另外一位哲学家黑格尔讲课却有 300 人在听。有一次，他在船上非常有信心地追求一名女孩子，献给人家一串白葡萄，那女孩表现得很开心。但是后来他偶然读到那女孩的日记，日记中说，那天我在船上遇到了老叔本华，他送给我一串葡萄，简直恶心死了，我偷偷将其藏到背后，丢到水里去了。叔本华现在名气很大，但他的真实生活是很不如意的，他的哲学蕴藏着应对伤心的智慧，值得伤心人品味。

如果你有缺陷，陷于自卑而不可自拔，你就读蒙田。蒙田

认为人类最大的缺陷就是人类有知识，会认识自我。他曾举例说，有一艘船要翻了，惊涛骇浪马上要将船打翻。船上的乘客里只有一位岿然不动、心态悠然，原来这位乘客不是人，是头猪。所以他说，人相对于动物来说都是有缺陷的，我们太聪明了反而有时候也不好。根据蒙田的理论，世界上的残障者，不管人还是动物，都应该释然，因为从某个角度而言，世界上没有健全者，大家都是残障者。鸟相对于鱼而言是残障的，因为鸟不能游；鱼相对于鸟是残障的，因为鱼不能飞。既然大家都是残障的，有何自卑可言？又为残障伤哪门子心呢？

如果你遇到了挫折，要读塞涅卡。塞涅卡哲学论文集的中译本，名为《哲学的治疗》，为浙江大学包利民教授所译。塞涅卡是古希腊的一个哲学家，他的一生相当坎坷曲折，比苏东坡更甚，因为遭遇的大小挫折不断，命运过于悲惨，而被称为"挫折词典"。年轻时他想从政，早早做准备，刻苦读书，但是到了 20 岁，却得了肺结核，缠绵病榻 6 年，无法施展抱负，抑郁成疾，

《哲学的治疗》书影

几乎自杀。病好后，好不容易走上仕途，不幸遇到暴君，难有作为。暴君被刺杀后，又因为女王的一场阴谋而被无辜贬黜，流放科西嘉岛 8 年。在科西嘉岛，他被安置在一个公认的凶宅里面，天天只能喝清汤。塞涅卡给母亲写信，说您放心吧，我是哲学家，我能看清一切事物，正确对待一切挫折。于是他住着凶宅、喝着清汤，出乎意料地、平安地度过了流放生活。流放结束后，他被召回首都，当上了皇储尼禄的导师，但是 15 年后，皇帝尼禄却赐他自尽，还把他的家眷集中起来，一齐见

证他的自杀。可是即便是自尽，也充满了挫折，塞涅卡割了手腕，许久没死，又割了脚腕，仍然没死，接着他又喝了一副毒药，还没死，实在没办法，塞涅卡又进到桑拿房里面蒸闷，最后是流着血、含着毒、蒸着桑拿才死了。他的家眷和朋友围观他的自杀，表露出痛苦的表情，他就怒斥他们：你们的哲学哪里去了？塞涅卡的主要思想是：人比较能够承受预料到的挫折，但难以承受预料不到的挫折。但作为哲学家，眼光要放长远一些，要居安思危，在富贵、得意、平安的时候，要预料到可能到来的贫穷、落魄、灾祸，那么当不幸真的到来的时候，就能够坦然面对。他认为命运女神垂青还是抛弃自己都是应该的，既不能因为她的垂青而得意忘形，也不能因为她的抛弃而怨天尤人。对待挫折，塞涅卡是这样想的，也的确是这样做的。他的思想可以给人以启发。

阿兰·德波顿还建议，如果遇到了困难，就读尼采。尼采的一生也很不平顺。《哲学的慰藉》以科普的形式、用讲故事的文学手法，对症介绍六个哲学家的思想，帮助读者用哲学智慧战胜困境，值得细读、熟读。读者对书中的哪一位哲学家感兴趣了，还可以顺藤摸瓜，读这位哲学家的更多原著。中国当代哲学家周国平认为，阿兰·德波顿对有些哲学家的介绍不够精确，对有些哲学家的思想的解释也不到位，但总体上讲，这本书还是能给处于心理困扰中的人以很大启发。

国内直接以"阅读疗法"或"读书疗法"为名的书不多。《读书疗法——女性生活各阶段的读书指南》，是这类书中值得推荐的一本。该书由王义国翻译，人民文学出版社出版。该书把女性在每个成长阶段可能需要拿来模仿、参考的书都作了介绍。比如说到了十七岁，有的女孩想成为坏女孩，有的女孩想成为好女孩。对想成为坏女孩的读者，作者推荐的都是描写坏女孩的文学名著，全是描述吸毒啊、纹身啊、叛逆啊，这样的文学名著。对于想成为好女孩的读者，作者也推荐了一批描述淑女的名著，便于读者向书中的人物学习。再如到了大学阶段，有的女孩想参加政治运动，上街游行示威，该书也推荐了一批描写女大学生街头参政的书。可以说，此书是美国文学的百科全书，因为是扣着女性的成长阶段来分类介绍，所以可读性、指导性很强，适合女性在不同生活阶段按图索骥，应对各种难题。

《阅读疗法》书影

我自己写的一本书，叫作《阅读疗法》，我今天讲的很多内容都是这本书的科普，大家有兴趣可以看看。另外岳麓书社2004年引进了一套台湾以阅读疗法理念包装的古典诗文，一共五本，包括《唐诗，我的灵魂伴侣》、《宋词，我的忧郁抗体》、《元曲，我的压力解药》、《古诗，我的能量补给》、《植物，我的精神导师》。这套书也值得推荐给大家，一来可提高传统文化修养，二来对心理健康也有帮助。2006年3月，暨南大学出版社出版了中医心理学专家、广州中医药大学邱鸿钟教授主编的"阅读心理治疗丛书"，共4本，分类汇编近现代经典散文，发掘它们的心理调节作用。王余光教授汇编的《读书四观》，把中国先秦以来的读书古训和读书掌故集中展示，一卷在手，对古代的读书佳话、读书理念可有全面了解，既可学习读书之法，又可参悟为人之道，也是值得特别推荐的关于读书的佳作。

## 五、总结

前面我讲了这么多，主要是想告诉大家，阅读也是一种调节心情的好方法。但并不是说，阅读能够包治一切心理疾病，可以代替打针吃药。我觉得科学和邪教的区别之一，就是它辩证地看待一切，不绝对强调一类东西。世界上的邪教有一个很大的特点，就是出版发行教主的一套歪理邪说，蛊惑教徒不就医、不吃药，只看这本圣书治疗疾病，从身心两方面控制教徒，靠出售图书敛财。但我们不一样，我们是从科学的角度探讨阅读的心理调节、心理干预作用。科学地说，读书之于心理健康只能起到辅助作用，不能说得了癌症非得靠读书治好，那是不可能的。但是阅读对治疗癌症确实有一定作用。现代医学已经证明，癌症、心血管疾病等，都属于心因性疾病，都是因为情绪上先出现诱因，然后身体跟着出现毛病，表面上看是生理疾病，根子上是心理问题，所以读书这种有益于调节情绪、抚慰心灵、镇定安神的行为，可以起到辅助治疗的作用。北京一家肿瘤医院，护士给每个肿瘤病人的床头贴上王蒙的《安详》和《再说安详》这两篇劝人想开的短文，就起到了比较好的效果。

因为在座的多是大学生，我还想告诉大家，阅读是一门学问。大家都要做毕业论文、毕业设计，感兴趣的话，可以考虑考虑研究阅读与心理健康的关系问题。中国人文社科领域最高端的学术杂志《中国社会科学》，1997 年曾发表过一篇文章，叫《西方哲学中的治疗型智慧》。如果大家觉得我今天讲的比较浅，不够过瘾，可以找到这篇文章看一看，它对阅读与心理健康的关系论述得很深刻。另外还有好多这方面的博硕士论文，大家通过中国期刊网都能够找到。硕士论文方面，比如有北京大学美学家叶郎教授指导李欧撰写的《论审美与艺术的心理治疗功能》、广东中医药大学邱鸿钟教授指导陈音撰写的《阅读爱好对人格影响的研究》、山东大学陈坚教授指导原春燕撰写的《佛教调心理论与心理健康》。博士论文方面，有浙江大学哲学系包利民教授指导曹欢荣撰写的《伊壁鸠鲁派灵魂治疗的"药"和"药引"》，这是一个细小专深的问题，能把它写成博士论文，很不容易。

对有商业头脑的同学来说，读书读出好心情也是一个创业项目。前面我讲到《哲学的慰藉》，这本书的作者 1969 年出生，人称"英伦才子"，名叫阿兰·德波顿。他是自由职业者，这本书出版以后，他以此书为基础办了一个公司，叫"生命学院"（The School of Life）。公司的主页上写着这样的广告词："生活的理念在此销售"。公司自我标榜：情感卖场、阅读疗法集市、概念便利店、哲学交易所。实际上是利用书籍，或者说是哲学，能够给人以慰藉的特性，开设培训班，向大家传授、传播这方面的知识。这和俞敏洪开设新东方英语培训公司是一样的。如果在座的哪位对开拓这样的事业感兴趣，完全可以效仿之，开设中国的"生命学院"，把周国平聘为导师之一。

同学们，大家来自各个院系，但我希望大家除这些院系之外，还来自同一个系——治愈系，并成为这个系毕业的高材生。治愈系，我想大家都有所耳闻，不了解的话，问一下度娘就知道了。按照我的理解，凡是和蔼可亲、满面春风，能给人带来愉悦感、亲和感的人和事物，便可以贴上治愈系的标签，如治愈系美女、治愈系作家、治愈系明星、治愈系天团。当前公认的治愈系作家，主要有毕淑敏、张德芬、胡因梦、伊能静，她们的书因为都牵涉到了婚姻问题，可能更适合中年人看，但她们讲的年轻时的经验教训、职场奋斗的艰辛，还是相当励志的，对我们有很好的借鉴、启发意义。另外，网络上经常涌现的治愈系空姐、治愈系明星，他们身上优雅、淡定、温暖的性格和气质，也值得我们学习。我们适当地读一些治愈系的书，看一些治愈系的电影，听一些治愈系的歌，争取把自己塑造成治愈系的人，就能给自己、给周围的人带来更多的正能量。

《爱的灵感》书影

　　书籍的功能是很多的，比如借书还书通常是谈恋爱的一个桥段。如果能把书名和借还这个行为巧妙结合，可以传达的情感就更多。由于现在出版的图书越来越多，每年达30万种左右，大家会发现，好多爱情表白的话，不但能在流行歌曲中找到，也都能在书名中找到，包括"我爱你"这样的书名都有。既然如此，我们就要学会以书传情，假如说你喜欢她，就送她一本徐志摩的诗集《爱的灵感》；你不喜欢他，想婉拒他，就送他一本《千江有水千江月》，寓意是：每个人都有适合他的人，但我不是那个适合你的，就像每条江都有它的月亮，但是我这个月亮不是你这条江的，你可以骂我这轮明月照了沟渠，但我就喜欢沟渠，无怨无悔。如此一来，就可以用一种委婉的、大家都不是那么尴尬的方式表达感情。

　　一般人不知道，读书还能和性感、时尚挂上钩。但是如果你仔细观察国际顶尖摄影师的作品，你就会发现读书是性感类、时尚类甚至是创意类照片最常用的元素。因此，我建议大家都趁着青春年华、大好时光，多照一些读书照。不要20年寒窗都读下来了，博士学位都拿到了，翻一翻以前的照片，没有一张好看的读书照。大家平时照相，习惯了一站在镜头前，不是伸着蟹钳，就是喊着"茄子"，要么就是表演"全身疼"：假装头疼，捂着头照一张，假装腿疼，摸着膝盖再照一张，……，照来照去，就是没有一张读书照。回头想想，是不是感觉很庸俗？在我看来，大家要像重视婚纱照一样重视读书照。我的博客上，经常发布精选的读书人像照，给大家带来赏心悦目的享受。比如说玛丽莲·梦露，过去我们一

梦露读书

般不认为她的文化素养很高，把她的成功完全归结于她的长相。但后来一些人研究发现，梦露很喜欢读书，一辈子留下了许多在各种场合读书的照片，而且嫁给了作家，反映了她对知识的渴望和尊敬。她的性感文而不野，是她内在的书卷气的映射。如果大家同意我的观点，可以趁着青葱岁月，尽量多照一些读书照，留下青春最美好的回忆。

总之，今天我是从一个特殊的角度来谈读书，谈读书对心情的调理作用。但大家一定要切记，读书只起辅助作用，万一患上了比较严重的抑郁症，影响了学习和工作，首先一定要求医问药，其次可通过求亲求师、求友求书这些辅助性的方法，多方位地将其制服。

在今天的报告中，我前前后后列举了很多书，希望大家能够记住其中的一两本，并且找机会认真地读一读，我想大家肯定会有所收获的。人的生命是一张网，它不同于一栋楼、一棵树，这座楼塌了，这棵树死了，另外一栋楼、一棵树无动于衷，一个人的生命的消失，最痛苦的通常不是他自己，而是他

的父母子妻、至爱亲朋，所以说人的生命某种程度上不是属于自己的，一个有责任感的人、一个有爱心的人，应该珍惜生命、追求健康，既为自己，也为爱自己、自己爱的人。家长对远行求学的孩子的期望，占第一位的肯定不是他的学位，而是他的健康。可怜天下父母心，敬请在座的各位遇到困难时，多想想父母期待的眼神、劳作的身影，积极通过读书等方式振作起来。如果通过读书，既学习了知识，又培养了坚强的意志，练就了藐视一切挫折的茁壮的精神体魄，我想这是令所有家长最感宽慰、最感幸福的事情。人与人之间的落差，很多情况、很大程度上来自于读书，一般人能够认识到，读书使人与人之间产生信息差、知识差、智慧差、机遇差，却不知道还能产生快乐差、健康差，这是我今天特意提醒大家重视的。

最后祝大家学习进步、笑傲人生、身心两健！谢谢大家！如果讲的有不正确的地方，敬请批评指正。

# 约翰·穆勒：以阅读疗法治好抑郁症*

　　英国的阅读疗法研究比较繁荣，对阅读疗法在英国的发展史的总结也比较深入。英国的阅读疗法研究者，经常在文献中列举的本国最早的阅读疗法案例，是 18 世纪末美国独立战争期间，英军将领为抚慰因镇压独立而受伤的将士，而命令随军牧师将医院图书馆的书籍分发给伤兵，或干脆向伤兵朗读某些篇章，以减轻他们肉体上和精神上的痛苦。但是对英国历史上的大哲学家、大思想家等文化大师通过阅读进行自我心理调节的掌故涉笔不多。

　　最近中国学者翻译出版的一本书《历史上的书籍与科学》（*Books and Sciences in History*），向我们披露了英国 19 世纪的著名经济学家、哲学家、逻辑学家、伦理学家、社会活动家和社会改良主义者约翰·穆勒（John Stuart Mill，1806 – 1873），曾经有过刻骨铭心的读书自救的经历，堪称阅读疗法应用的先

---

　　* 原载于《山东图书馆学刊》2008 年第 2 期

驱。穆勒的读书自救是典型的阅读治疗过程，简直就是英国阅读疗法发展史上的一个完美的案例标本，应该写进英国研究阅读疗法的专著中。

《历史上的书籍与科学》于2006年2月由上海科技教育出版社出版，该书是由剑桥大学科学史与科学哲学系的玛丽娜·弗拉斯卡·斯帕达（Marian Frascra·Spada）和尼克·贾丁（Nick Jardine）主编，

《历史上的书籍与科学》
书影

动员20多位专家写成的，翻译者为北京大学科学哲学系苏贤贵教授领衔的学者团队。

该书的第16章为"阅读生理学"，涉及了阅读疗法，作者是阿德里安·约翰斯（Adrian Johns），加州理工学院的副教授。此君在1998年曾由芝加哥出版社出版了《书的本质：印刷和知识的产品》（*The Nature of Book：Print and Knowledge in the Making*），1999年获得美国"著述、阅读与出版史学会"颁发的1999年图书奖。

该章的前半部分主要分析了以17世纪的哈佛研究生肯塔基为代表的一批炼金术士，由于过度钻研炼金术著作，从而在读书中产生幻象的阅读体验。当时社会上活跃着一大批炼金术士，由于极度迷恋于炼金，攻读起炼金术著作可谓废寝忘食。无奈前人传下的著作，文本和图片都极其深奥晦涩，阅读起来无疑于一场艰苦的精神修炼，很多人在这种修炼中走火入魔，产生了千奇百怪的幻觉。有人自称于目乏身困之时，伏书而睡，结果看到幻象，经神人指点，豁然开朗，炼出了金子。有人自称久读不得，干脆吃书解恨，不料一吃开窍，竟全然理解

了书中的内容。对这些奇怪的现象，作者认为是无节制阅读而导致的激情放纵，是一种迷失了理性的精神症状——走火入魔。作者认为："17 世纪的阅读既体现了激情的所有好处，但是同时也带来了它们的全部危险。阅读可能是启蒙和理性的基础，但是若使用不当，则也可能产生堕落、疾病、精神错乱，甚至死亡。"①

该章的后半部分的标题为"阅读与养生法"，论述的内容则大量涉及到 17 世纪阅读疗法的萌芽。根据作者的介绍，在 18 世纪早期，很多人怀疑阅读有益于健康，认为有学问的人之所以体弱多病，多是因为他们为了自己的利益而阅读无度造成的，阅读是一种侵害健康的恶习。流行的行为指南书中大都删去了通过阅读进行养生的建议。很多人以吸收和消化的关系来比喻阅读问题，比如弗朗西斯·奥斯本反复强调过度阅读是一种不节制的自我放纵的病态，就像只顾吸收不管消化一样。他说，"吃透并完全消化几本书，远比口里含着几百本书对人的理解要有营养的多"；"坚决不要花时间来阅读，更不用说写作诗句，这样做就像是要花费更多力气、更多时间来咀嚼一块粗肉，这与它所提供的所有营养相比，得不偿失"②。直到 1799 年，蒙田和笛卡尔才完全将阅读列入养生法的范围，但是也提出了一些注意事项：你绝不该站着或饭后阅读；开始阅读之前先用冷水洗脸并走到房子外；只在大自然的怀抱中阅读；大声地朗读，声音有助于洞察书中的观点是否符合德行；过度的阅读会使人的身体虚弱无力，还不如四处走走。约翰·洛克（John Locke）提出教育养生法的理论，认为阅读是教育

① 玛丽娜·弗拉斯卡－斯帕达，尼克·贾丁. 历史上的书籍与科学. 苏贤贵等译. 上海：上海科技教育出版社，2006：335

② 玛丽娜·弗拉斯卡－斯帕达，尼克·贾丁. 历史上的书籍与科学. 苏贤贵等译. 上海：上海科技教育出版社，2006：335

养生法的途径之一，其作用在于使人养成克制感情、规范激情的习惯，以免让激情占了上风而破坏理智与健康。并指出妇女特别易于受激情的影响，代表着易于冲动的读者群体，应通过反复阅读、反复教育来学会控制激情。

根据该章提供的材料，英国对阅读疗法贡献最大的学者是穆勒。穆勒自学成才，一生醉心于社会科学研究，积极参与民主改革、社会改良运动，是英国 19 世纪最有影响、最博学多才的古典自由主义思想家之一，在哲学、逻辑学、经济学、伦理学、政治学、社会学等多个学科都有很深的造诣，著作丰硕。马克思对穆勒的政治经济学思想非常重视，在《资本论》和《剩余价值理论》中对穆勒的论著作了上百次的引证、注释和批评①。

《约翰·穆勒自传》书影

1826 年秋，穆勒发现自己陷入了他后来所称的"神经麻木状态"中，干什么都觉得不快乐，"似乎没有余下任何东西，让我可为之生活了"。于是穆勒试用了当时所有的公认权威的忧郁症治疗方法，这些治疗方法作为传统的保健方法，几个世纪以来一直受到人们的欢迎。穆勒希望通过这些治疗，使忧郁状态能够自动消散，但是并没有奏效，于是他又尝试了阅读，但是即便阅读最喜爱的伟大人物写的历史书籍也于事无补。

穆勒认真对自己进行了诊断，发现问题的症结在于，由于博学的父亲的重视和教育，他已经养成了"分析"的习惯，

---

① 李志平. 穆勒. 北京：中国财政经济出版社，2006：3

让"分析"在头脑中占据了完全的主导地位，只知道"机械地工作"，毫无"生气"地构筑理论并将其发表。穆勒突然领悟到，一个世纪前由哈特利所建立的联想心理学的理念是对的，教育最主要的目标是"形成有益健康的思想之间可能的最强有力的联想"。自己长期以来，因为只重视功利性的分析，虽然有消除偏见的作用，但是截断了创造力和感觉之间的自然联系，"分析"就像"激情和美德根部长久的蛀虫"，吞噬了自己的联想能力、敏锐感觉和对生活的激情。

精神的危机越来越严重，穆勒甚至认为自己的忍受期限不可能超过一年。要改变这种只有"分析"没有"联想"的忧郁状态，解救的办法只有阅读，而且必须阅读那些催人联想、令人感动的著作，以修复自己的联想能力。

在寻寻觅觅中，穆勒终于读到了第一本救命书——马蒙特尔（Marmontel）的《回忆录》。当读到马蒙特尔描述父亲去世时自己的反应那段文字："突然意识到自己是一家人的一切，自己将填补家人失去的一切。"穆勒发现自己的"灵感"来了，自己的联想和感动能力复活了。穆勒后来回忆道："一幅逼真场面的构想及那种感觉出现在我目前，我感动得流泪了。""我不再感觉无望：我不是一根木头，也不是一块石头。"这次阅读成了一个转折，穆勒从忧郁状态中解脱了出来，并创造出一种"生活学说"。这种学说就是"个人的内在修养是人类幸福的首要及必要条件之一"，"如果你问自己是否快乐，你就不再快乐。唯一的可能就是把快乐以外的目的作为生活的目的，而不是把快乐作为生活的目的"[①]，倡导以努力维持"各种才能之间的适当平衡"来代替分析训练。穆勒认为欣赏音乐和阅读都是达成这种适当平衡的途径。

---

① 约翰·穆勒著；郑晓岚，陈宝国译. 约翰·穆勒自传. 华夏出版社，2007：105

穆勒遇到的第二本救命书是威廉·华兹华斯（William Wordsworth）的诗集。他特别感谢与华兹华斯诗歌的邂逅，称其为治疗"我的精神状态的药物"。穆勒认为，华兹华斯对乡村事物和自然风光的描写，"不仅表述了外在的美，而且表达了动人的美景下所蕴含的感情和由感情渲染的思想"。从华兹华斯的诗歌中，穆勒"汲取到了一种内在的快乐之源"，得到了"情感的培养"，"快乐神经"受到激发，找到了"触景生情与想像的喜悦"，有了这种"教育"，他对自己根深蒂固的分析习惯不再畏惧。两相比较之下，穆勒认为拜伦的诗是"厌倦一切快乐的人的悲凄"，读拜伦的诗，相当于以悲济悲，对抑郁症患者来说负面影响极大。从此以后，穆勒以华兹华斯的诗迷自居，一直以对自己的抑郁症所起的作用为尺度，而不是以诗人的美德和气质为尺度，高度赞扬华兹华斯而强烈反对拜伦，到处宣扬是华兹华斯的作品治好了他的消沉。当时有位著名学者叫罗巴克，十分喜爱和仰慕拜伦，是拜伦的诗迷，认为拜伦的诗是人类生命之歌，而华兹华斯的诗不过是鲜花蝴蝶之歌。穆勒和罗巴克本无过节，但是为了维护拯救了自己的华兹华斯，他和罗巴克在辩论学会里花了两个晚上进行激烈的辩论，并因此导致两位日渐疏远。

上述以阅读疗法治疗忧郁症的经历，给穆勒的一生造成了深远的影响，在他的最后一本书，也就是他的著名的《自传》中，有一章的标题是"成长中的危机与进步"，该章用很大的篇幅来回顾这段历史。穆勒在自传中强调想象力的重要性，认为想象力是艺术家和诗人比历史学家拥有更高的"器官灵敏性"的一个表现。他通过自己的经历，充分认识到了优秀作家的优秀作品的伟大力量和神圣价值，坚决要求应该而且必须让优秀作家获得国家津贴，主张在大学里为作家设置职位，将目前"浪费在游手好闲的僧侣身上的钱"给作家们当津贴。他对于阅读的力量、书籍的作用、作者和读者的素质等问题的论述，都产生了广泛的影响。穆勒的一些观点，至今还有显著的现实意义，比如他认为，印刷术发明后的时代，是一个阅读的时代，但是由于公众处于懒惰状态中，不习惯动脑筋，因此对他们来说，"不是谁最博学，而是最说得最频繁，才会对他产生影响"。这种看法，用来描述网络环境下的阅读状况，依然十分贴切。尽管穆勒在赞美阅读的养生作用时，提到了阅读的副作用，比如他认为，创作者个体不仅会把他们的优点，还会把他们的缺陷，通过阅读转移给读者，因而读者接受的，不一定是健康的东西。但是由于穆勒对阅读疗法的推崇远远大于他对阅读疗法的批评，所以热衷于渲染阅读的副作用的人，仍然总是把矛头对向穆勒。比如有的作家指出不恰当的阅读冲击了体育锻炼，破坏身心平衡，甚至降低民族活力，使人类出现返祖现象，以种种理由置疑穆勒的学说。

为了回应不同意见者的批评，穆勒特别指出阅读要注意保持适当的强度，他甚至为个人阅读的进程提出了建议，建议每天读多少页书为宜。此外，他还建议学生注意阅读课外书，建议国家把出资建设图书馆作为国民教育的组成部分，他以自己的经历说明图书馆不仅要向公众传授阅读的技能，还要传授阅读的愿望，更准确地说是阅读的感情。只有这样，民众的"心理"才能得到"培养"，才能养成运用"理解力"的习惯，民众才能成为"明智的共同体"，公众观点的形成、社会的稳定才有基础。

穆勒以阅读疗法治疗好自己的消沉后，著有《逻辑体系》（System Logic）一书，就方法论而言，该书的最大成就是向逻辑学贡献出了"归纳法"，就内容而言，该书是对自我修养的冗长论证，是对"行为学"的探索。该书认为，追求个人德行标准的幸福要远远大于功利主义的幸福，节制和平衡激情的传统是有其合理性的。穆勒在该书的结尾，又回想起了阅读华兹华斯作品使他由消沉转向康复的过程，他认为，知识的本质就是人们从阅读中所获得的洞见。穆勒进而将自己的幸福观十分形象地表述为：不满足的人比满足的猪快乐，不满足的苏格拉底比满足的傻瓜快乐。中国当代哲学家周国平先生对穆勒十分推崇，在上海图书馆演说"善良、丰富、高贵"这个题目时，盛赞穆勒的精神快乐大于物质快乐的观点。他认为只要是享受过物质快乐和精神快乐这两种快乐的人，都会得出精神快乐更快乐的结论。每个人的天性里都有一个"不满足的苏格拉底"，可惜的是很多人的"苏格拉底"是沉睡的，甚至从来没有醒来，这是很可悲的。

《历史上的书籍与科学》在第 16 章"阅读生理学"的"结论"部分指出，在近代早期，为了说明阅读的力量，人们总是回到古典医学和哲学中。亚里士多德、盖伦、希波克拉底等学者的思想中的对立概念，经常被意见相左的学者拿来作为抨击对方的武器。在启蒙运动时期，人们对阅读的作用的看法截然相反。有的人极度赞美小说的戏剧性力量，认为阅读小说可以给读者带来替代性满足，有益于读者的健康，如凯姆斯（Lord Kames）勋爵认为阅读是一种"梦游"，是读者在做"白日梦"，这种"理想的呈现"会给读者带来极大的安慰。而有的人则声称，他们是被卢梭的书赶到了床上，染上了感冒，几乎要发疯。有的人甚至完全拒绝读书，因为担心死亡可能发生。无论怎么说，人们之所以阅读，要么基于追求理性，要么基于追求长寿，理性和长寿是阅读的两大主题。因此可以说，关于阅读疗法的研究是阅读学研究的重要方面之一。

穆勒的阅读自疗经历对当今中国的知识阶层，特别是大学生群体的精神健康救助颇有启发。一来，当代大学生的很多精神问题是由于读书时间太长，十多年寒窗，在应试教育高强度

的单向训练下，分析能力日渐增长，情感和联想能力悄悄弱化，缺乏生活的激情，找不到快乐的根源，这和穆勒在 20 岁时遇到的困境完全一致。二来，当代大学生因为受教育的需要，生活范围长期局限在学校这个狭小的空间，对开阔心胸的自然风光和乡村事物缺乏直观感受，因为年龄尚轻，也未曾经历过生死离别等震撼人心的生命体验，需要借助于优秀的文学作品进行点拨，这也和穆勒当年的状态十分接近。因此，认真研读穆勒在其《自传》和别的著作中关于阅读疗法的认识和心得，研读穆勒竭力推荐的治疗抑郁症的特效书——马蒙特尔的《回忆录》和华兹华斯的诗集，对我们深化对阅读及阅读疗法理论和实务的探索，都很有现实意义。

# 斯多亚哲学
## ——值得重视的阅读疗法良药[*]

　　2008 年，中国和世界都不平静，天灾人祸接踵而至。初春，中国南方遭遇罕见冰冻天气，铁路、公路阻塞，高压线被冰柱压断，成千上万急于回家过年的人们被迫滞留于车站、旅途，一些城市断电断水，人们好像坐上了时光倒车，一下子从光明温暖的现代社会回到了黑暗冰冷的农业社会。初夏，震中位于四川省汶川县的大地震，突然剥夺了近 10 万人的生命，举国哀悼，全球震惊。年底，由美国次贷危机引发的金融海啸殃及全球，中国民众最大的感受是股市低迷，沿海地区的出口外向型制造业萧条，民工潮回落，失业者剧增。

　　面对极端天气、山崩地裂、经济危机，人类的傲慢感、优越感顿时收敛，无力感和谦卑感压上心头。不仅是重灾区的人，所有的旁观者也都在不自觉地考量自己的心理素质、承受能力，悄悄地做着将自己置身于灾区的思想实验，希望能够建立最优的心理秩序、幸福观念。不仅国家领导人在思考多难兴

---

　　* 原载于《图书与情报》2009 年第 2 期

邦问题，千千万万个普通人也在暗暗地问自己：假如我遇到天灾人祸，应该持什么样的态度？怎样做才是明智的？

这些提问都是人何以幸福地为人，何以有尊严地、从容地为人的问题。可以说自有人类，就有了这样的问题。只不过由于世俗生活的繁忙，人们平时容易忽略这样的终极问题。然而一旦遇到苦难和悲剧，人人都会自然而然地成为哲学家，那些本原的问题就会被从视线下打捞上来，在人们的脑海里挥之不去。

这样的提问因为是人类的元问题，不是一个人就能思考到位，自我说服，所以必然要从先哲先贤们那里寻找已有的答案，形成一种"文化返祖"现象。种种迹象表明，在这一轮寻求生活真谛的心灵怀旧之旅上，在哲学层面，中国人把古希腊哲学中的斯多亚学派的答案判了高分，《沉思录》成了畅销书，《哲学的治疗》、《哲学的慰藉》亦被翻译或重印。斯多亚哲学以其鲜明的治疗性哲学的特点，从哲学、伦理、心理三个维度潜入了非常年度的处于悲欣交集状态的中国读者的视野，慰藉了他们的精神，疗治了他们受惊吓的心灵。

斯多亚哲学的传播是一个哲学治疗、阅读治疗的过程。先是出版界感应集体心理，捕捉领袖和大众诉求，继而对症选择古典名著修订再版，最后将名著像销售"药方"似地卖向千家万户。这个过程，出版商们并不陌生，他们早就像药贩子一样，销售过洪昭光的《登上健康快车》、中里巴人的《求医不如求己》、曲黎敏的《从头到脚说健康》，但以前销售的对象都是具有保健内容的书，算得上是医学的近亲，可这次销售的却是哲学书。这标志着阅读治疗在中国已经上升到了新的层次，读者们已经不再满足于服用"臣药"——具有直接疗效的药物，而开始流行服用"君药"——具有潜移默化之疗效的生命的大药：哲学。哲学作为一切学问之首、科学的统领者，它撼人心魄的强大治疗价值正在为人们所认识。

阅读疗法的研究者和实践者，需要不断地对时代环境、社会心理、出版热点进行扫描，才能像开发出新的药方一样推出更有吸引力、更切合实际的阅读疗法书目，像推出新药一样，把最新、最有价值的书介绍给读者。斯多亚派哲学正是一味不能不引起我们重视的新药，需要纳入到阅读疗法的药方中来。

## 1　治疗性哲学——古希腊斯多亚派哲学著作在中国的热销

当今中国的爱书人都知道，目前国内最流行、最畅销的著作之一是古罗马皇帝马可·奥勒留（Marcus Aurelius，公元121 – 180）的《沉思录》（*Meditations*）。该书有两个推荐者特别引人注目。一位是中国总理温家宝，他说："这本书天天放在我的床头，我可能读了有 100 遍，天天都在读。"一位是美国前总统克林顿，据说，1992 年，书评人盖瑞·威尔斯问克林顿，除了《圣经》，哪本书对他影响最大。克林顿略微沉思了一下，回答说："马克斯·奥勒留的《沉思录》①。"

《沉思录》书影

《沉思录》的流行版本的译者——北京大学的何怀宏教授在该书的品读版中写道："奥勒留在《沉思录》中多次谈到了生命的脆弱和短暂。对死亡的清醒认识，除可以帮我们摆脱

---

① Garry Wills. Bill & the Emperor. *The New York Review of Books* ［J］. 1998，45（15），1998 – 10 – 8

对死亡的恐惧和无穷无尽的烦恼外，还有助于我们过一种有德行的生活。"① "撰写这本书的日子里，四川发生了大地震。在那些动荡不安的时刻，《沉思录》给了我最大的安慰。"② 《沉思录》的作者马可·奥勒留，是古希腊哲学晚期的斯多亚学派的三位代表人物之一。

无独有偶，2007 年前后，作为教育部哲学社会科学创新基地之一的浙江大学基督教与跨文化研究中心，连续推出了两辑"两希文明哲学经典译丛"。其中包括斯多亚哲学的另外一位代表人物塞涅卡的著作《哲学的治疗》。这本书是塞涅卡的 7 篇文章的汇集，包括《论生命的短促》、《论心灵的宁静》、《论闲暇》、《论恩惠》和三篇劝友人摆脱烦恼和病态的告慰书。该书的标题

《哲学的治疗》书影

不是取自现成的外文文献，而是由编选者根据自己对塞涅卡哲学的理解而命名的，封面上列出的对应的英文标题是 *Philosophical Therapy of Seneca*。那么为什么起这样一个书名？包利民教授在丛书总序和该书导言中交代得十分清楚，他写道："这些学派还开出了与古典哲学范式相当不同的、但是同样具有重要特色的新的哲学。有人称之为'伦理学取向'和'宗教取向'的哲学，我们称之为'哲学治疗'的哲学。"③ "这个时期哲学的共同关心聚焦在'幸福'和'心灵宁静'的追求

---

① 何怀宏．何怀宏品读《沉思录》［M］．南京：江苏人民出版社，2008：6
② 何怀宏．何怀宏品读《沉思录》［M］．南京：江苏人民出版社，2008：11
③ 塞涅卡．哲学的治疗—塞涅卡文选之二［M］．吴欲波译．北京：中国社会科学出版社，2007：2

上，我们的翻译也将侧重介绍伦理性——治疗性的哲学思想；我们相信哲人们对人生苦难和治疗的深刻反思会引起超出学术界的更为广泛的思考和关注。"①

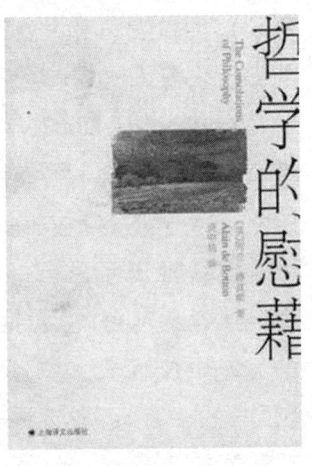

同样凑巧的是，2004 年出版的一本书，在 2008 年又进行了第 7 次印刷，那就是由英国当代才子阿兰·德波顿（Alain De Botton, 1969 –）撰写、国内名家资中筠翻译的《哲学的慰藉》（*The Consolations of Philosophy*）。该书总共介绍了 6 个具有慰藉价值的哲学家：苏格拉底、塞涅卡、伊壁鸠鲁、蒙田、叔本华、尼采。斯多亚派哲学家塞涅卡名列其中。这是一本名实相符的

《哲学的慰藉》书影

阐述哲学的慰藉作用的书，总共六章，各章标题分别是：对与世不合的慰藉，对缺少钱财的慰藉，对受挫折的慰藉，对缺陷的慰藉，对伤心的慰藉，困难中的慰藉。塞涅卡因为经历复杂，遭遇过宦海浮沉，体验过贫富人生，应对过挫折无数，最后是按照他自己的哲学理论，坦然面对昏君的赐死，从容告别尘世，所以阿兰·德波顿认为塞涅卡的哲学和人生是对受挫折者的有效慰藉。

从上述粗略介绍，我们不难提炼出这样的信息：斯多亚派哲学的共通之处在于它们对世道人心有明显的慰藉和治疗作用。多家出版社不约而同地出版斯多亚哲学的经典，这不是偶然的，一定是我们这个时代与斯多亚哲学产生的那个时代产生了神秘的共鸣，一定是我们的内心产生了种种病因，发出了某

---

① 塞涅卡. 哲学的治疗—塞涅卡文选之二［M］. 吴欲波译. 北京：中国社会科学出版社，2007：3

种召唤，才使斯多亚哲学于冥冥中飞越时光隧道，复现于我们的眼前。斯多亚哲学的治疗价值不是医生或心理学家附加给它的，而是哲学家认定的，那么斯多亚派哲学究竟有哪些治疗价值？它究竟在哪一点上和我们的时代处境发生了共鸣，引起我们如此深切的关注？这些都是值得探究的。

## 2　古典哲学与现代心灵的契合——斯多亚哲学的魔力

斯多亚哲学是古希腊哲学的一个派别。古希腊哲学分前期、中期和后期，斯多亚哲学是古希腊哲学后期的代表，其创立者是芝诺。因为古希腊喜欢以讲习聚会的地点为各派哲学命名，比如柏拉图在雅典北郊创办学园讲授自己的思想，以他为核心的哲学派别就被称为"学园派"。同理，斯多亚和斯多葛学派的得名，是因为其创始人芝诺经常在希腊广场的柱廊下面授徒讲学，"柱廊"的希腊文是"Stoa"，汉译为"斯多亚"。

早期的斯多亚哲学是一种朴素的唯物主义，着力于研究自然，认为宇宙的基本元素是火。晚期发展成为专门探讨伦理哲学的学派，塞涅卡、马可·奥勒留便是这个阶段的代表人物。其中期属于过渡阶段，影响不大。

斯多亚哲学之所以能够突破时空障碍，与当代中国人发生心灵撞击，原因至少有以下 5 个方面：

### 2.1　斯多亚哲学和中国古典哲学不谋而合

斯多亚哲学是伦理哲学、道德哲学、人生哲学、实践哲学和精神哲学的混合体，在很多方面和中国传统文化有相通性，这是它较早受到中国人关注，并在今天成为一个热点的基础。

比如，斯多亚哲学家是理性主义者，他们努力探讨人所能确切知道的东西，在没有把握的情况下，从不探讨死后、未来、灵魂、神性等问题，这和孔子所说的"不语怪力乱神"

是一致的。斯多亚哲学遵从理性，强调顺其自然，这一点和中国的道家比较相似。同时又强调每个人要担负起应尽的社会义务，在人际关系上倡导与人为善、和为贵，这一点又和儒家的入世态度、忠恕之道相当接近。斯多亚哲学认为祸福转化、贫富无常，人人需要做好坦然应对贫穷的准备，这一点上又和墨家的勤俭刻苦精神相类似。斯多亚哲学家严格做到哲学的归哲学、政治的归政治，不借助权力等政治力量推行本派的哲学思想，在政治斗争中坚持原则，显然和中国古代法家的严峻刚猛相吻合。斯多亚哲学在富裕与贫穷、纵欲于禁欲等相互矛盾的范畴上，主张找平衡、取中道，这是典型的儒家的中庸思想。

尽管，斯多亚哲学中也有一些和中国传统文化相异的内容。比如，斯多亚哲学家遵从自然，但不超然于世外，这不同于道家的逍遥精神；斯多亚派哲学家追求政治理想，却有严格的自律精神和超越权利的平等观念、道德自觉，强调过一种的有德行的、节欲的生活，这和儒家强烈的等级观念、积极的进取精神也不一致。

不过，由于中国文化历来保持多元争胜的状态，儒道释观点相异，却被人们择善而取，人们对不同哲理见惯不怪。故而斯多亚哲学虽有异域风情，但基本上脱不出儒道释的范畴，不外乎在儒道释之间异此而同彼，所以很容易被国人所接受。

读斯多亚哲学，不管是《沉思录》还是《哲学的治疗》，读到会心处，我们通常会发现儒、道、法、墨等的影子，这不是翻译家的有意为之，因为各种版本皆是如此。斯多亚哲学在近两千年后借书还魂、风靡中国，就内容而言，有两个因素帮了大忙。其一是斯多亚哲学乃一种偏于伦理的哲学，作者容易写得浅显明白，读者容易结合生活经验加以检验、接受，不像阅读西方的表述艰涩的本体论哲学、认识论哲学那么耗神辛苦。其二就是其内容和中国古典哲学不谋而合，读之既享受了异域哲学，又有种以夷印我的感觉。

## 2.2　斯多亚哲学是治疗哲学

把斯多亚哲学贴上"治疗哲学"的标签，是浙江大学包利民教授的发明。他将自己主编的"两希文明哲学经典译丛"之一的塞涅卡文选命名为《哲学的治疗》，而且在该书的内容提要、译丛总序和编选导言中反复提到"治疗哲学"这个概念。

包利民教授还创造了一个新概念"本体性疾病"，他认为哲学能够治疗的疾病主要是这类疾病。遗憾的是，包利民教授并没有给"本体性疾病"下一个明确的定义，他的别的论著也没有就此作深入的论述。根据上下文来理解，"本体性疾病"指的是人类与生俱来的精神上的缺陷，比如贪婪、悲伤、愤怒、忘恩负义、心灵的不宁静、对幸福的迷茫等。包利民教授认为，以前哲学界喜欢给斯多亚哲学贴上"伦理哲学"、"宗教哲学"这样的标签，这是不充分的。必须看到，伦理哲学主要解决人际利益冲突问题，而斯多亚这样的治疗哲学主要解决自身生命中遇到的问题，即便是写给别人的宽慰信，也夹杂着说服自己的意图。而且斯多亚哲学关注的不是人类的先天精神缺陷对他人的伤害，而是作为强大激情对主体自身的伤害，它们使人完全失去自主，所以首先是"病"。从这个意义上，包利民教授认为"治疗性哲学"是对斯多亚哲学的更精确的概括。

《哲学的治疗》的内容提要写道：

> 人类的各种本体性的精神疾病在罗马和现代性中一直困扰人的心灵至深；这不是一般的药物可以治疗的，必须从哲学的根本上进行治疗。作为一个深陷现实政治——经济行动漩涡中的斯多亚哲学家，塞涅卡

公开承认自己也患有各种"疾病"。他笔下对人的本体性疾病细腻耐心、洞察人性微妙深处的诊断、安慰和治疗，也许更能激起我们常人的心弦共鸣①。

《哲学的治疗》的编选者导言写道：

> 希腊哲学中一直隐含着一种强烈的"治疗"隐喻和意向性。到了希腊化罗马哲学时期，更是进入各大派哲学的公开的宣告之中。……读读塞涅卡，就像读一本人类本体疾病大全，丰富、复杂多样、顽固甚至病入膏肓而令人震撼。据说这样的诊断文字读多了，人就会陷入"厌世"（厌恶人类）的悲观主义绝望中。古代人如此，近代人也是如此，在与罗马时代有许多类似之处的现当代，更是如此。但是斯多亚哲学并不是叔本华哲学，它告诉我们有缓减乃至救治的办法②。

迄今为止，国内大力宣扬阅读具有治疗价值的文学理论家和艺术理论家不少见，关于文学治疗和艺术治疗的书籍已有多种。但是研究哲学的专家大张旗鼓地宣扬哲学具有治疗价值，并切锁定两希哲学——希腊—罗马哲学和希伯来—基督教哲学，特别是斯多亚哲学具有治疗价值，索性可以称为治疗哲学的，以包利民教授为先。

包利民教授认为我们当前所处的时代和希腊化罗马的时代有某种相似性，都是一个社会急剧转型的时代，一个社会价值观混乱、人心浮躁的时代，因而产生了对治疗性哲学的需要。

---

① 塞涅卡. 哲学的治疗——塞涅卡文选之二 [M]. 吴欲波译. 北京：中国社会科学出版社，2007：封2

② 塞涅卡. 哲学的治疗——塞涅卡文选之二 [M]. 吴欲波译. 北京：中国社会科学出版社，2007：3

笔者认为，"人有病，天知道"，所谓的天，是一种集体无意识，也是客观知识生生死死、冷冷热热的命运，斯多亚哲学在 2008 年前后小有规模地空降中国，反映了学术界、出版界的敏感，也是一种天意。这一年是中国改革开放 30 周年，好事一大把，无与伦比的奥运会成功举办，神舟 7 号上天，中国宇航员首次太空行走；坏事一箩筐，冻雨、地震、暴乱、袭警、罢工接连发生，金融危机波及中国，诸多天灾人祸不期而至。以经济建设为中心的 30 年，固然成就非凡，但也忽略或掩盖了不少社会问题，尤其在环境保护、贫富差距、社会福利等方面欠账较多，这些问题似乎为了赶在庆祝改革开放 30 周年的时候给中国提醒，于 2008 年在某种程度上发生了总爆发。要解决这些问题，根本之计要靠制度改革，但是作为缓解之计，对道德人心的治疗可以促进社会和谐，为制度改革争取时间。这是斯多亚哲学著作在中国畅销的深层原因，也是现实原因。

### 2.3  斯多亚哲学是应对灾难之学

2008 年，中国的最主要关键词与其说是奥运会，莫如说是抗灾救灾。

十分凑巧的是，斯多亚哲学家们也都经历过重大的天灾人祸，导致他们的哲学把什么是幸福和怎样保持心灵宁静作为讨论的重点。这样在中国的大灾大难后的心理重建中，斯多亚哲学就体现出了它的针对性。可以说是灾难，把原来在中国不太知名的斯多亚哲学更直接地推进了广大读者的视野。

斯多亚哲学与灾难的难解难分，突出地反映在奥勒留和塞涅卡的生平上。

罗马皇帝马可·奥勒留，在位约 20 年（公元 161－180），遇到的重大灾难就有叛乱、洪水、地震、瘟疫等，致使他曾经变卖珠宝以赈灾。59 岁的时候，奥勒留在战斗中感染了传染病，最终失去了生命。

马可·奥勒留以斯多亚派哲学家的冷静和镇定精神，以静制动，坚如磐石，克服了种种磨难，使他统治的岁月依然被英国著名罗马史家吉本称为"人类过着最为幸福繁荣的生活"的时期，他自己也被公认为是"古罗马五贤王"中的最后一位。马可·奥勒留出色的应付逆境的技巧、战胜磨难的巨大能量，使得作为他的思想标本和精神遗产的《沉思录》，自然而然就被认为是应对灾难的心灵教科书。

斯多亚哲学的另外一个代表人物塞涅卡（公元前 3 年—公元 65 年），一生遭际也很糟糕，他见证过诸多巨大的劫难，庞贝城在大地震中化为废墟，罗马与卢登努姆被一场大火夷为平地，暴君卡利古拉和尼禄先后统治国家。他的生活道路相当坎坷，从小基于从政目标培养，却在 20 岁出头就得了肺结核，缠绵病榻 6 年，无法施展抱负，抑郁成疾，几乎自杀。好不容易走上仕途，不幸遇到暴君，难有作为。暴君被刺杀后，又因为女王的一场阴谋而被无辜贬黜，流放科西嘉岛 8 年。终于被召回首都，当上了皇储尼禄的导师，这个人却在 15 年后逼着他在全家面前自杀。可是即便是自杀，也充满了挫折，塞涅卡居然戏剧般地、万分痛苦地依次采用了割手腕脚腕、服毒、浴室蒸闷三种方式，才得以死成。因为塞涅卡的一生过于悲惨，而被当代英国作家阿兰·德波顿称为"挫折词典"。

作为对挫折的反弹，塞涅卡的著作中贯穿始终的哲学思想也主要是如何应对挫折，他的基本结论是："我们对有充分准备、已经预见的挫折承受力最强，对无所准备、不曾预见的挫折的承受力最差，受到的伤害也最沉重。因此，我们应该周全地预见挫折，全方位地顺应现实，这样即便不能免遭挫折，至少可以免于因过激的情绪反应而遭受挫折带来的全部毒害。"①

---

① 阿兰·德波顿. 哲学的慰藉［M］. 资中筠译. 上海：上海译文出版社，2004：87

由于在灾难方面，我们所处的时代和斯多亚哲学形成的时代有一定相似性，导致我们当下思考的问题和斯多亚哲学家思考的问题产生了交集，斯多亚哲学的治疗力量就体现在它给了我们思考的参照系，给了我们值得认真聆听、仔细体味的答案。

### 2.4　斯多亚哲学是领袖胸怀的寄托

在具有代表性的斯多亚哲学家中，有两名位高权重，一位是罗马皇帝马可·奥勒留，一位是罗马重臣塞涅卡。这两位虽然都具有平等主义观念，经常告诫自己是罗马公民中的普通一员，也是世界公民中的普通一员。但是他们在讨论问题时的胸襟和视角，却悄悄暴露了他们的精英身份。比如，奥勒留在《沉思录》中，就用较多篇幅讨论对权力和财富的超越，教导政治家既不要自我膨胀、滥用权利，也不要贪恋财富，忽视德性、品格和精神的修养。塞涅卡有一本论文集叫《强者的温柔》，将政治——司法正义——仁慈宽恕作为讨论主题，其中收集了许多由于当权者将不必要的愤怒无限放大而酿成的巨大危害，从而认为愤怒对掌权者来说是一种重要的精神疾病。

这种由帝王和显臣撰写的，对权力和财富具有强烈超越精神的哲学，对向往亲民、廉洁、自律、自醒的理想主义政治家来说，具有极大的吸引力。阅读斯多亚哲学，与古代一流的政治家对话，可以为他们执政提供思想资源，也可以满足惺惺相惜的精英情感。推荐斯多亚哲学，可以寄托他们的胸怀和执政理念，也为相关政策的宣讲贯彻提供一种间接的解读方式。所以从克林顿到温家宝，都是《沉思录》的热情推荐者，中国最通行的《沉思录》译本，是由中央编译出版社出版的。

《沉思录》在中国的畅销，固然如前面所说，有多层原因，一是因为斯多亚哲学在内容上和中国哲学有相通性；二是因为斯多亚哲学本质上是治疗性哲学，处于转型期的中国社会需要这种哲学；三是因为斯多亚哲学产于灾患，是应对灾患之学，中国在大灾之年特别欢迎这种哲学。但是这些原因都不是斯多亚哲学在中国畅销的最直接原因，最直接的原因是温家宝总理的推荐。这四层原因由远及近，层层创造条件，使中国人终于走进了斯多亚哲学。

2007 年 11 月中旬，温家宝总理到新加坡参加第八次中日韩领导人峰会，在会见驻新加坡使馆人员、中资企业和留学生代表时说："这本书（《沉思录》）天天放在我的床头，我可能读了有 100 遍，天天都在读。"此言一出，一下子成了《沉思录》的最佳广告，成为推动其畅销的第一因素。根据何怀宏教授的介绍，《沉思录》并不是在他手里第一次译成中文，早在1959 年，梁实秋先生就曾翻译过来，在台湾出版。1989 年何怀宏推出第二个译本，1998 年朱汝庆推出第三个译本。但是前三次都没有 2008 年这一次畅销。2008 年，除何怀宏译本重印，成为流行版本外，还催生了另外一个新译本——李娟、杨志译本。这更说明了总理推荐的作用。

读过《沉思录》的人都不难发现，马可·奥特留的思想在很多方面和温总理的为政处事之道比较接近。何怀宏教授将《沉思录》中体现的奥勒留的思想提炼为四种黄金品格：理智的诚实、平衡的中道、温和的坚定、此世的超越精神。对照中国百姓和世界舆论对胡温新政的评价，对照我们在电视上看到的温总理：在汶川地震发生后的第一时间赶赴灾区，走过村村寨寨，握着普通百姓并不干净的双手久久不放，搂着受伤的儿童眼泪纵横，我们看到的是一个亲民的、富有平等概念的总理，一个对人民和土地爱得深沉的总理，让我们足以相信温家宝总理推荐《沉思录》的真诚。这种推荐既有借马可·奥勒留以自勉的一面，也是温总理自表胸怀和展示施政理念的一种方式。

一般百姓阅读《沉思录》，收获可能没有政治家那么大。很大程度上是因为他们和奥勒留在地位上不平等，奥勒留的思维基点摆脱不了皇帝的基点，有一种悲天悯人的气势。他对权力和财富的超越思想，对政治家和企业家有很大的启发，但是对位卑身贫者来说，就缺少意义。人们都有看身份相似的人在想什么的好奇心，所以由克林顿和温家宝来推荐《沉思录》是不奇怪的。"但是从实践角度看，奥勒留的思想是相当精英化的，适合作为社会的道德的榜样而非大多数人常行的准则。"①

斯多亚哲学家中还有一位出身奴隶的代表人物爱比克泰特，他的哲学著作《哲学谈话录》也已在国内翻译出版，他的哲学视角是平民的视角，或许更值得一般人仔细阅读。

### 2.4　斯多亚哲学是应对经济危机的良药

2008年年底，波及世界的大事件是从美国掀起的金融海啸。金融海啸造成的大量破产、停工和裁员，牵涉到千家万户，使无数人的幸福指数大为降低，造成抑郁、恐慌、愤怒、失衡等本体性疾病的大流行。如何应对金融海啸，不仅是经济问题，也是心理问题。每次遇到经济危机，书籍都发挥了很好的心理治疗作用。据报道，"1933年，美国图书馆协会估计，自1929年以来新增的借书人大约在200到300万之间，而总的图书流通增长了近50%。"有人说，在经济危机中，"要不是因为有图书馆，我没准早就疯掉了，或者自杀了。"②

对于个人来说，成功应对经济危机的第一要务是树立正确的财富观，确保身体健康，这离不开阅读带来的"观念的治

---

① 何怀宏。何怀宏品读《沉思录》[M]。南京：江苏人民出版社，2008：10

② （美）狄克逊·韦克特. 美国大萧条时代的生活和阅读. 见：大萧条时代. 秦传安 译. 北京：新世界出版社 2008. [EB/OL]. http：//www. china. com. cn/book/txt/2008－12/19/content_ 16977959_ 2. htm

疗"。斯多亚哲学家中，最善于引导人们正确看待财富的要数塞涅卡，他的著作值得正在应对经济危机的人们一读。

塞涅卡的最宽泛地预想所有最坏的可能的思想，对遇到经济危机而突然失去财富的人来说，极有效果。他反对传统的安慰人的方式——说宽心话，告诉他过虑了，结果不会有那么坏。他认为这种方式不失是一种解药，但是有可怕的副作用，因为一方面它劝焦虑中的当事人不去考虑最坏的结果，另一方面又在暗示一旦最坏的结果来临，那就是大祸临头、世界末日。如果真的最坏的结果出现，容易使当事人一没有做好心理准备，二已被提前暗示的可怕吓到半死，再受刺激，必然更加痛苦，彻底崩溃。

塞涅卡的建议是与其说宽心话，不如直接引导当事人预想最坏的结果，帮助当事人了解即便最坏的结果发生了，其实也没有什么大不了的。按照塞涅卡的意思推论，对于遇到经济危机的富人，不要拿大概他们不会破产之类的话宽慰他们，而是劝他们到乡下找个简陋的房间住一段，每天吃点粗茶淡饭，他们就会理解，一个人心灵的平静并不靠财富，财富对于生活并非像想象的那么重要。

塞涅卡在 40 岁出头的时候，因为在政坛上的短暂成功，已经积累了可观的财富，他拥有自己的别墅和农场，养成了收藏带象牙腿的香橼木桌子的嗜好。可是人有旦夕祸福，转瞬之间他官场中计，含冤被流放科西嘉岛 8 年，一下子彻底变成了穷光蛋。然而塞涅卡不是口头哲学家，这时他将自己的那套宽慰富人的理论很好地应用到了自己身上，以平静的心情，怡然自得地听着蛮荒之地的蛮语，住在当地人害怕的"凶宅"里，喝着清汤，健康地度过了八个春秋。在他给母亲的信里，只有战胜恶劣环境的自豪感，没有沮丧的情绪，他不抱怨命运女神，认为命运女神只是把她给予的东西拿走了，而不是剥夺了，那本来就是她的，不值得大惊小怪。

塞涅卡和其他斯多亚主义者一样，并不提倡贫穷，他们提倡的是不要害怕和鄙视贫穷。塞涅卡认为财富是一种优先产品，既不是必不可少的，也不是罪恶。作为一个人，应该既能享福，也能受苦，既努力当富人，又不怕当穷人。真正有智慧的富人，遇到突如其来的贫穷，会泰然离开他们的豪宅和佣人，既不会愤怒，也不会绝望。

塞涅卡将这种观念推展到极端，他认为命运所赐不仅有财富，还有朋友、家庭甚至我们的身体，对于智者来来说，万物皆备于他，无所谓得失。假如智者失去一只眼睛，他纵然不会高兴，但也不会因此失去对生活的信心，智者不会因自己身材矮小而妄自菲薄，但还是渴望长得高大。

## 3　基于斯多亚哲学的阅读疗法推荐书目

综上所述，可见斯多亚哲学在中国的受重视乃至畅销，既与斯多亚哲学本身的价值有关，也是天时、地利、人和共同作用的结果，非单纯的学者或出版家的愿望所能达成。更确切地说，主要是汶川大地震后的心理重建工作，为斯多亚哲学的流行，特别是《沉思录》的畅销提供了巨大契机。美国学者费迪曼在《一生的读书计划》中写道："《沉思录》有一种不可思议的魅力，它甜美、忧郁和高贵。这部黄金之书以庄严不屈的精神负起做人的重荷，直接帮助人们去过更加美好的生活。"这句评语写在汶川大地震之前，作者当时不可能预见到一场大地震过后艰难的心理重建工作，但这句评语却恰当地表达了人们对灾后心理重建的期待和愿望，可见《沉思录》本身就有用于心理重建的特质。

中国社会没有阅读治疗的显性意识，当阅读治疗以专著、论文等显性形态呈现的时候，容易遇到种种质疑。但是中国社会却有强烈的阅读治疗的隐性意识，5.12 汶川大地震发生后，到 6 月 17 日，据新闻出版署不完全统计，已经出版了与抗震救灾相关的书籍 200 多种，其中大多数是心理援助性质的①。这种对待阅读疗法的矛盾态度是非常奇怪的，值得认真研究。

油画《生命的礼赞——废墟下的光亮》

除了中国出版界的阅读治疗行动，国际儿童读物联盟②、中国上海的陈一心家族基金会③等对灾区孩子也开展过阅读治疗活动，天津南开大学信息资源管理系的祝振媛等同学申请到校级科研项目，也计划到灾区开展过关于阅读治疗的志愿者活动。汶川县崇华镇中学初一学生邓清清，在地震废墟中靠打着手电筒读书以对抗饥饿和恐惧，最终获救的事实，则雄辩地论证了阅读治疗的价值。邵亚川等北京 10 位画家被她的精神深

---

① 人民网．新闻出版总署统计：目前已出版抗震图书 200 余种 ［EB/OL］．【2009－1－12】．http://culture.people.com.cn/GB/22219/7390735.html

② IBBY 捐款并慰问四川地震儿童 ［EB/OL］．【2009－1－12】．http://www.ccppg.com.cn/kuaibao/shehui/2008－05－22/74659.html

③ 给灾区孩子们的阅读疗法 ［EB/OL］．【2009－1－12】http://www.ngocn.org/? uid－12610－action－viewspace－itemid－28710

深感动，以她的事迹为题材集体创作了一幅油画，命名为《生命的礼赞——废墟下的光亮》。

从报刊、网络公布的书目看，在所有为了帮助灾区人民心理重建而出版的新书，以及基于同样良好的愿望而由社会各界推荐、捐赠的书籍中，真正有针对性、有分量的书并不太多，有的失之于短效单薄，有的失之于隔靴搔痒，有的则是乱搭便车，拙劣宣传。笔者认为，在这批以心理重建之名推荐的图书中，以《沉思录》为代表的斯多亚哲学著作是佼佼者，它们经历了时间和异域文化的考验和筛选，不仅适合于灾后的心理重建，也可以作为心理疫苗，推荐给正在应对经济危机的人们。为此，根据北京大学图书馆的馆藏目录，列出和斯多亚哲学相关的阅读疗法书目（见表1）。

表1　和斯多亚哲学相关的阅读疗法书目

| 作者，译者 | 书名 | 出版社，出版时间 |
| --- | --- | --- |
| 【英】阿兰·德波顿著 资中筠译 | 哲学的慰藉（第三章：对受挫折的慰藉，介绍塞涅卡的思想） | 上海译文出版社，2004 |
| 【古罗马】马克·奥勒留著 何怀宏译 | 沉思录 | 中央编译出版社，2008 |
| 【古罗马】马克·奥勒留著 何怀宏译 | 何怀宏品读《沉思录》 | 江苏人民出版社，2008 |
| 【古罗马】塞涅卡著 吴欲波译， | 哲学的治疗 | 中国社会科学出版社，2007 |
| 【古罗马】塞涅卡著 包利民等译 | 强者的温柔 | 中国社会科学出版社，2005 |
| 【古罗马】塞涅卡著 赵又春，张建军译 | 面包里的幸福人生 | 天津人民出版社，2007 |
| 【古罗马】爱比克泰德编著 吴欲波、郝富强、黄聪聪译 | 哲学谈话录 | 中国社会科学出版社，2004 |
| 【古罗马】爱比克泰德著 沈小钧译 | 生活的艺术——通往幸福、快乐与美德之路 | 天津社会科学院出版社，2008 |

由于斯多亚哲学中关于怎样才能生活得更幸福的思想，对古罗马哲学家伊壁鸠鲁继承较多，所以伊壁鸠鲁的一些名著，如《自然与快乐》，可以作为扩展推荐，《哲学的慰藉》一书中对伊壁鸠鲁的思想亦有通俗的阐释。考虑到斯多亚哲学本质上是一种伦理哲学，如果读译本，仍然不习惯国外著作的表述方法的话，可以从国内知名的伦理哲学著作中寻找替代品，个人认为，《论语》就是不错的替代品，至于您是选择南怀瑾的、李泽厚的、李零的，还是于丹的阐释本，完全可以根据自己的喜好。苏东坡一向被认为是中国快乐哲学的代言人，或者说是不畏挫折的代言人，他的著作也可作为中国式的斯多亚哲学来阅读。

# 阅读疗法理论和实践的新进展<sup>*</sup>

　　2007 年 6 月，海洋出版社出版了拙作《阅读疗法》，该书是集大成之作，吸收了此前国内关于阅读疗法研究的精华，而且附录收有"中文参考资料目录"，将笔者所掌握的国内阅读疗法研究的成果尽数与读者分享。

　　转眼 3 年过去了，阅读疗法理论和实践进展如何？这是关注阅读疗法的同行颇感兴趣的话题。好在拙著出版之后，我也丝毫没有放松对阅读疗法的继续研究，以及对阅读疗法实务的追踪。于是接受中国写作学会阅读学专业委员会的邀请，在该委员会主办、江阴市图书馆承办的"阅读疗法的理论与实践：2010 华夏阅读论坛江阴研讨会"上，作了一个关于"阅读疗法理论和实践的新进展"的小报告，时在 2010 年 5 月 22 日上午。兹以当日的发言为基础，加以补充，集中展示阅读疗法理论和实践 3 年来所取得的新成就。

---

　　* 原载于《图书馆杂志》2010 年第 10 期

## 1 《阅读疗法》出版后的反响

《阅读疗法》出版后，受到了社会各界的关注和好评。《新华书目报·图书馆专刊》记者余姝采访了本人，访谈录《沿着阅读指引的方向，走出心灵的阴翳——王波谈中国的阅读疗法》发表在该报 2007 年 12 月 18 日的 C3 版上。该报 2010 年变更为《图书馆报》独立发行后，记者李漓又对本人作了采访，访谈录《我阅读，我健康》发表在该报主编的《图苑名家访谈录》一书，于 2010 年 4 月由海洋出版社出版。

迄今为止，专业学术期刊针对拙著共发表了 9 篇书评，《图书馆杂志》于 2008 年第 5 期发表王素芳的《开拓面向阅读的图书馆学领域——〈阅读疗法〉读后感》，于 2008 年第 7 期又发表了刘艳梅的《具有中国本土文化底蕴的"阅读疗法"》。《图书与情报》于 2008 年第 5 期发表郝京清、马恒通的《开拓面向阅读的心理治疗新领域——评王波的〈阅读疗法〉》和赵春辉的《探求阅读疗法的流程及精髓——评〈阅读疗法〉》。《图书馆工作与研究》于 2009 年第 3 期发表宫梅玲的《一部阅读疗法的教科书——评王波的〈阅读疗法〉》。《河南图书馆学刊》于 2008 年第 4 期发表陈丹丹的《一部学术研究与科学普及兼具的好书——〈阅读疗法〉评介》。《山东图书馆季刊》于 2008 年第 4 期发表吴静的《王波和他的〈阅读疗法〉》。《今日阅读》于 2008 年试刊号上发表林英的《"阅读疗法在中国"之"王波篇"》，于 2009 年出版的第 3 期上发表杨寿良的《用阅读来爱：〈阅读疗法〉读后》。

另外，北京大学信息管理系主任王余光教授在《中国图书馆学报》2008 年第 2 期的《2007 年国内图书馆学研究综述·图书馆与社会阅读研究》中称："王波的《阅读疗法》也受到图书馆学界的重视。该书在总结国外阅读疗法研究成果的基础上，对阅读疗法的原理进行了本土化再造，并对阅读疗法的发展作了必要的爬梳。"北京大学中文系孔庆东教授在其博客文章《疗伤治病可读书》一文中评价《阅读疗法》："写得既有理论深度，又有丰富的论据，更有专业的激情。……作者加以系统罗列，分类探究，特别是强调'对症阅读'，此非一般眼力，实乃慈悲功德也。"上海市知名心理咨询师李孟潮在《心理》月刊 2007 年第 9 期的访谈录《心理书籍有用吗?》中说："王波对阅读疗法做的研究也很精深，还把中医理论和阅读疗法联系起来，比较前卫的。"

受各方面的邀请，本人多次得以登台宣讲阅读疗法。2007 年 11 月 2 日下午，受河南省高校图书情报工作指导委员会邀请，在郑州举办的"转型期高校图书馆工作高级研讨会暨中南六省（区）高校图书馆学术年会"上，作题为"阅读疗法研究进展"的报告。2007 年 11 月 3 日下午，受河南大学图书馆的邀请，为该馆职工和大学生作题为"阅读疗法研究进展"的报告。2007 年 11 月 5 日下午，受北京教育学院图书馆的邀请，到该馆为北京市文献信息研究会年会作题为"阅读疗法——中小学德育创新"的报告。2010 年 5 月 22 日上午，受中国写作学会阅读学专业委员会的邀请，到该委员会主办、江阴市图书馆承办的"阅读疗法的理论与实践：2010 华夏阅读论坛江阴研讨会"上，作题为"阅读疗法理论和实践的新进展"的报告。2010 年 6 月 30 日下午，受中国图书馆学会医院图书馆委员会的邀请，到解放军医学图书馆为北京市的一批医学图书馆馆员作题为"阅读疗法的进展与前景"的报告。

中国图书馆学会注意到了阅读疗法研究的重要性和阅读疗法实践的良好发展势头，在组建中国图书馆学会阅读推广委员会的时候，将本人吸收为委员，并聘为阅读与心理健康分委员会的主任，负责组建这个委员会。2009 年 9 月 27 日，包含"阅读与心理健康分委员会"在内，由 14 个分委员会组成的中国图书馆学会阅读推广委员会在苏州图书馆成立。图书馆界的阅读疗法研究者和实践者从此有了自己的学术团体。

这些好评和反响既是给予《阅读疗法》的荣誉，激励本人继续在阅读疗法理论和实践的探索道路上继续前进。同时也说明，图书馆学界和阅读学界对阅读疗法研究的学术价值和社会效益是认可和看好的，期待它有更好更快的发展。

## 2  阅读疗法理论的新进展

《阅读疗法》出版后，本人继续研究阅读疗法，适在每年的 4 月份，不少图书馆学期刊为了迎接该月 23 日的"世界读书日"，为了给新闻、出版、图书馆等各行业联动发起的全民阅读活动造势，都要推出阅读研究专栏，于是连续 3 年，笔者都在"世界读书日"前后发表了研究阅读疗法的新作。2008 年 4 月，《山东图书馆季刊》第 2 期发表笔者的《约翰·穆勒：以阅读疗法治好抑郁症》，介绍英国 19 世纪著名的经济学家、哲学家、逻辑学家、伦理学家、社会活动家和社会改良主义者约翰·穆勒的一段典型的读书自救的经历及其启示。2009 年 4 月，《图书与情报》约请我在第 2 期组织了一个"世界阅读日专稿：阅读疗法研究"专栏，共发表 5 篇文章，含本人撰写的《斯多亚哲学——值得重视的阅读疗法良药》，翻译的有"世界上第一篇阅读疗法文章"之称的《一家文学诊所》，宫梅玲的《泰山医学院的阅读疗法研究与实践》，卢胜利的《阅读干预研究方法探讨》，张赟玥的《我国面向儿童的阅读疗法研究述评》。这是国内图书馆界研究阅读疗法比较深入的学者首次以学术方阵的形式集中展示新成果，代表了国内图书馆界阅读疗法研究的较高水平，扩大了阅读疗法的影响。2010 年 4 月，受中国心理卫生协会主办的《心理与健康》月刊的邀请，笔者在第 4 期发表《享受阅读的快感——谈阅读与心理健康》，这也是笔者第一次在专业的心理咨询杂志上普及阅读疗法知识。

在中国知网上，以"阅读疗法"为主题词，进行精确检索，结果是：2007 年以来，期刊、重要报纸、优秀硕士论文和博士论文及重要会议论文数据库中共收录了 270 篇关于阅读疗法的文章。据笔者的一一研读，6 篇报纸文章主要是报道泰山医学院图书馆等单位开展的阅读疗法活动，4 篇会议论文都是地区级医学和图书馆学专业会议上的论文，水平一般。257 篇期刊论文绝大多数发表在非核心期刊，陈陈相因的多，有所创新的少。

三年来值得重视的成果主要集中在硕士论文，分别是东北师范大学张明教授指导的发展与教育心理学专业临床心理学研究方向 2008 届的宗妮的硕士论文《阅读疗法理论与应用研究》，西南大学吕厚超副教授指导的应用心理学专业人格与发展研究方向 2009 届的申西的硕士学位论文《基于阅读疗法的大学生心理问题治疗研究》，东北师范大学信息管理系徐跃权教授指导的图书馆读者服务研究方向 2009 届的方婧的硕士论文《阅读疗法在高校图书馆的应用研究》，山东大学陈坚教授指导的宗教学专业 2009 届的原春燕的硕士论文《佛教调心理论与心理健康》。加上广东中医药大学邱鸿钟教授指导的中医医史文献专业 2006 届的陈音的硕士论文《阅读爱好对人格影响的研究》、华南师范大学教育科学学院刘良华教授指导的 2006 届的黎龙辉的硕士学位论文《关于中学生阅读治疗的试验研究》。可以说，关于阅读疗法的优秀硕士论文已形成系列，在阅读疗法研究成果中颇具分量。由于中国知网只收集优秀硕士论文，不是那么优秀的关于阅读疗法的硕士论文恐怕还有很多。

博士论文中，和阅读疗法相关，特别值得关注的是浙江大学包利民教授指导的外国哲学专业古希腊哲学研究方向 2008 届的曹欢荣的《伊壁鸠鲁派灵魂治疗的"药"和"药引"——〈奥依诺安达的第欧根尼铭文〉译注评》。包利民教授多年来专注于"哲学治疗"的研究，他所指导的研究生在这个方向上定然还会有成果接踵而至。

期刊文章中，信息量较大，值得推荐的资料性文章有朱南的《用阅读疗伤》，属于编译作品，发表于《世界博览》2008年第 9 期，介绍了英国利物浦大学读者中心的简·戴维斯在英国西部海港城市伯肯黑德的一个读书俱乐部里所主导的一个阅读疗法小组的活动，并以此为由头，概述了阅读疗法在英美的历史背景和发展状况。

另外有两类动向的阅读疗法研究论文值得特别关注：

一类是关于阅读疗法的实证研究。如付婉秋在《图书情报工作》2009 年第 1 期发表《阅读疗法对大学生心理健康影响的实验研究》，证实阅读疗法对恋爱和性烦恼、社会适应维度的心理问题有显著疗效。宫梅玲在《精神医学杂志》2009 年第 5 期上发表了《阅读治疗抑郁障碍典型案例剖析》，图书馆员研究阅读疗法的文章能够发表在专业医学杂志上，可见学术价值较高。祝振媛在《晋图学刊》2010 年第 1 期上发表《阅读疗法在儿童创伤心理治疗的应用初探》，比较详细地介绍了面向儿童的阅读疗法操作流程。梁灿兴和同校学生处教师合作，在《高校图书馆工作》2010 第 3 期发表《阅读疗法对改善大学生心理问题显效领域的实证研究》，结论是阅读疗法对人际关系、敌对、偏执方面的心理困惑有显著疗效。

另一类是护理学界关于阅读疗法的研究。如刘荣在《当代护士（学术版）》2007 年第 11 期上发表的《阅读疗法在乳腺癌化疗期心理护理中的应用》；黄珠晶在《四川精神卫生》2008 年第 4 期上发表的《阅读疗法对住院精神分裂症患者的康复作用》；金善姬在《实用医技杂志》2008 年第 28 期上发表的《阅读疗法在肝动脉栓塞术护理中的应用》，曾婕在《实用医技杂志》2008 年第 28 上发表的《阅读疗法在子宫动脉栓塞术护理中的应用》；张华在《护理管理杂志》2009 年第 7 期上发表的《阅读疗法在围手术期患儿健康教育中的应用》；李蓉花在《护理研究》2009 年第 36 期上发表的《阅读疗法在妇科手术护理中的应用》等。显然，护理学界已成为研究阅读疗法最有热情的一个方面军。阅读与心理健康分委员会组建时，苏州卫生学校的护理学带头人、图书馆长蔡小红老师热情参与，还鼓动两位同事加入，在会上表态要把阅读疗法的相关内容写入护理学教材，集中反映了护理学对阅读疗法的关注和支持。

上述这些成果，呈现出几个特点：

一是阅读疗法成为多个学科的学术生长点。护理学、心理学、教育学甚至哲学都在涉入这个领域，特别是护理学界加强了对阅读疗法的探索，成为阅读疗法研究的一支生力军，成果越来越多，呈现出规模优势。这个趋势在 2007 年之前初露端倪，近 3 年似已形成风气。随着护理工作的精致化、人性化，可以预见护理学界对阅读疗法的研究会进一步形成高潮，将来掌握了阅读疗法的白衣天使，一定会更具知性美，更加知书达礼、善解人意，更有能力为患者提供文雅亲切、富有知识含量的护理服务，创造出更加和谐的医患关系。教育学、心理学、哲学、中医学对阅读疗法的研究进步神速，一些院系和教师逐渐成为从某个学科研究阅读疗法的中心和学科带头人，如浙江大学高举"哲学治疗"大旗的包利民教授。

二是探索阅读疗法的人才队伍在迅速壮大和优化。这三年出现了数位以阅读疗法为研究方向，撰写学位论文，并拿到硕士或博士学位的高学历人才。我们知道，硕士论文和博士论文的系统性和篇幅通常远远大于一般的期刊论文和科研报告，且都通过了"答辩"这种形式比较严格的同行评议，故而肯定都有某些独创性，如能正式出版，均是学术价值较高的专著。以阅读疗法作为研究对象的学位论文的出现，本身就标志着阅读疗法研究在国内上了一个新台阶。况且硕士和博士阶段的研究，往往会成为一个人在学术上终生探讨的目标，以研究阅读疗法戴上学位帽的这些年轻人，很可能在阅读疗法研究的道路上越走越远，成为名副其实的阅读疗法专家。可以说，阅读疗法屡屡成为学位论文选题，屡屡进入大学讲堂和高学历人才的视野，表明它正在告别边缘，向学术研究的正立面转移。还有一个足以昭示阅读疗法研究前景不俗的信号是，这些对阅读疗法感兴趣的高学历人才的专业背景大相径庭，有图书馆学、中医学、教育学、心理学、哲学等，这反映了阅读疗法研究价值、方法和意义的多元性，也预示了阅读疗法发展前景的无限丰富性和可能性。

三是实证研究逐渐增多。由于理论研究和历史研究具有普遍性，容易定型，一旦形成范式，若非发现大量新材料对旧说进行补充或反证，一般难以实现突破和创新。而实证研究则不同，选择不同的对象，采用不同的书目，结果即便大同，也必有小异，更容易体现科学性和独创性，对阅读疗法的原理也可以起到证实、证伪或修正的作用。况且，阅读疗法的原理并不深奥，所谓研究的深化，主要指的就是对应用活动的设计和总结。然而目前的实证研究似乎也有缺点，那就是行文和案例叙述的形式高度模板化甚至同质化，对照题目类似的若干文章，令人常有似曾相识之感，不禁怀疑案例、数据的真实性和行文的独创性。

## 3  阅读疗法实践的新进展

三年来，阅读疗法实践活动丰富多彩，但是以科研为目的之短期的、试验性的、一次性的实践活动较多，而长期坚持的，或者持续一段时间、影响较大的实践活动较少。在阅读疗法实践方面，产生了较大社会影响、比较有代表性的、令人印象深刻的主要有宫梅玲、陈书梅和万宇这三位女士主持的活动。

### 3.1  宫梅玲的阅读疗法实践

宫梅玲自 2000 年起，立足管理泰山医学院图书馆阅览室的本职岗位，开展阅读疗法已整整 10 年，取得了学术研究和治疗效果的双丰收，已成为图书馆界阅读疗法实务的先行者和一面旗帜。宫梅玲的阅读疗法实践有几个鲜明的特点：

一是形式多样。2001 年在图书馆开设阅读治疗阅览室，成立了阅读治疗研究小组。2006 年 3 月设立阅读治疗研究室。2006 年 10 月，在新浪网上开办了"书疗小屋"博客，拓展了网络阅读治疗服务新领域。2007 年 12 月，在校内指导学生创建"大学生阅读疗法研究协会"。2008 年，创建阅读疗法研究基地，与大学生心理健康教育中心联手申报的"阅读疗法研究基地的创建和运作模式的探究"的课题，获山东省教育厅立项。

二是方法专业。宫梅玲的阅读疗法研究和实践一开始就是在我国著名的精神卫生专家、北京大学精神卫生研究所的丛中教授的启发下合作进行的，此后也一直得到丛中教授的悉心指点，故而她擅长采用精神医学的方法来研究阅读疗法，在心理量表的采用和统计、医案和验方的积累和分析、将阅读疗法和其他心理疗法（如同伴辅助疗法、音乐疗法）配合使用等方面，都表现出精神医学的功底和特色，大异于别的图书馆学学者关于阅读疗法的研究。她既有一些成果发表在《中国图书馆学报》等图书馆学期刊上，也有一些成果发表在《精神医学杂志》、《中国精神卫生》和《中国行为医学》等医学期刊上，说明无论图书馆学界还是精神医学界对她的工作的专业水准都给予了认可。而用多学科的方法研究和实施阅读疗法，且在多个学科的专业杂志上发表论文的学者很少，这就使宫梅玲在中国内地的阅读疗法探索者中的地位显得相当鲜明和突出。宫梅玲显然知道医学和心理学知识是自己从事阅读疗法的核心竞争力，为了进一步强化这个优势，她潜心学习，报名参加心理咨询师资格考试，终于拿到了二级心理咨询师的证书，从而使她的阅读疗法推展活动更加专业和规范。

三是合作共赢。宫梅玲的社会活动能力比较突出，懂得调动职能、目标、任务相关的部门、人士的积极性，构建推广阅读疗法的统一战线，以合力促进阅读疗法的发展。她以关于阅读疗法的研究成果为基础和资格，以人缘为辅助，以游说为主要手段，逐一说服院党委、学生工作部、心理健康咨询部门、图书馆这些应该将阅读疗法作为工作手段之一的部门支持其开展阅读疗法活动，并注意将自己开展阅读疗法所取得的成绩从不同的角度汇报到各个支持部门，记录到不同的功劳簿上，这样就奇迹般地开创了全院上下支持阅读疗法的良好局面和氛围。

四是适度宣传。宫梅玲不仅科研意识强，注意认真记录实践过程，适时总结实践经验，撰写学术论文，而且在当媒体注意到阅读疗法的时候，热情配合，重视通过媒体宣传阅读疗法的理念和作用。几年来，《光明日报》、《中国教育报》都曾报道过泰山医学院图书馆采用阅读疗法、音乐疗法、朋辈辅助疗法、心理咨询这"四法并举"开展大学生心理健康教育的成效。这些宣传报道，从学术的角度看价值不大，但对支持阅读疗法的行政部门来说，媒体的报道相当于是对投入的认定，有极大的激励作用，为它们继续支持阅读疗法提供了理由和动力。

五是效益明显。阅读疗法在泰山医学院"横看成岭侧成峰"，取得了多方面的成效。首先是学生得实惠。宫梅玲针对大学生心理的实际情况，先后重点专攻网瘾、抑郁症、恋爱和性苦闷问题，一些在这些方面心理障碍比较严重的同学得到了有效治疗。另外2008年参与她发起的"大学生阅读疗法研究会"的学生约有200多人，这些同学绝大多数在读后感和影评中表示参与研究会的活动后，心理健康水平得到一定提升，扩大了阅读面，提高了欣赏水平。在宫梅玲指导下，"大学生阅读疗法协会"骨干成员编辑的《网瘾猛于毒》和《读去心病丛书》得到学校相关部门的认可，还被配发给新生，人手一册，在指导新生预防网瘾和常见心理问题方面发挥了一定作用。其次是学校见"亮点"。换一个角度看，阅读疗法是道德观、人生观、世界观教育的创新形式。在学生逆反心理的盲目排斥下，某些通过传统的德育工作和思想政治工作所不易取得理想效果的育人任务，反而通过阅读疗法这种时尚、新奇的方式顺利推行下去了，而且效果很好。学校逐渐发现，阅读疗法是品德教育和思想政治工作精致化的一个"亮点"，而乐意给予充分支持，并在教育部的教学评估等重大活动中，把阅读疗法作为泰山医学院在德育教育、学生工作、图书馆工作、心理健康教育等方面的一个重要创新和"品牌"大力宣传。可以说，泰山医学院为阅读疗法的推广给予了比较有力的支持，反过来也得到了回报，阅读疗法为学校争得了荣誉、扩大了影响，走向了良性循环。

六是零的突破。因为泰山医学院实施的阅读疗法具有试验性和先锋性，2003 年 9 月，当宫梅玲应邀参加在杭州举行的中国心理卫生协会第四届年会，宣读"大学生心理问题阅读疗法研究"报告，介绍阅读疗法的实践经验后，引起了代表们的兴趣和重视。清华大学的心理学专家樊富珉教授称赞："泰山医学院图书馆实现了我国'阅读疗法实践领域零的突破，为大学生心理健康教育开辟了一条新路'"。宫梅玲本人也获得了一些荣誉，如 2010 年佳音频传，她获得全国高校心理健康教育工作先进个人称号，她的博客"书疗小屋"荣获 2010 年山东省高校大学生心理健康教育十佳博客。

作为内地第一个勇敢吃下阅读疗法实践这只"螃蟹"并成功消化的令人敬佩和尊敬的图书馆员、阅读疗法师，宫梅玲为阅读疗法奔走游说的心得，开办阅读疗法阅览室和阅读疗法研究室的设想、步骤及其布局，创办"大学生阅读疗法研究会"的过程和运作方式，和职能相关部门、领导打交道的技巧，面向学生的阅读疗法讲座都讲些什么，目前积累了多少典型医案和验方……这些都是全国各地对阅读疗法实务感兴趣的同行急切地想向她取经的问题。宫梅玲的阅读疗法活动所具有的典范性和示范性是毋庸置疑的，所以当中国图书馆学会阅读推广委员会组建阅读与心理健康分委员会时，毫无悬念地将宫梅玲所在的泰山医学院作为挂靠单位。

### 3.2 陈书梅的阅读疗法实践

陈书梅是台湾大学资讯管理系副教授，毕业于美国的威斯康辛大学麦迪逊分校，获图书馆学和信息学博士学位。

阅读疗法研究是威斯康辛大学麦迪逊分校图书馆学专业的一个传统的自成特色的研究方向。美国图书馆学专家雷亚·乔伊斯·鲁宾（Rhea Joyce Rubin）1972 年本科毕业于该校心理学专业，随后攻读图书馆学硕士，巧妙地将心理学背景和图书馆学相结合，以阅读疗法作为研究方向，1973 年获得硕士学位。1978 年在亚利桑那州菲尼克斯市的羚羊出版社一口气出版了两本关于读书疗法的专著——《读书疗法应用：理论和实践指南》（*Using Bibliotherapy: A Guide to Theory and Practice*）和《读书疗法参考书》（*Bibliotherapy Sourcebook*），并在 1980 年双双赢得拉尔夫 R. 肖图书馆学文献杰出贡献奖①。鲁宾从此成为美国阅读疗法研究的领军人物和无可争议的权威。

陈书梅女士

1975 – 1979 年曾出任读书疗法委员会的主席，她的《读书疗法应用：理论和实践指南》被广泛引用，已成为美国阅读疗法研究领域的经典之作，至今在亚马逊网上书店仍有二手书销售②。

陈书梅和鲁宾的经历以及复合型的专业背景颇为相似，她在台湾的辅仁大学获得图书馆学学士学位后，到威斯康辛大学麦迪逊分校深造，获得教育心理学硕士学位，1998 年又在该校获得图书馆学和信息学哲学博士学位。她的博士论文并不以读书疗法为题，而是《台湾的大学图书馆里下属对领导行为的认知对工作满意度的影响》（*The Effect of Perceived Leadership Behavior on the Job Satisfaction of Subordinates in Taiwan's University Libraries*）。但是到台湾大学任教后，或许是受到校友鲁宾的

---

① 雷亚·乔伊斯·鲁宾的网站［EB/OL］．［2010 – 07 – 21］．http：//www. rheajoycerubin. org

② 亚马逊网上书店．［2010 – 07 – 21］．http：//www. amazon. com/Using – Bibliotherapy – Guide – Theory – Practice/dp/0912700076

右舍：阅读学

影响，陈书梅开始对阅读疗法研究发力，不仅自己成果迭出，还指导硕士研究生卢宜辰等撰写关于阅读疗法的学位论文，迅速成为台湾图书馆学界探索阅读疗法的领军人物。陈书梅在学术期刊上已经发表的论文有《"全国"新书信息月刊》2008年第120期上的《阅读与情绪疗愈——从书目疗法的观点探讨》，《大学图书馆》2008年第2期上的《图书馆与书目疗法服务》，《图书与信息学刊》2008年第54卷上的《我国公共图书馆施行书目疗法服务之研究》（和卢宜辰合作），《台北市立图书馆馆讯》2008年第2期上的《绘本阅读与5·12四川震灾区儿童之情绪疗愈——兼谈"送儿童情绪疗愈绘本到四川"项目活动》，《台湾图书馆管理季刊》2010年第1期上的《书目疗法、公共图书馆与青少年之疗愈阅读》等。在大众杂志上已经发表的关于阅读疗法的普及性文章有《台中家扶》2009年139卷中的《青少年暑期休闲与疗愈阅读》和140卷中的《受虐儿童与绘本书目疗法》，《台大校友》2009年9月号中的《书目疗法与阅读革命：从"知性阅读"到"疗愈阅读"》等。

陈书梅为大陆图书馆界所认识，进而比较熟悉，主要通过她的两次演讲。一是2006年她受北京大学信息管理系邀请，在北京大学第一届图书馆学开放论坛上发表题为《后现代主义与图书馆阅读指导服务》的演讲，其中以很大篇幅介绍和探讨书目疗法，后收录于2009年国家图书馆出版社出版的《北京大学图书馆学开放论坛演讲集》中。二是2010年4月10日，在深圳图书馆举办的第四届全民阅读论坛上，陈书梅应邀作了题为《绘本书目疗法与儿童之心理健康》的演讲，由此使内地同仁了解了其在汶川大地震发生后所开展的阅读疗法实践，受到极大启发。

2008年5·12汶川大地震发生后，汶川县蓥华镇中学初一学生邓清清，在废墟中靠打着手电筒读书以对抗饥饿和恐惧，最终获救的事实，雄辩地论证了阅读治疗的价值，邵亚川等北京 10 位画家被她的精神深深感动，以她的事迹为题材集体创作了一幅油画，命名为《生命的礼赞——废墟下的光亮》，迅速在各类媒体上广泛传播。知识界普遍认识到阅读在心理重建中的积极作用，到 6 月 17 日，据新闻出版署不完全统计，出版界已经出版了与抗震救灾相关的书籍 200 多种，其中大多数是心理援助性质的[①]。此后，国际儿童读物联盟[②]、中国上海的陈一心家族基金会[③]等对灾区的部分孩子也开展了阅读治疗活动。但可惜的是，或许是觉得人微言轻，在心理援助的洪流中难以置喙，内地探索阅读疗法的图书馆人在运用阅读疗法进行震后心理援助方面，基本上没有作为。

两相比较起来，陈书梅面向震区儿童的阅读疗法行动就显得特别突出和令人敬佩。陈书梅早就关注自然灾害发生后阅读疗法在心理重建中的特殊作用，如 2003 年非典型性肺炎在全球爆发后，她就在《台北市立图书馆馆讯》2003 年第 4 期上发表《后 SARS 时代与书目疗法》，考虑怎么将阅读疗法应用到灾后人们的心理疗愈方面。汶川地震发生后，陈书梅立刻行动起来，竭力呼吁发起"送儿童情绪疗愈绘本到四川"的活动，得到了所在单位台湾大学图书资讯学系的大力支持，决定以该系和台湾"国家图书馆"的名义主办，并成功邀请到台湾红十字会总会、台湾心理治疗学会等单位合办，邀请到台北市杂志商业同业公会、台湾儿童文学学会、台湾图书出版事业协会、台湾图书发行协进会等单位协办。在各家慈善和文化学

① 人民网. 新闻出版总署统计：目前已出版抗震图书 200 余种. ［2009 – 01 – 12］. http：//culture. people. com. cn/GB/22219/7390735. html
② IBBY 捐款并慰问四川地震儿童 ［EB/OL］. ［2009 – 01 – 12］. http：//www. ccppg. com. cn/kuaibao/shehui/2008 – 05 – 22/74659. html
③ 给灾区孩子们的阅读疗法 ［EB/OL］. ［2009 – 01 – 12］. http：//www. ngocn. org/？uid – 12610 – action – viewspace – itemid – 28710

术团体的鼎力宣传和动员下，台湾各出版公司纷纷响应台湾大学图书资讯学系发出的征集绘本送四川的倡议，免费提供新出绘本书，集中到一处，由多位在心理咨询界、图书资讯界、儿童文学界十分活跃而且资深的专家，依据佛洛依德所提出的认同、净化、共鸣这三项心理疗愈机制，遴选出 50 种适合灾区儿童阅读的绘本书，打包 30 套，共 1500 册，通过中国图书馆学会和四川图书馆学会，于 10 月 17 日在北川新县城建筑工地永昌板房图书室举行了赠书仪式，交付灾区各家图书馆①。

陈书梅为遴选出的 50 种绘本书进行编目解题，汇编成《儿童情绪疗愈绘本解题书目》一书，由台湾大学出版中心于 2009 年 12 月出版，这是两岸四地出版的第一本有关儿童情绪疗愈的中文解题书目，也是面向震区的唯一的阅读疗法专用书目。全书分为两部分，第一部分是辅助儿童情绪疗愈的 50 种绘本的解题目录，分为"情绪"、"儿童形象"、"生命历程"、"人际关系"和"家园"五大主题。所列绘本主要针对灾区儿童以下几个方面的问题：害怕、孤单、愤怒、罪恶感、想念等情绪；家园的重建、搬迁和失去亲人等事件所带来的心理伤害；病痛、肢体伤残等；对死亡、成长等生命历程的认识；对友谊等人际关系的建立与认识；适应习惯、文化、睡眠等生活方式的改变等。书目的编制体例是，除罗列书名、作者、版次、出版年、出版者、出版地及 ISBN 等基本书目信息外，还简要介绍各绘本的内容与情节举例等；还分析各绘本对情绪疗愈的效用，以协助读者了解各绘本对遭遇不同困扰问题的儿童在情绪疗愈上的适用性，具体写法就是依次分析该书在认同、净化、共鸣这三个方面的价值。第二部分为附录，包括阅读疗

---

① 台湾大学图书馆学系向四川灾区图书馆赠书［EB/OL］．［2010 - 07 - 23］． http：//www.lsc.org.cn/CN/News/2009 - 10/EnableSite_ ReadNews2322639121256313600. html

法简介、选书会议报告、选书考量说明、选书作业规则及参与绘本征集活动的出版社一览表等，可谓是对整个活动的介绍说明①。

《儿童情绪疗愈绘本解题书目》出版后，和所介绍的 50 种绘本相配套，在中国图书馆学会的帮助下，捐赠给地震灾区的图书馆 30 册。东莞图书馆的管理层见到这个书目后，深受启发，邀请陈书梅作顾问，仿照其《儿童情绪疗愈绘本解题书目》，精选内地出版的绘本，编制了《儿童绘本导读书目——心理成长系列》，为该馆的儿童读者服务创新发挥了很大作用。

《儿童情绪疗愈绘本解题书目》书影

汶川地震发生后，从报刊、网络公布的捐往灾区的书目看，在所有为了帮助灾区人民心理重建而出版的新书，以及基于同样良好的愿望而由社会各界推荐、捐赠的书籍中，真正有针对性的书并不太多，有的失之于没有重点，有的失之于隔靴搔痒，有的则是乱搭便车，拙劣宣传。而由陈书梅教授所发

① 周燕妮. 阅读之光映童心——台湾大学陈书梅女史《儿童情绪疗愈绘本解题书目》推介 [EB/OL]. [2010-07-23]. http：//hi. baidu. com/nj_ xuyan/blog/i-tem/4c0b533bbb4271e614cecbf1. html

起，台湾各界积极响应，多学科专家无私奉献集体智慧所挑选的 50 种绘本，经历了层层专业而严肃的考量和检测，无疑是其中的放心药、对症药、特效药。

2010 年 4 月 10 日，陈书梅在深圳图书馆举办的第四届全民阅读论坛上介绍了她所主导的阅读疗法实践——"送儿童情绪疗愈绘本到四川"的活动后，立刻引起了包括广大图书馆员同行在内的所有听众的浓厚兴趣和尊敬，专业报刊和大众媒体都进行了热情报道。这项活动以其规模大、专业性和公益性强、参与专家多、两岸合作紧密、社会效果好、书目体例新颖、便于推广等特点，不但要在中国的阅读疗法发展史上，而且注定要在中国的目录学史、阅读史、图书馆史、抗震救灾史等方面留下印记，相信在陈书梅的阅读疗法活动策划范例、书目编制范例的启发、示范下，内地图书馆举办类似活动和编制类似书目的行动一定会越来越多，将有力推动阅读疗法在内地的发展。

2009 年，在"莫拉克"台风的吹袭下，台湾发生"八八水灾"，三天雨量超过以往的一年，肆虐程度超过 50 年前的"八七水灾"，偏远山区原住民部落高雄县甲仙乡小林村残遭土石流"灭村"，台东知本温泉旅馆整栋倒塌河中。陈书梅在成功完成"送儿童情绪疗愈绘本到四川"活动后，又投入到了送绘本到八八水灾区的活动。她在《中华民国图书馆学会会讯》2009 年第 2 期上发表《"教育部""送儿童情绪疗愈绘本到八八水灾区"——兼谈绘本书目疗法与灾区儿童之心理重建》，在《全国新书信息月刊》9 月刊上发表《八八水灾与儿童绘本书目疗法》，介绍了这次行动。

在探讨面向灾区的阅读疗法的同时，身在高等学府的陈书梅也在探讨面向大学生的阅读疗法，她成功申请到了"台湾大学迈向顶尖大学专题研究计划"项目，每年都在发布最新的研究报告，2008 年发布《台湾地区大学生情绪疗愈书目建置之研究》，2009 年发布《文学作品阅读对大学生之情绪疗愈效用分析研究》，2010 年发布《爱情小说阅读对大学生之情绪疗愈效用分析研究》。这些研究都是实证研究，陈书梅对阅读疗法的理论研究和实践探索可谓双路并进、相得益彰、蓝图宏大、硕果累累，不仅在台湾独树一帜，也是内地阅读疗法探索者所关注、学习的榜样。

### 3.3　万宇的阅读疗法实践

万宇于 1999 年在南京大学信息管理系获得硕士学位，遂任教于南京师范大学文学院，主讲编辑出版学。后师从刘梦溪研究员，专心研究现代学人论学书信，于 2007 年获得文艺学博士学位。

万宇受母校南京大学的沈固朝、华薇娜、徐雁等关注阅读疗法和阅读文化研究的老师们的影响，是内地较早开展阅读疗法研究的学者之一。比如，2005 年，她与沈固朝、巢乃鹏合作，在《中国图书评论》第 1 期上发表《阅读治疗在中国》一文，2006 年，她在《图书馆杂志》第 9 期上发表《"阅读治疗"概念之辨析》一文。

2008 年 4 月，万宇受邀指导南京钓鱼台小学的读书活动，决定借此良机，开展自己一直都想尝试的"阅读疗法"实践，得到了小学老师们的大力支持。这项阅读疗法实践的预期目标是：筛选内向的学生，组建"快乐读书"小组，以"阅读——点亮心灯"为项目口号，通过阅读绘本，帮助一些比较害羞、不善人际交往的孩子建立自信。这项活动坚持了一年，每逢周三下午，"快乐读书"小组的孩子们就早早来到读书室，慢慢地，任课老师、家长们都反映，孩子变得开朗大方了，"阅读疗法"在钓鱼台小学的实践取得了成功。

2010 年 5 月 22 日上午，万宇在中国写作学会阅读学专业委员会主办、江阴市图书馆承办的"阅读疗法的理论与实践：2010 华夏阅读论坛江阴研讨会"上，介绍了面对小学生入学适应、学习问题、厌学逃学、人际交往等心理问题，如何选书及组织"辅导团队"引领阅读的独到做法。

万宇在南京钓鱼台小学所开展的阅读疗法活动，在理论上推动了阅读疗法的实证研究，引领研究方法新潮流，在实践上将面向对象由大学生转向小学生，是近两年阅读疗法实践的一个亮点，被誉为"南京钓鱼台小学模式"。

苏州卫生学校图书馆的左步电分析了宫梅玲和万宇的阅读疗法实践，将其归结为两个模式，并列表对比，见表1。

表1 阅读疗法的泰山医学院模式和南京钓鱼台小学模式之比较

| 要素 | 泰山医学院模式 | 南京钓鱼台小学模式 |
|---|---|---|
| 对象 | 大学生 | 小学生 |
| 辅导方式 | 一对一 | 团体 |
| 关注点 | 个体的现实问题 | 群体的发展问题 |
| 类型 | 趋向临床阅读疗法 | 发展阅读疗法 |
| 研究者学科背景 | 图书馆学、心理学 | 教育学、图书馆学、文学 |
| 实践意义 | 说服力强，但不易推广 | 易推广，但效果评价不充分 |

## 4. 对阅读疗法发展前景的设想

笔者在《阅读疗法》的第 5 章"阅读疗法的现状与前景"中，对阅读疗法的发展前景曾提出过 7 条设想，不再赘述。兹根据 3 年来对阅读疗法认识的提高，再补充 8 条建议。

### 4.1 应加紧对国外经典阅读疗法著作的版权引进、翻译出版

资料准备是学术研究的基础，不把国外关于阅读疗法研究

的经典论著全文翻译过来，单靠个别学者的撷要性介绍，很难提高内地阅读疗法研究的水准，也不利于普通读者全面了解国外阅读疗法的状况。正是认识到了这一点，笔者在中国图书馆学会阅读推广委员会的领导下，组建阅读与心理健康分委员会后，立即把翻译国外阅读疗法专著作为委员会的重点工作之一部署下去，我们打算首先翻译鲁宾的《读书疗法应用：理论和实践指南》（*Using Bibliotherapy: A Guide to Theory and Practice*），争取在一两年后将其加入阅读推广委员会的"书香报告丛书"中出版。如果这本书进展顺利，而且反响和发行情况较好，将接着翻译其他的阅读疗法著作，最好使之形成系列，成为内地阅读疗法研究的基础资料。

国外还有一些图书馆学情报学院系开设与阅读疗法相关的课程，课程信息和教材也颇值得引进。如李晶、谢阳群在《图书与情报》2009年第6期上发表《以色列巴尔伊兰大学的情报学教育及启示》一文，称该大学情报学系的硕士培养计划的"教育和文化机构的信息业"和"社会信息学"两大模块中，有不少关于阅读疗法的课程。如：医学阅读疗法、儿童文学的阅读疗法模式、儿童文学的阅读疗法评价、团体治疗研讨、老年人的阅读疗法等。阅读疗法在以色列被作为社会信息学的一个组成部分，情报学系的创建者 Baruchson·Arbib 女士在1996年出版的专著《社会信息学——爱、卫生、信息社会——21世纪的挑战》中曾对此作过专门介绍。今后应该有一批阅读疗法探索者，基于这些信息顺藤摸瓜，找到、遴选并翻译一批具有代表性的阅读疗法教材，以满足国内培训阅读疗法师和志愿者的需要。国外以阅读疗法为选题的博士论文也有很多，其中优秀者亦颇有翻译引进的必要。

### 4.2 引入脑科学，提高阅读疗法的研究水平

《阅读疗法》出版后，浙江大学叶鹰教授曾经指出，该书

在原理部分，从生理学、心理学、中医学甚至文学等方面分析了阅读疗法的作用机制，但是令人遗憾的是没有从脑科学角度阐释阅读疗法的科学性，实际上发达国家从脑科学角度研究阅读的成果很多，在解释阅读疗法方面既有现成的答案，也有正在进行的探索，应该以一定的篇幅加以介绍。

河北柏林禅寺主办的《禅》杂志在 2009 年第 5 期介绍了美国脑科学家拿西藏喇嘛和大学生做实验，让他们同时坐禅修慈悲观，脑扫描结果发现，喇嘛脑部主管慈悲感觉的区域明显比大学生的活跃，而且修行年份越老的喇嘛越活跃。这个事例生动地为我们展示了一种阅读疗法研究的新方法，如果将来我们能够通过精密仪器观测到阅读疗法实施过程中，人的脑部和身体病灶相关的区域的变化情况，无疑对我们监测阅读疗法的疗效、优化阅读疗法的过程具有极其重要的作用。

目前，内地的阅读疗法探索者还没有采用精密脑监测仪器进行研究的条件，但全面了解国内外以往的脑科学研究成果，撷取与阅读疗法相关的内容，进行聚合、分析和综述则是十分必要的。

## 4.3 "书方"开列与其采用群书主义，不如采用一本书主义

阅读疗法最有技术性的环节是对症下书，开列"书的处方"（简称"书方"）。以往无论国内外的阅读疗法研究，在"书方"的开列方面，通常热衷群书主义，比较执迷于编制由一组书构成的阅读疗法书目，追求把针对某一心理问题的图书搜罗完备，集中推荐给治疗对象，阅读疗法师的水平似乎就体现在所了解的图书的数量。即便是一些精选性质的书目，也是少则开列四、五本书，多则开列一、二十本书。

但是国内近年的阅读疗法实践却发现群书施治有较大弊端，一是治疗师的精力有限，即便终生勤奋苦读，所读不过数

千本，精读不过数百本，而在阅读过程中与之发生强烈共鸣，给自己带来产生终生难忘的高峰体验的书籍更是少之又少。可是动辄却向治疗对象推荐数十本书，这显然不负责任，也不可靠。二是需要阅读疗法的人，通常都是遇到了问题而心绪纷乱、压力沉重者，让其精读几本书或许可以接受，但是让其博览群书，实不可行。

为了克服"书方"开列中群书主义的不足，海峡两岸的阅读疗法师不约而同地转向一本书主义。台湾知名心理咨询师许添盛在 2009 年出了一本书，叫《抗抑郁处方——当抑郁症遇上韦小宝》，介绍了作为金庸迷的自己，如何通过精读《鹿鼎记》，将人生经历异常丰富，成功化解了无数挫折，一辈子善于创造和享受快乐人生的韦小宝的故事烂熟于心，每逢患者来咨询，便以韦小宝的类似经历和应对方法来开导之，屡屡奏效①。泰山医学院的宫梅玲在实施阅读疗法之后，回收读后感的过程中，发现大多数读者的感激均指向一本书——《生命的重建》，这启发她反思自己的荐书方法，也由群书主义转向一本书主义。目前她在实施阅读疗法时，特别重视借鉴中医的医案和验方积累制度，凡是具有类似问题的读者共同反映有疗效的书，她都珍贵地记录在案，希望通过这种方式，逐渐积累起供阅读疗法常用的"书的基本药库"。《生命的重建》的疗效既然受到公认，无论是因性失足而导致的癔病患者还是一般抑郁症患者等均给以好评，那它就是一个验方、一味良药。宫梅玲对《生命的重建》给予了特别重视，已将该书精读数遍，仔细领悟其神奇的感召作用，以期充分开发它在更多心理问题上的治疗潜力，计划通过对这本书的揉碎、重组，以一书应万病，多多应用到以后的阅读疗法实践中。此外，据一些读者反

---

① 许添盛口述，王季庆执笔. 抗抑郁处方：当抑郁症遇上韦小宝. 南京：凤凰出版社，2009

映，《金刚经》也是一则验方和良药，作家王朔在精神迷茫时得益于《金刚经》，从而写出《北京话版〈金刚经〉》，收入《我的千岁寒》一书，也充分说明了这一点。

对阅读疗法师来说，一本书主义于己方便，于人负责，值得在今后的阅读疗法实践中大力推广。中国有很多研究专人专书的学问，如研究鲁迅的形成"鲁学"，研究《红楼梦》的形成"红学"，还有很多钻研老子、庄子等先秦诸子中某一人的专家，这些学者中如果有人从事阅读疗法，完全可以不放弃自己的兴趣，而且可以在尽情深化自己兴趣的基础上，以一本书主义或一类书主义开展阅读疗法。同理，本来并非研究专人专书的阅读疗法师，如果出于治疗的需要，经年累月精读一部书、常用一部书，也会从治疗的独特视角，而对该书有独到精辟的认识，以致成为与该书有关的其他学科的专家，实现一举两得，也是完全可能的。

### 4.4　研究方向与其彼此冲撞，不如各有分工

目前，分别以 Bibliotherapy 和 Reading Therapy 为主题词，可以从美国国会图书馆联机馆藏书目中检索到 126 本和 195 本关于阅读疗法的著作①。从书名就可以看出，美国的阅读疗法研究非常深入细致，多数是针对特定的对象来展开，比如十几岁的青少年、各个年级的学生、丧亲儿童、单亲家庭的儿童、混合家庭的儿童、过继的儿童、酗酒者、吸毒者、妇女、服刑犯、残疾人、困居家中者等。台湾高等院校关于阅读疗法的学位论文，针对的对象也颇为专一，如幼儿、国小低年级学生、国小高年级学生、中学教师等。这种研究方式的好处是显而易见的，首先它通过研究对象的分工，避免造成研究的撞车、重

① 美国国会图书馆联机馆藏目录 ［EB/OL］. ［2010 - 08 - 12］. http：//cata-log. loc. gov

复，减少无效劳动，也益于规避抄袭、剽窃等学术不轨现象；其次，这种研究习惯使关于阅读疗法的研究不断分枝、分根，向高度和深度发展，保证了大多数研究都是"接着讲"而不是"照着讲"，有利于开创多元化、多权威的良好学术生态和局面。

我国内地的阅读疗法研究在三年前主要集中于一般介绍和基础理论探索，同质化十分严重，表面看发表论文不少，比较热闹，实际上是一种虚假繁荣，泡沫下有所创新的内容很少。近三年，内地有代表性的阅读疗法研究者已经认识到分工的重要性，如本人有意识地侧重于阅读疗法理论和历史的研究，宫梅玲努力保持在阅读疗法实践上的优势，特别是在针对大学生的阅读疗法研究和实践方面已形成特色，而且在不同的阶段，她还就不同的心理问题分别下工夫探索，先后主攻过网瘾、抑郁症的阅读疗法。国内护理界开展的阅读疗法也多是针对具体的病症或具体的患者。台湾的陈书梅则在重大自然灾害后面向灾区儿童的阅读疗法方面贡献突出。国内阅读疗法研究者的自觉分工意识，和国际上阅读疗法研究的惯例和潮流是一致的。

道理很简单：研究的对象越单一，越有针对性，疗效越好，社会反响越大。一个人如果积数年、几十年，甚至一辈子，钻研针对一类人的阅读疗法，不想成为专家都很难。分工开展阅读疗法研究的局面应该继续保持下去。

## 4.5 应拓宽视野，加强学科之间的合作

迄今为止，就参与学者之众和成果数量而言，国内在阅读疗法研究方面最活跃的学科是图书馆学，其次是护理学、教育学、心理学，这几个学科在阅读疗法研究方面彼此参考、借鉴的较多。不少阅读疗法研究者因为经常在这几个学科之内查检到最新文献，久而久之，容易形成心理定势，似乎觉得阅读疗法研究就是这几个学科的专有领地，而基本不到别的学科或者

更大的学科范围搜寻关于阅读疗法的"奇花异果"。笔者在2007 年完成专著《阅读疗法》时,自信满满,认为在资料搜集方面,已横扫各学科的已有成果。但是近几年,陆续发现还是遗漏了少数珍贵资料,特别是忽略了包利民的相关成果。

包利民是浙江大学哲学系、浙江大学基督教与跨文化研究中心(教育部哲学社会科学创新基地之一)的教授,他在上个世纪 90 年代就独具慧眼地发现西方哲学自古至今存在着一种"治疗型哲学",这种哲学的一个重大功能是对人类生存之病的诊断与治疗,其基本疗法包括"加法疗法"和"减法疗法"。"加法疗法"是当人心灵空虚、精神荒芜的时候,通过阅读和学习,添加哲学、宗教、艺术等方面的知识和价值体系;"减法疗法"是当人负载的价值观和信仰压力过重,难以承受而威胁健康的时候,通过阅读和学习,卸载头脑中的文化附加物,回归到本原的自然状态。他在《中国社会科学》1997年第 2 期发表《西方哲学中的治疗型智慧》,在《浙江学刊》2001 年第 3 期发表《政治伦理中的治疗型智慧——一个比较研究》,集中阐述他的"哲学治疗"的观点。尤其是前一篇文章,发表在中国科学研究领域声誉最高的期刊上,表明阅读疗法研究虽然是个相对冷寂和具有边缘性的课题,但其深刻和优秀之作依然可以登上学术研究的最高殿堂,所有研究人员应该因此篇而受到鼓舞,并对未来充满信心。

包利民认为,具有治疗功能的哲学以两希哲学——古希腊哲学和古希伯来哲学为突出,而尤以古希腊哲学中的晚期斯多亚哲学为典型。故而在 2007 年前后,包利民主持翻译出版了两辑"两希文明哲学经典译丛",并在丛书总序中称这些著作的共同特点是"哲学治疗"的哲学,期望"我们的翻译也将侧重介绍伦理性——治疗性的哲学思想;我们相信哲人们对人生苦难和治疗的深刻反思会引起超出学术界的更为广泛的思考和关注。"①。斯多亚哲学的代表人物塞涅卡，包利民认为他的著作最有治疗价值，干脆支持译者将塞涅卡的论文集命名为《哲学的治疗》。2008 年，斯多亚哲学的另一位代表人物马可·奥勒留的著作《沉思录》，在温家宝总理的推荐下，成为洛阳纸贵的畅销书，在汶川地震后的心理重建中发挥了重要作用，应验了包利民将斯多亚哲学归纳为治疗型哲学的判断。包利民还指导他的博士生、外国哲学专业古希腊哲学研究方向 2008 届的曹欢荣完成了博士论文《伊壁鸠鲁派灵魂治疗的"药"和"药引"——〈奥依诺安达的第欧根尼铭文〉译注评》，这是精细研究治疗型哲学的一部长篇大作。根据包利民一贯的专注于"哲学治疗"的研究兴趣，有理由相信，他的研究生还会在这个选题上不断开拓，陆续取得新的成果。

或许包利民教授只认为自己研究的是独特视角下的哲学，而没有意识到自己研究的是阅读疗法。但是从研究阅读疗法的角度看，他的确是从哲学入手研究阅读疗法，告诉我们哪些哲学书具有治疗价值，又怎样通过哲学的传播的和接受方式发挥疗效。就学科立足点和论述的深刻性而言，目前的阅读疗法成果还无出其右者。

阅读疗法研究要克服在狭窄学科内的低效率循环，提升成果品质，必须扩大视野，重视类似包利民教授这样的研究，比如文学界关于阅读疗法的研究、音乐界关于音乐疗法的研究、宗教界关于经典疗法的研究等都必须在不断关注的视野之内。只有实现各学科互动碰撞、彼此启发，才能共同促进阅读疗法的繁荣，扩大阅读疗法的社会影响。

### 4.6 时刻准备着，为各种灾害后的心理援助做出贡献

阅读疗法不是叶公好龙之学，务必落实到实践，在实践中

---

① 塞涅卡. 哲学的治疗—塞涅卡文选之二 ［M］. 吴欲波译. 北京：中国社会科学出版社，2007：2

得以检验和推广。最近几年，全世界各种自然灾害频发，在生命和物质救援告一段落后，接下来就是心理救援阶段，客观上需要阅读疗法的介入。有条件的阅读疗法探索者，应该积极主动地奔赴救灾现场，实施阅读疗法这种特殊形式的心理援助，将研究成果落实到实处，并在实践中加以检验、修正和完善。没有奔赴现场条件或机会的研究者，应该借鉴台湾大学陈书梅教授的做法，设想灾区各类群众所遇到的种种困难，选定一类目标读者编制阅读疗法书目，发起捐书送书活动。

随着阅读疗法研究的成果数量增加、参与学者增多、学术团体形成、社会影响扩大，社会各界对阅读疗法的期待将逐步提升。各种重大灾害发生后，媒体和群众将会自然而然地在心理援助阶段征询阅读疗法研究者和阅读疗法学术团体的建议和行动计划，学者和团体于情于理于学，实际上已不被允可在面对灾害时无动于衷。所以阅读疗法研究者及其团体应该随着阅读疗法影响的扩大、事业的进步，同步提高社会责任感，在学术上充分吸收、消化、改进陈书梅教授为灾后心理重建所开展的阅读疗法服务的成功经验，面对不同类型的灾害所造成的不同群体的心理需要，制定各种配套的阅读疗法预案，并在心理上和体力上做好到现场服务的准备，争取以主动而非被动的姿态应对随时到来的各种采访、征询，并抓住面对面向读者实施阅读疗法的机会，努力实现理想和行动、理论和实践、智慧和勇气的统一。

### 4.7　加紧阅读疗法公司化运作的研究

《阅读疗法》出版后，出乎意料地受到一些私营文化公司的关注，它们对如何将阅读疗法作为一种营收项目推向市场特别感兴趣。有的公司给笔者发信，征询国外阅读疗法诊所的经营模式和详细操作流程，有的公司拟出了关于阅读疗法的策划案，征求笔者的意见。鉴于没有亲自到国外的阅读疗法诊所观摩、调研的经验，抱着于人于己负责任的态度，我统统以研究尚未完全到位，暂无法判定在国内是否足以营利和是否被允许开业为由，只致信鼓励尝试，但不给予特别强烈的甚至绝对的支持。不过由这些事例也了解到，社会上存在着公司化运作阅读疗法的需求，这引起了我对国外公司化运作阅读疗法范例的寻觅和关注，以期能够回答几家公司提出的问题。

正在急切寻找国外案例的时候，想曹操，曹操到，英伦才子阿兰·德波顿（Alain de Botton）作为合伙人之一，于 2008 年 9 月在伦敦市中心开业了一家公司——The School of Life，国内有人将其译为"生命学院"，我更赞成将其译为"生活学校"，因为它所推销的，实际上是从精神到物质的各个层面的生活艺术。公司的主页上写道："生活的理念在此销售。"公司在面对媒体时，打出

阿兰·德波顿

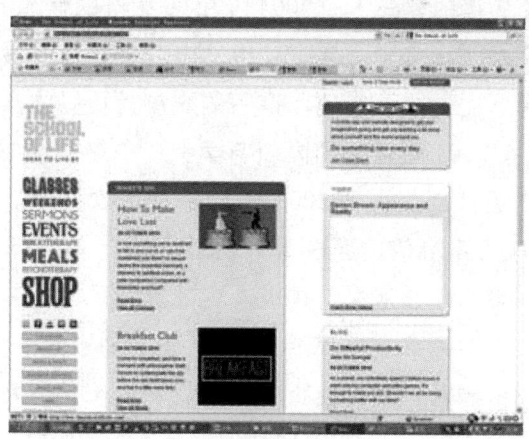

生命学院

的口号是：情感卖场、阅读疗法集市、概念便利店、哲学交易所。从公司网站提供的信息看，其业务相当广泛，包括经典著作的销售、周末聚会的组织、布道、读书疗法、就餐、精神疗法等，主要以培训为主，网站列出的课程有"如何找到喜爱的工作"、"如何保持平静"、"如何与众不同"等，参与公司业务的合伙人也很多，有数十人，都列出了名字，估计不少是学者，否则无以支撑布道、读书疗法、精神疗法这三项专业性很强的业务。

主要负责读书疗法业务的阿兰·德波顿生于 1969 年，毕业于剑桥大学，有人评论他"通晓英、法、德、西班牙数种语言，深得欧洲人文传统之精髓。他喜欢普鲁斯特、蒙田、苏格拉底，同样喜欢旅游、购物和谈情说爱。他左手小说，右手散文，在文学、艺术、哲学、评论中自由进退、恣意穿插。他的小说思想丰赡、才情纵横；他的散文和评论意象丰沛、妙笔生花。"[①] 阿兰·德波顿著有小说《爱情笔记》（1993）、《爱上浪漫》（1994）、《亲吻与诉说》（1995）及散文作品《拥抱逝水年华》（1997）、《哲学的慰藉》（2000）、《旅行的艺术》（2002）、《幸福的建筑》（2004）和《身份的焦虑》（2006）等，已被译成二十几种文字。阿兰·德波顿之所以被打上读书疗法的标签，主要是因为他所撰写的被广为传播的《哲学的慰藉》，该书在 2004 年曾被国内知名学者资中筠翻译成中文并由上海译文出版社出版，到 2008 年已是第 7 次印刷。该书介绍了 6 个具有慰藉价值的哲学家：苏格拉底、塞涅卡、伊壁鸠鲁、蒙田、叔本华、尼采，是一本名副其实的阐述哲学的慰藉作用的书，总共六章，各章标题分别是：对与世不合的慰藉，对缺少钱财的慰藉，对受挫折的慰藉，对缺陷的慰藉，对伤心

---

① 阿兰·德波顿 [EB/OL]．[2010 - 08 - 18]．http：//baike. baidu. com/view/868855. htm

的慰藉，困难中的慰藉。就该书所体现的知识之渊博、讲解之专业、读者之众多、影响之广大而言，阿兰·德波顿是完全有资格胜任阅读疗法师的，他开设提供阅读疗法服务的公司，恐怕既不乏顾客，也不乏游客。阿兰·德波顿之前是专事写作的自由职业者，靠稿费生存，这次开设公司也是他事业发展上的一个新尝试、新台阶，分布在全世界的他的读者对他的新工作都很感兴趣，我国的《出版人》、《广州日报》等诸多媒体也对他的"生活学校"作过报道。

全面介绍"生活学校"的经营模式、特色、发展状况，恐怕需要专门的文章，在此不再细述。但该公司不走阅读疗法这条专一路线，而是将其融入培训、书店、餐饮、医疗等多元业务中，实现各种时尚元素的互相包装，且主要面向都市小资人群，显然是一条基本经验，值得国内有志于拓展阅读疗法的公司深思。

在这里想强调的是，阅读疗法如何进行公司化运作是研究者经常要面对的问题，因此介绍和剖析国外这方面的案例是一个很重要的研究方向。市场和利润的力量是巨大的，学者如能调动企业推广阅读疗法，那么阅读疗法的发展将会大大提速。然而也要考虑到，如果企业挂羊头卖狗肉，提供不实服务，打着阅读疗法的旗号糟蹋阅读疗法，学者的努力不但白费，还会遭遇更大的阻力。总之，阅读疗法的企业化运作是一个紧迫的现实问题，需要研究者给以足够重视。

### 4.8 研究先行、调动利益相关者的积极性、理论和实践滚动发展，是成功开展阅读疗法的基本经验

不断有高校图书馆员向笔者反映，自己对开展阅读疗法怀有浓厚的兴趣和高涨的热情，但不知如何下手，也不知如何说服领导支持自己的想法，希望能够给予指点。综合分析前面所述宫梅玲、陈书梅、万宇的阅读疗法实践，我觉得有三条基本

经验特别值得借鉴，堪称开展阅读疗法的法宝。一是自己在阅读疗法方面要先有一定的学术成果。高校相当重视学术研究，凡事学术先行，如果事先对阅读疗法有一定研究，拿着成果去游说馆长或别的领导支持自己开展阅读疗法，往往更有说服力。二是要认准"利益相关者"，注意以阅读疗法的社会效益的多样性，动员尽可能多的部门支持阅读疗法，并注意把成绩及时向支持者汇报，使其转化为支持者的成绩，从而打造和巩固校内支持阅读疗法的"统一战线"。阅读疗法在高校的"利益相关者"，除了直接从阅读疗法中受益的读者，还有从工作成绩和效果方面间接得益的党委、团委、学工部、图书馆、心理健康咨询中心等机关，这些部门都是需要进行特别沟通和合作的对象。三是不能固步自封，理论和实践要滚动发展。阅读疗法关涉人的心灵，是一项对象微妙、方法微妙、态度微妙的充满微妙的软治疗技术，这决定了它的理论和技术没有穷尽，难以定型，需要不断创新和探索，在滚动中互相促进。国内比较成功的阅读疗法实践，均是遵循这样一个规律，每一次方法的创新都优化了原来的理论，而在新的理论认识、理论自觉性的鞭策下，又开始更科学的方法的设计和尝试。这三条基本经验，窃以为初涉阅读疗法者不可不察，愿所有阅读疗法的探索者，都能在自己所感兴趣的这条道路上走得更好、走得更远。

# 附录:王波著述目录

## 一、书籍

### (一)专著

1.《快乐的软图书馆学》. 海洋出版社 . 2010. 4

2.《阅读疗法》. 海洋出版社 . 2007. 6

### (二)参编

1.《经典文献与大学生素质教育研究》. 北京大学出版
社 . 2009. 6

2.《胡适王重民先生往来书信集》. 国家图书馆出版社 . 2009. 4

3.《中国出版通史·魏晋南北朝卷》. 中国书籍出版
社 . 2008. 12

4.《书香社会》. 国家图书馆出版社 . 2008. 4

5.《常用社科文献信息源》. 北京图书馆出版社 . 2000. 8

6.《中国藏书楼》. 辽宁人民出版社 . 2001. 1

7.《萧乾书评:理论与实践》. 河北教育出版社 . 1999. 5

## 二、论文

### （一）出版学

1. 天子出版家——萧衍 . 图书与情报,2004(6):107－112

2. 从"买卖心不和"到"和而不同"——对出版人才培养和就业问题的三方观察 . 出版广角,2004(1):15－17

3. 魏晋南北朝的图书流通方式 . 图书馆杂志 2003 理论学术年刊:网络时代的图书馆 . 上海:上海科学技术文献出版社,2004. 3:281－296

4. 魏晋南北朝时期图书的国际流通 . 新世纪图书馆,2003(5)

5. 魏晋南北朝时期书法作品发行佳话 . 出版发行研究,2003(5):73－76

6. 出版教育:过去未来共斟酌 . 编辑之友,2001(3):48－51

7. 编辑学为什么首先在中国诞生 . 编辑学刊,2000(5):17－20（收入邵益文、孙鲁燕编的《编辑学研究与教育》论文集,机械工业出版社,2002 年 8 月）

8. 萧乾的书评理论著述 . 出版发行研究,1999(10):56－57

9. 论编辑学是出版学的分支 . 编辑之友,1999(4):41－47

10. 从语言学和术语学角度剖析"编辑"概念 . 编辑之友,1998(1):44－46

11. 论出版学与编辑学的兴起及二者关系(硕士论文) . 北京大学信息管理系,1998. 7

### （二）图书馆学

1. 好的图书馆就应该是艺术品 . 图书馆报,2012 年 9 月 7 日 A02 版

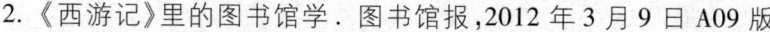

2. 《西游记》里的图书馆学. 图书馆报,2012 年 3 月 9 日 A09 版

3. 盘点 2011 年电影中的图书馆. 图书馆报,2012 年 1 月 20 日 B08 版

4. 《西游记》妖怪谁最有文化? 中国大学生,2012(9):60

5. 图书馆正进化为超智能. 中国大学生,2012(5):28 – 29

6. 大学图书馆即将发生第三次革命. 中国大学生,2012(3):32 – 33

7. 大片儿里图书馆之寓意. 中国大学生,2012(3):62

8. 图书馆阅读推广亟待研究的若干问题. 图书与情报,2011 年 (5):32 – 35,45

9. 图书馆 2.0 之我见. 高校图书馆工作,2008(5):1 – 6,71

10. 图书馆 2.0——升级的冲动. 中国图书馆学报,2008(2):85 – 86

11. 图书馆学论文写作与投稿全攻略(上). 图书馆工作与研究, 2008(1):11 – 16

12. 图书馆学论文写作与投稿全攻略(下). 图书馆工作与研究, 2008(2):15 – 18

13. Web2.0 环境下的图书情报期刊 2.0. 数字图书馆论坛,2006 (12):29 – 35,57

14. 图书馆在先进文化建设中的智力支持作用. 河南图书馆学 刊. 2006(3):2 – 9

15. 网络图书馆学的兴起与发展. 图书与情报. 2006(1):16 – 25,38

16. 国外复合数字对象管理研究撷要. 现代图书情报技术,2005 (5):6 – 14

17. 大学图书馆的发展进入快车道. 津图学刊,2002(2):10 – 17

18. 新环境下图书馆学期刊的变革. 图书馆理论与实践 2001

(6):19－22

19. "动摇概念的根基":下一代信息服务需要将研究和技术支持相结合(译文)大学图书馆学报 2001(5):2－7,12

20. 论图书馆无障碍设计(下). 大学图书馆学报,2001(5):59－62

21. 论图书馆无障碍设计(上). 大学图书馆学报,2001(4):58－61

22. 大学图书馆的发展进入快车道. 中国图书馆年鉴,2001

23. 中国古代书院藏书概论. 图书馆,2001(1):70－75

24. 当代图书馆学语言的新词汇:远程信息、管理信息、转型预算(译文) 大学图书馆学报 1999(2):1－5

25. 图书馆学、情报学网络资源导航. 大学图书馆学报,2000. (3):55－60

26. 前瞻21世纪大学图书馆的一个窗口——《"21世纪大学图书馆的新使命"国际学术研讨会论文集》评介. 河北科技图苑,2000.(1):30－32,37

27. 1996年以来的目录学研究. 中国图书馆年鉴,1999

28. SCI榜:不能不信,不可全信. 大学生,1998(2)

29. 1990年以来的目录学研究:从"书目情报"谈起. 图书馆理论与实践,1998(1):30－34

30. 推陈出新,新意扑面——读《文献信息利用通论》. 中国图书商报.1997.7.11

31. 读史研史两相宜——评《中国纪传体文献研究》. 大众日报,1997.7.28

32. 《杜威法》(第20版)和《中图法》(第3版)中"计算机技术"类目之比较. 图书馆工作与研究,1997(2):27－30

33. 从广阔而崭新的角度研究历史文献——王锦贵先生《中国纪传体文献研究》评介. 图书与情报,1997(2):54－55

34. 泛系理论是目录学量化研究的法宝吗？. 图书情报工作，
   1997(7):53-54,62

35. 1990年以来的目录学研究. 中国图书馆年鉴,1996

36. 《中图法》F经济类存在的问题及改进意见. 四川图书馆学
   报,1996(6):57-60

37. 中印软件产业比较. 计算机世界报,1996.2.26

38. 他山之石,可以攻玉——也谈市场经济与图书馆. 图书馆理
   论与实践,1994(2):22-23

39. 对SCI的评介与利用. 高教研究(洛阳工学院),1995(4)

40. "211工程"和高校图书馆. 高校图书馆工作,1994(2):17
   -18,21

41. 图书馆的"白象症"探析. 图书馆理论与实践,1994(2):3
   -4

42. 多媒体技术与图书馆. 图书馆杂志,1994(2):30-31

43. 试论图书馆人员的非智力素质. 图书馆学研究,1993(5):5
   -7

44. 畅销书制度及其对图书馆工作的冲击. 图书馆学刊,1993
   (6):25-27

45. 图书馆无障碍设计初探. 图书馆建设,1992(6):60-62

46. 图书馆要为残疾人服务. 图书馆学刊,1992(1):44-45

47. 如何发挥中小学图书馆的作用. 教师报,1990.7.22

## (三)阅读学

1. 阅读疗法理论和实践的新进展. 图书馆杂志,2010年(10):
   25-32

2. 斯多亚哲学——值得重视的阅读疗法良药. 图书与情报,
   2009(2):1-13

3. 一家文学诊所. 图书与情报,2009年(2):21-27

4. 约翰·穆勒:以阅读疗法治好抑郁症. 山东图书馆学刊,2008

（2）:22 – 25

5. 阅读疗法概念辨析．图书情报知识,2005（1）:98 – 102

6. 先秦到汉代的阅读疗法思想和医案（下）．图书馆,2005（1）: 46 – 48

7. 先秦到汉代的阅读疗法思想和医案（上）．图书馆,2004（6）: 40 – 43,59

8. 阅读疗法的类型．大学图书馆学报,2004（6）:47 – 53

9. 宋元时期的阅读疗法思想和案例．图书馆论坛,2004（6）: 109 – 113

10. 阅读疗法书目．高校图书馆工作,2004（5）:14 – 22

11. 明清时期的阅读疗法思想和医案．中国图书馆学报,2004 （4）:87 – 89

12. 隋唐时期的阅读疗法思想和案例．图书馆杂志,2004（2）: 70 – 74

13. 阅读疗法在英国．图书馆理论与实践,2004（2）:80 – 84

14. 魏晋南北朝时期的阅读疗法思想和案例．图书与情报,2004 （1）:42 – 47,51

15. 阅读疗法原理．图书馆,2003（3）:1 – 12

16. 英国的阅读疗法之母——韦尔瓦帕亭顿．图书馆杂志,2002 （8）:67 – 68

17. 图书疗法在中国．中国图书馆学报,1998（2）:79 – 86

18. 毛泽东的读书史．青年时代,1991（12）

# 半生学问总关书

　　如果从 18 岁考进武汉大学图书馆学系算起，我已经从业 25 年了，如果从北京大学信息管理系硕士毕业留在母校图书馆算起，我也已经从业 15 年了，如果用一句话概括这么多年的求学和写作生活，再也没有比"半生学问总关书"更贴切了。

　　我是因为爱书才走进图书馆学系的，而不是因为走进了图书馆学系才爱书。所以我对那种把关于书的学问大卸几块，分为出版学、图书馆学、阅读学等，每门学科各管一片的做法深不以为然。虽然我的图书馆学专业思想比较稳定，以第一志愿入门，学习一向刻苦认真，但却从不满足于只在图书馆学的庭院里徜徉，对别的关于书的学问也保持着强烈而浓厚的好奇心，我经常把短粗的脖子伸出篱笆，往出版学和阅读学的花园里东张西望。

　　三十岁之前，除了想当图书馆员，我还特别想当编辑、记者。本科将近毕业的时候，我决定不在图书馆学专业攻读研究生，萌生了报考武汉大学编辑学第二学士学位的想法。但是咨询了一些老师，老师说图书馆学专业本来就授予文学学士学位，和编辑学是一样的学位，体现不出"第二"学士，故而不能报考。我只好悻悻作罢。

1995 年，我考到北京大学信息管理系读研究生，当时文献学正在盛行扩大地盘，向现代文献学过渡，编辑学、出版学也在研究之列，学生可以自选这些学科作为研究方向。因为想到出版社、报刊社就业，于是我自然而然地就选择了将编辑学、出版学作为研究方向。

研究生三年，我在专业上主要做了两件事。一是在孟昭晋教授的指导下，收集现代书评学奠基者萧乾先生研究书评的文章和写作的书评，编成了《萧乾书评理论与实践》一书，1999 年 5 月由河北教育出版社出版。我写了约 3 万字的长序《作为书评家的萧乾》，系统地梳理、分析、总结了萧乾先生的书评学贡献。二是在导师王锦贵教授的指导下，完成了硕士论文《论出版学与编辑学的兴起及二者关系》。当年王老师曾代表北京大学信息管理系到四川大学参加全国编辑出版学教学研讨会，发现会上讨论最热烈的是：由于学术界对编辑学和出版学谁大谁小、谁隶属于谁的问题争议很大，导致各相关院系在学科发展和教学设计上十分纠结、无所适从。于是王老师就把这个问题的研究交给我，成了我的硕士论文选题。本书收录了我这篇论文。此文写成后，产生了较大影响，曾分解成三篇论文——《论编辑学是出版学的分支》发表在《编辑之友》1999 年第 4 期上，《编辑学为什么首先在中国诞生》发表在《编辑学刊》2000 年第 5 期上，《出版教育：过去未来共斟酌》发表在《编辑之友》2001 年第 3 期上。其中《编辑学为什么首先在中国诞生》，还被收入邵益文、孙鲁燕编的《编辑学研究与教育》论文集，由机械工业出版社于 2002 年 8 月出版。出版学学科史家、南京大学信息管理系的张志强教授到京出差，曾专门到北京大学查阅我的硕士论文，河南大学编辑学专业组织学生针对我的论文进行辩论，写出了另外的硕士论文。《出版广角》杂志的编辑通过我发表的文章而认同我，约我写了《从"买卖心不和"到"和而不同"——对出版人才培养和就业问题的三方观察》，发表在该刊 2004 年第 1 期上。这些文章提到的很多观点，比如编辑学隶属于出版学、编辑出版学专业应该统一更名为出版学专业、招收出版学专业硕士等，在几年后都变成了现实，以事实证明了我的论证的科学性和预见性。

在读研究生期间，我还为另外两个研究方向种下了种子。第一个是阅读疗法。1995 年秋，我在《世界图书》杂志上，看到南京大学沈固朝教授写的文章《图书，也能治病》，十分感兴趣。1998 年，《中国图书馆学报》第 2 期发表了我的《图书疗法在中国》一文，标志着我的研究触角开始向阅读学伸延，并把以中国材料解释阅读疗法作为自己的特色。第二个是商务印书馆与北京大学的关系史。有一段时间，经王锦贵教授介绍，我跟随系里的吕艺老师编纂商务印书馆民国书目，虽然最终因为忙于写毕业论文，我退出了这项工作，但在翻找资料的过程中，我发现商务印书馆和北京大学几乎同时创办，具有千丝万缕的联系，堪称民国时期中国文化的双子星座，而关于两者关系的研究凤毛麟角。十年之后，当我终于有机会继续攻读博士学位的时候，《商务印书馆与北京大学关系研究（1898—1949）》便成了我的博士论文选题，驱赶我开始了长达数年的漫长的探索过程。

对于阅读学的兴趣，还可以向更远处追溯。1993 年，我在备考研究生的时候，按照考试科目规定，阅读了刘国钧教授写的《中国书史简编》。恰好此年两位北京大学图书馆学系的系友——武汉大学的王余光教授和南京大学的徐雁编审，领衔合编了《中国读书大辞典》，在北京大学召开了首发式和品评会，季羡林等学术大师都给予热情赞扬。我长期霸用单位所购的一册，读来十分喜欢。这两件事给我留下一个强烈印象：北京大学信息管理系的特色之一，是十分重视关于书的研究，这正吻合我的趣味，更加坚定了我报考北京大学的决心。

1998 年硕士毕业后，我幸运地留到母校图书馆任《大学图书馆学报》的专职编辑。这个岗位完美地匹配了我的专业背景和兴趣爱好，它的工作范畴既属于图书馆学，又属于出版学，还属于阅读学。工作之后，又是经王锦贵教授介绍，我参与了北京师范大学周少川教授领衔编纂的《中国出版通史·魏晋南北朝卷》中"魏晋南北朝出版事业的重要人物和事迹"和"魏晋南北朝的图书流通和管理"这两章的撰写，增加了对古代出版史的了解。2007 年，我的《阅读疗法》一书出版。这些经历奠定了我在出版学和阅读学方面的涉猎范围、知识结构。本书中的"左邻：出版学"部分，关于曹丕、萧衍、鸠摩罗什、魏晋南北朝图书流通等文章，就是我参编《中国出版通史·魏晋南北朝卷》时，自认为写得十分用心、值得推荐给大家一读的章节。"右邻：阅读学"部分的文章，则是我在《阅读疗法》出版后，关于阅读疗法的新思考、新探索。

我在图书馆学方面，早年主要跟着兴趣选题和跟着课程作业选题，本科毕业的时候已经发表了两篇论文，硕士阶段的所有作业几乎全部发表，选题遍及图书馆学基础理论、目录学、分类学、文献计量学乃至软件产业等。因为目标分散，多属浅尝辄止，其中一部分习作，心得不多、观点幼稚，恐怕再也没有汇集成书的必要了。

积年下来，我认为自己对于图书馆学的贡献，最大者当属十多年来在《大学图书馆学报》编辑的岗位上，兢兢业业为学科建设所付出的心血，这本期刊从我刚参编时的 64 页发展到今天的 128 页，内容从单薄浅显发展到学术气息浓郁，变化之大有目共睹。在常年编刊的过程中，经常有人向我请教图书馆学论文的写作和投稿问题，为了给大家一个统一的答复，我写了《图书馆学论文写作与投稿全攻略》一文，承蒙《图书馆工作与研究》的厚爱，连载在该刊 2008 年第 1 期和第 2 期上，受到广大作者的喜爱，下载率很高，为了让更多同行读到、受益，这次将其收入本书。

其次是将图书馆学向阅读学扩展。我自认具有求新求异精神，不爱做重复前人的研究。自从进入图书馆学的门墙，我就在思考如何发现盲区，做出属于自己的东西。我最初关注阅读疗法研究，本意并不是要跳出图书馆学、涉入阅读学，而是为了给图书馆学开疆拓土，研究的立场和本位完全是基于图书馆学的，所以《阅读疗法》完成后，是收入海洋出版社的"21世纪图书馆学丛书"出版的。但是因为这本书标题中没有出现"图书馆"三个字，正文中图书馆的色彩也不浓厚，导致我常有面对图书馆学的愧疚感，似乎本来是爱图书馆学这位母亲，结果爱偏了，爱上了图书馆学的大妹子——阅读学。好在于2013 年 12 月 7 号召开的"全国图书馆学博士论坛"上，知名图书馆学理论家范并思教授、于良芝教授分别作了关于图书馆阅读推广的报告，尤其是范老师表示，他一要向图书馆界的阅读学派"投诚"，从此集中精力介入图书馆的阅读推广研究，二要"策反"图书馆学理论工作者，呼吁大家都来重视阅读推广研究，将阅读推广正式纳入图书馆学体系。经范老师这么一说，我似乎还成了图书馆学理论转型的先行者，甚感宽慰。

第三是对网络图书馆学的呼吁。2002 年《大学图书馆学报》开设网上"读者沙龙"，很快发展成为名噪一时的图书馆学网络论坛，对图书馆先进理念的传播，对业内理论界、教育界、实践界不良现象的批评，对图书馆先进经验的推广都起到了很大作用，刺激了学界、业界的观念、行动和工作作风的转型。另外，我也是图书馆界最早一批博客、微博的尝试者之一，曾在2008年浙江大学举办的"Web/Lib2008：论剑2.0"研讨会上，荣获图书馆界网民票选的中文图林博客最具幽默银奖和最具文采银奖。2005年，中国图书馆学会在桂林召开年会，本人有幸受邀作题为"网络图书馆学的兴起与发展"的报告，后来据此整理的同名文章发表在《图书与情报》2006年第1期上，并以专文形式转载于当年的《中国图书馆年鉴》，从而成为网络图书馆学群体的代言之作和理论旗帜。因为这篇文章在网络图书馆学的发展史上居有特别地位，值得温习和纪念，本书作了收录。

第四是呼吁图书馆重视为弱势群体服务。我在读本科的时候就注意到图书馆从建筑到服务，都不够重视对于残疾人的关照，这和发达国家差距很大。恰好在1991年，我读大三的时候，国家颁布实施《中华人民共和国残疾人保障法》。借对此法的解读和平时的一些想法，我撰写了《图书馆要为残疾人服务》和《图书馆无障碍设计初探》两篇文章，分别发表在《图书馆学刊》（1992年第1期）和《图书馆建设》（1992年第6期）上，这两篇文章是严格意义上我在本科阶段完成并被录用的专业文章。因为《图书馆应为残疾人服务》发表在先，算是我在图书馆学领域的处女作，《图书馆无障碍设计初探》发表的时候，是下半年，我已经毕业分配到了工作单位，还专门给编辑部写信，纠正了寄刊地址。2000年，我已到《大学图书馆学报》编辑部和教育部高校图工委秘书处工作两年，站位高了，眼界开阔，掌握到了很多高校图书馆新馆建设的材料，觉得有必要修订《图书馆无障碍设计初探》，所以又写了《论图书馆无障碍设计》，连载在《大学图书馆学报》2001年第4期和第5期上，后被李明华老师收入他编纂的《中国图书馆建筑研究跨世纪文集》（北京图书馆出版社，2003年），对当时的新馆建设浪潮起到了一定的提醒作用。因为时代发展、观念革新，现在再建新图书馆，哪个馆再忽视无障碍设计简直就是笑话了，但在十几年前、二十多年前，图书馆在无障碍设计方面的观念十分淡漠，窃以为本人的论文还是有启蒙价值，所以本书也收了《论图书馆无障碍设计》一文，以表示对此文的珍爱。另外，我探讨阅读疗法，本质上也是对弱势群体的关注，这反映了我一贯的悲天悯人的情怀。

第五是甘当高校图书馆的"史官"。因为《大学图书馆学报》是教育部高校图工委的会刊，编辑部和图工委秘书处合署办公，十五年来我既当编辑又当秘书。作为秘书，1996 年以来，我每年都要为《中国图书馆事业发展报告》和《中国图书馆年鉴》写一篇《高校图书馆发展报告》，报告以"教育部高校图书馆事实数据库"中的数据为依据，综述高校图书馆一年来方方面面的大事件、新趋势、新进展。积攒下来，如今已写了 6 篇，大约也有十万字。考虑到将来它们可能有统一结集的可能，所以本书没有收录。在我看来，这些职务之作的价值当下还没有充分释放出来，数十年后，当人们没有耐心逐馆收集数据的时候，当各馆的数据都淹没在浩瀚无垠的大数据之中的时候，这些发展报告本来是基于个人有限认识构建的高校图书馆史，是本人观念中的高校图书馆史，或许会成为后人心目中真正的高校图书馆史。

第六是提升了图书馆员的职业情感。六、七年来，借助于新浪网推出博客、新华书店总店推出《图书馆报》的契机，我在这两个阵地上发表了大量图书馆学随笔，2010 年已汇编一部分，出版了《快乐的软图书馆学》一书。此书因为以轻松诙谐的语言解读图书馆界的人、事、会、书及其背后的理念，受到广大图书馆员的欢迎。据我所知，东莞图书馆、内蒙古科技大学图书馆都在馆领导的倡议和主导下，对该书进行了集体学习。《快乐的软图书馆学》丰富了图书馆学专业书的类型，激发了图书馆员对于自身职业的热爱，赢得了很多发自内心的赞美，据不完全统计，专业期刊上已经至少发表了7篇关于该书的评论。该书在两年之内已经售罄，出版社正在酝酿再版。鉴于此书在市场上的良好表现，受出版社邀请，我正在编选其姊妹篇《可爱的图书馆学》一书，不久将会与大家见面。这样的书，其学术价值或许有些折扣，我也不好意思将其作为学术著作参加评奖。但它对图书馆员职业情感的提升的确起到了独特的积极作用。我认为其社会效益、实际价值甚至超越业内的不少学术著作。

以上简单交代了我的研究兴趣的演进，以及一些文章收录进本书的考虑，便于大家在阅读时加深理解。另外，我认为，学者的价值，或者说是学术论文的价值主要体现在三个层次。第一个层次是"接着讲"，这是冯友兰的观点，他认为哲学研究的初级是"照着讲"，只讲别人的观点，没有自己的创见；真正的哲学家是"接着讲"，知道前辈哲学家的思路走到了哪里，他从那里接着讲，形成自己的思想体系。同样图书馆学也是如此，最宝贵的成果是继承和发展前贤哲思，为学科填补空白、扫清盲区、拓展处女地，实实在在地提高学科的知识增量。这样的成果标识性强，跳出了同质化的魔咒，引领着一个新领域的开发。如果对照这个标准，本人关于阅读疗法的研究，或许勉强可以归入这个范畴。毕竟图书馆学原来没有系统的这一块的内容，因为本人的努力，而生发出一块小小的田地。故而"右邻：阅读学"这个分辑，或许是本书最有价值的部分。第二个层次是"换着讲"。就是有些问题先贤是讲过的，有些材料前人是用过的，但是因为换了研究方法和切入的角度，通过对材料的重组、阐释和再发现，得出更新、更全、更系统、更深刻的认识。教材和通史类著作通常能达到这个目标，基本上算是成功。本书中关于魏晋南北朝图书流通的文章，读者大致可以据此认识其价值。第三个层次是"讲得好"。学者不仅有发展学术的责任，也有传播学术的责任，那么靠什么能力来传播学术呢，就是通过对文笔的追求和修炼，将学术话题讲得好，便于读者接受。本书中有的文章的特色应该属于这一层次，如《天子出版家曹丕》、《翻译家鸠摩罗什》、《图书馆学论文写作与投稿全攻略》等，这些文章前人不是没有人写过，但我自觉将其写出了自己的风格，更有可读性，希望大家认可和喜欢。第一流大才的学者的成果集，应该都是"接着讲"，哪怕文采稍逊一些，也瑕不掩瑜，这是所有学者追求的最高目标。但因为本人学力有限，只能以这样的跨层次的合集献给大家了。

自从美国著名图书馆学家巴特勒在其代表作《图书馆学导论》中表示，出于期待图书馆学快速发展的心情，希望自己的著作尽快过时。之后，国内的很多图书馆学人出版著作，都喜欢在前言或后记中虚伪地表示：希望自己的著作尽快过时。我和他们的想法恰好不一样，正是因为担心自己的著作会较快过时，所以在图书馆学内容之外，我特地捆绑了其亲缘学科出版学和阅读学的内容，因此我希望这本书能有更久的生命力。

继出版《阅读疗法》（2007 年）、《快乐的软图书馆学》（2010 年）之后，海洋出版社决定继续推出我的论文集《图书馆学及其左邻右舍》，对我是莫大的信任和鼓励，在此对具体主持出版事宜的丘东江老师致以由衷的真诚的感谢！我的导师王锦贵教授再次欣然命笔，为本书作序，恩师语重心长、期望殷切，其鼓励之语、鞭策之言、提携之恩将永记心间。

2013 年 12 月 15 日于北京大学